「世界哲學家叢書」總序

　　本叢書的出版計畫原先出於三民書局董事長劉振強先生多年來的構想，曾先向政通提出，並希望我們兩人共同負責主編工作。一九八四年二月底，偉勳應邀訪問香港中文大學哲學系，三月中旬順道來臺，即與政通拜訪劉先生，在三民書局二樓辦公室商談有關叢書出版的初步計畫。我們十分贊同劉先生的構想，認為此套叢書（預計百冊以上）如能順利完成，當是學術文化出版事業的一大創舉與突破，也就當場答應劉先生的誠懇邀請，共同擔任叢書主編。兩人私下也為叢書的計畫討論多次，擬定了「撰稿細則」，以求各書可循的統一規格，尤其在內容上特別要求各書必須包括（1）原哲學思想家的生平；（2）時代背景與社會環境；（3）思想傳承與改造；（4）思想特徵及其獨創性；（5）歷史地位；（6）對後世的影響（包括歷代對他的評價），以及（7）思想的現代意義。

　　作為叢書主編，我們都了解到，以目前極有限的財源、人力與時間，要去完成多達三、四百冊的大規模而齊全的叢書，根本是不可能的事。光就人力一點來說，少數教授學者由於個人的某些困難（如筆債太多之類），不克參加；因此我們曾對較有餘力的簽約作者，暗示過繼續邀請他們多撰一兩本書的可能性。遺憾的是，此刻在政治上整個中國仍然處於「一分為二」的艱苦狀態，加上馬列教

條的種種限制，我們不可能邀請大陸學者參與撰寫工作。不過到目前為止，我們已經獲得八十位以上海內外的學者精英全力支持，包括臺灣、香港、新加坡、澳洲、美國、西德與加拿大七個地區；難得的是，更包括了日本與大韓民國好多位名流學者加入叢書作者的陣容，增加不少叢書的國際光彩。韓國的國際退溪學會也在定期月刊《退溪學界消息》鄭重推薦叢書兩次，我們藉此機會表示謝意。

原則上，本叢書應該包括古今中外所有著名的哲學思想家，但是除了財源問題之外也有人才不足的實際困難。就西方哲學來說，一大半作者的專長與興趣都集中在現代哲學部門，反映著我們在近代哲學的專門人才不太充足。再就東方哲學而言，印度哲學部門很難找到適當的專家與作者；至於貫穿整個亞洲思想文化的佛教部門，在中、韓兩國的佛教思想家方面雖有十位左右的作者參加，日本佛教與印度佛教方面卻仍近乎空白。人才與作者最多的是在儒家思想家這個部門，包括中、韓、日三國的儒學發展在內，最能令人滿意。總之，我們尋找叢書作者所遭遇到的這些困難，對於我們有一學術研究的重要啟示（或不如說是警號）：我們在印度思想、日本佛教以及西方哲學方面至今仍無高度的研究成果，我們必須早日設法彌補這些方面的人才缺失，以便提高我們的學術水平。相比之下，鄰邦日本一百多年來已造就了東西方哲學幾乎每一部門的專家學者，足資借鏡，有待我們迎頭趕上。

以儒、道、佛三家為主的中國哲學，可以說是傳統中國思想與文化的本有根基，有待我們經過一番批判的繼承與創造的發展，重新提高它在世界哲學應有的地位。為了解決此一時代課題，我們實有必要重新比較中國哲學與（包括西方與日、韓、印等東方國家在內的）外國哲學的優劣長短，從中設法開闢一條合乎未來中國所需

世界哲學家叢書

石 田 梅 岩

李 甦 平 著

1998

東 大 圖 書 公 司 印 行

國家圖書館出版品預行編目資料

石田梅岩／李甦平著.--初版.--臺北
市：東大，民87
　　面；　公分.--（世界哲學家叢書）
參考書目：面
含索引
ISBN 957-19-2181-5（精裝）
ISBN 957-19-2182-3（平裝）

1.石田梅岩-學術思想-哲學

131.55　　　　　　　　　86014453

國際網路位址　http://sanmin.com.tw

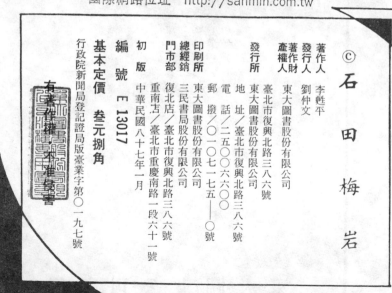

© 石田梅岩

著作人　李甦平
發行人　劉仲文
產著作財權人　東大圖書股份有限公司
發行所　東大圖書股份有限公司
　　　　地址／臺北市復興北路三八六號
　　　　電話／二五○○六六○○
　　　　郵撥／○一○七一七五——○號
印刷所　東大圖書股份有限公司
總經銷　三民書局股份有限公司
門市部　復北店／臺北市復興北路三八六號
　　　　重南店／臺北市重慶南路一段六十一號
初版　中華民國八十七年一月
編號　E 13017
基本定價　叁元捌角
行政院新聞局登記證局版臺業字第○一九七號

ISBN 957-19-2182-3（平裝）

敬獻此書給：

傅偉勳教授，以慰在天之靈。

求的哲學理路。我們衷心盼望，本叢書將有助於讀者對此時代課題
的深切關注與反思,且有助於中外哲學之間更進一步的交流與會通。

最後，我們應該強調，中國目前雖仍處於「一分為二」的政治
局面，但是海峽兩岸的每一知識分子都應具有「文化中國」的共識
共認，為了祖國傳統思想與文化的繼往開來承擔一分責任，這也是
我們主編「世界哲學家叢書」的一大旨趣。

傅偉勳　韋政通

一九八六年五月四日

自 序

　　在中國大陸學人中，大概我是較早獲悉傅偉勳教授去世的人。

　　1996 年 10 月間，我在韓國漢城出席「第四屆東亞實學國際會議」。記得在「成鈞館大學」「孔廟」舉行的宴會上，臺灣交通大學的詹海雲教授突然對我說：「告訴你一件不幸的消息，傅偉勳先生前幾天去世了。」「啊！——」我不禁失聲喊道：「這是真的麼？他那麼堅強的人，怎麼會突然就走了呢?!」杯中的酒也不禁潑洒了一地，大概是對傅偉勳先生的祭奠吧。深秋時分，置身在這異國「孔廟」之中，心中更感涼氣襲人。孔子先哲，你知道嗎？我們中國學界又失去了一位能夠熔東西哲學於一爐、能夠開啟「學問的生命」與「生命的學問」的博學之師；我們中華民族又失去了一位甘心情願率先以自己的學問和思想，為海峽兩岸充當「文化橋梁」的炎黃子孫；我也失去了一位關心、提掖後學的前輩。

　　我初識傅偉勳教授是在 1986 年他第一次來北京作學術演講之際。傅教授那雄辯的口才、那淵淵的學識、那流利的外文……給我留下了極深的印象。

　　我與傅偉勳教授的真正交往，還是以《石田梅岩》這部書為因緣。以中日傳統文化比較為專攻的我，在傅先生開的日本哲學家名單中，選擇了日本石門心學創始人——石田梅岩為撰寫對象。當傅

偉勳教授得知我準備撰寫石田梅岩時，他很高興，專門從美國費城寓所寫信鼓勵我用心寫作。殊不知，這封信現在已成了珍貴的遺物。1994年4月，在日本福岡市的「東亞國際儒學研討會」上又見到了傅偉勳教授。那時，我在日本東京大學做客座研究員。我向傅先生報告說：「這一年來，我在研究日本德川政治思想史的同時，搜集了大量有關石田梅岩的各種資料，準備回國後，立即開始撰寫《石田梅岩》一書。」傅先生又鼓勵我道：「用心寫吧。寫完了石田梅岩，還可以繼續寫德川時期其他哲學家。我們中國人要把日本哲學家，一個一個，全都寫出來！這是我早年的心願。」又殊不知，這一番教導，竟成了傅偉勳教授對我的最後教誨。這一別，也竟成了我和傅先生的永別。

但是，傅偉勳教授那笑對死亡的樂觀精神，那笑面人生的頑強意志，一直鼓舞、鞭策著我，成為我撰寫《石田梅岩》的精神動力。

也許真是一種緣份吧，我撰寫的《石田梅岩》的學思歷程，與傅偉勳教授於1994年出版的《學問的生命與生命的學問》竟有許多相同之處。

石田梅岩是日本德川時期一位商人哲學家。他的學思歷程從「生命的學問」切入，在探索「生命的學問」基礎上，開始了「學問的生命」研討，創建了別具特色的石門心學。這與傅偉勳教授所謂的「生命的學問」支撐自己「學問的生命」發展，何其相似乃爾。而由石田梅岩創建的石門心學不僅對日本社會發展，產生了重要作用，而且以它獨特的魅力，成為東亞心學的一枝奇葩。面對即將到來的二十一世紀，通過對石田梅岩學思歷程的研討，可以透視東亞心學的本質共性和相殊個性，由此，昭示下一世紀東亞學發展的方向——這就是我撰寫《石田梅岩》的本意和心願。

　　《石田梅岩》一書共五章，可分為三部份內容。

　　其中，第一章為第一部份，主要是寫石田梅岩關於「生命的學問」。傅偉勳教授在《學問的生命與生命的學問》一書中指出：「我大體上同意牟先生所強調的『中國文化的核心是生命的學問』這個說法，也認為『生命的學問』這個語辭富有深意。」（第50頁）其實，「生命的學問」不僅是「中國文化的核心」，而且也是深受中國文化影響的「東亞文化的核心」。誠如傅先生所言，開啟他生命學問的一位重要哲學家，即日本近現代哲學之父西田幾多郎的成名作，便是以探索「生命的學問」為宗旨的《善的研究》。據日本人講，他們對《善的研究》的重視和喜愛程度，猶如中國人對待孔子的《論語》。可見，「生命的學問」對日本人來說，是一個常青不衰的課題。所以，在學術思想活躍的德川時代，許多哲人就在積極探索這一課題。而石田梅岩則是一位佼佼者。梅岩自二十三歲始，就常常思考：人生的道路是什麼？人生的道路在哪裡？什麼是人性？什麼是自性？怎樣知心？怎樣見性？……在探尋「生命的學問」路途上，石田梅岩百折不撓，精誠不懈，作出了輝煌業績。由此，孕育出了梅岩「學問的生命」。

　　第二部份為第二章、第三章和第四章，主要是論述石田梅岩「學問的生命」的發展及其延續。石田梅岩殫精竭思創建的學問，被命名為「石門心學」。這一「學問的生命」宛若人的生命一樣，經歷了少年、青年、成年的發展階段。梅岩四十歲左右時，經過兩次開悟，完成了對心、性、天問題的體悟，「心→性→天」範疇系列構成了石門心學的第一階段。石門心學發展的第二階段，是梅岩對「心→性→形→法」範疇系列的形成。石門心學發展的第三階段是在梅岩四十五歲之際，他對「心、性」與「行、知」範疇間的關係，進行了

細密的研究，提出了「心→性→行→知」範疇系列。而石門心學的成熟期是在梅岩晚年時期，主要表現在他提出了「儉約」和「正直」這兩個重要範疇，並揭示了「心→性→儉約→正直」範疇系列的哲學意義。可見，石門心學以「心」為核心範疇，開顯出「性」範疇，在「心性」基礎上，進一步開顯出四個範疇系列。而梅岩「學問的生命」也就沿著這一遞進軌跡，由生生哲學發展為道德哲學，進而發展為實踐哲學和經濟哲學。由此，發展、成熟為一個開放的、立體的石門心性哲學。對梅岩「學問的生命」的延續，是由石門弟子運作、完成的。其中，石田梅岩的大弟子手島堵庵提出了「本心」概念，從主體觀念上強化、豐富了梅岩的心性學思想；而中澤道二則以「道」概念將石門心學引向主客合一、心物合一的發展途徑；鎌田柳泓在倡明儒、釋、道三教和合基礎上，主張「以朱釋陸」、「引洋入儒」，進一步完善了石田梅岩的和合思想；上河淇水繪製心學承傳圖，以標明石門心學的學脈和學源；……。由此，使石田梅岩「學問的生命」之樹常青。

第三部份即第五章，是對日本石田梅岩和中國王陽明的「生命的學問」與「學問的生命」的比較研究。由於「生命的學問」是東亞文化的核心，所以，這一核心就構成了梅岩和陽明「生命的學問」的共同性。同時，又因為形成梅岩和陽明「生命的學問」的社會土壤不同，這就又鑄成了他們「生命的學問」的相異性。「生命的學問」的共性和殊性，使得梅岩和陽明的「學問的生命」既有共性──常青、常綠，又有殊性──各自有不同的絢麗的生命光環。而石田梅岩和王陽明在「生命的學問」和「學問的生命」方面的共同性及相異性，交相輝映，形成了一道五光十色的東亞心學的風景線。

本書寫作過程中，得到了日本武藏大學今井淳教授和石川泰成

先生的熱忱、真摯幫助。在此表示深深的謝意。此外，向幫助此書
出版的主編和編輯，深表謝意。

　　以上的話，既是本書的「自序」，　又是對傅偉勳教授在天之靈
的祭奠。

李甦平

1997年11月28日

石田梅岩

目　次

第一章 石田梅岩的生涯

第一節 時代、氣質、性格

日本的江戶時代(1603–1867)是儒學的全盛和日本化時代。其間出現了以林羅山(1583–1657)、貝原益軒(1630–1714)、山崎闇齋(1618–1682)為代表的日本朱子學者，以熊澤蕃山(1619–1691)、佐藤一齋(1772–1859)為主的日本陽明學者，以山鹿素行(1622–1685)、伊藤仁齋(1627–1705)、荻生徂徠(1666–1728)為特色的日本古學者……真可謂學者如星，學派如林。在這如星、如林的學者、學派中，還有一位著名學者，創建了一門獨特學派。這就是由商人哲學家石田梅岩創建的商人哲學──石門心學。

石田梅岩名興長、號梅岩、通稱堪平，於貞享二年(1685)乙丑九月十五日，出生在丹波桑田郡東懸村(即現在的龜岡市東別院町)一個普通農民家庭。

東懸村又名東掛。昭和三十年(1955)以後，與龜岡市合併，成為東別院町的一部分。東懸村四面環山，從村向南，沿著山間小徑可通往大阪府的茨木和高槻。由於這一緣故，明治維新前的東懸村不屬於龜山藩(松平氏)而屬於高槻藩(永井氏)。 據明治五年的

統計，東懸村大約有四十二戶，有水田十三公頃，旱地五公頃，山八座。村民的生計大部份要依賴山地。

石田梅岩的父親名權右衛門、法名淨心，母親為角氏之女。石田梅岩為家中次男，上有一兄，名平兵衛，還有一個妹妹。石田梅岩就出生在這樣一個極尋常的農民之家。

石田梅岩的少年和青年時代是日本歷史上燦爛的禮教文化政治和商品經濟勃興的時代。

憑著馬上取得天下的德川家康，深知不能馬上治理天下的道理。因此，他積極提倡學術，振興文化。在德川家康的號召下，經過德川家三代的努力，提倡學術、振興文化的條件逐漸成熟。於是，從第四代將軍德川家綱時起，經五代德川綱吉、到六代德川家宣、七代德川家繼，出現了禮教文化政治的興盛時期。

這種禮教文化政治，具體表現為當政者的好學篤道。如四代將軍德川家綱繼承家業時雖然很年幼，但輔佐他的保科正之對山崎闇齋的朱子學和吉川惟足的神道頗有造詣。因此，他也很重視倫理道德，獎勵文教。五代將軍德川綱吉尤為好學，親自講解經書，讓老中、大名、旗本、僧侶以至陪臣都來聽講。他每月講解《周易》六次，用八年的時間，講了二百四十次才講完。將軍綱吉任命林信篤為大學頭，讓他在湯島建聖堂，祭祀孔子，並將林氏私塾遷到這裡，培養儒學學生。此外，綱吉的宰臣，如大老堀田正俊和柳澤吉保等人，也都十分好學。尤其是吉保精通佛教和儒學，擅長詩歌，篤信忠孝倫理之道。綱吉之後的六代將軍德川家宣也努力鑽研學問，聘新井白石為侍講並與新石君臣相處如魚水之交。新井白石精通和漢之學，是具有遠見卓識的屈指可數的學者。但他是浪人的兒子，出身低卑，可是家宣都委以重任，使他有大展才華，縱橫經綸的機會。

這清楚地說明了當時執政者對學問的尊重。由此可見，當時禮教文化政治的勃興和鼎盛。

禮教文化政治的內容首先表現在健全幕府制度和制訂禮儀。

在健全幕府制度方面，關於健全組織制度，包括規定並發放幕府官員的薪俸（寬文五年，1665）、設立會計審察官（天和二年，1682）等等。關於健全法律制度，包括在武家法規裡增加文治思想；如天和三年(1683)七月，由將軍綱吉發佈新法度，把元和以來從未改過的第一條「文武可專攻弓馬之道」改為「文武官員應勵行忠孝，正肅禮儀」，表明了尊重禮教文化的儒教思想。此後，家宣將軍又命新井白石進一步修改法度，寶永七年(1710)四月，發佈了新法度，第一條規定：「應修文武之道，明人倫，正風俗」，使禮教文治主義思想更加明確。此外，還包括制定針對寺社的綜合性法規（寬文五年，1665）、整備法典、對司法行政制度進行人道主義的改革、改善監獄條件、簡化訴訟程序等。

在制定禮儀方面，表現為在幕府的儀制中，採用公家的禮儀規制。例如對武家首次制定了服忌令（貞享元年，1684）、將軍採用公家式的服制，殿舍也模倣京城風格，從京城徵聘樂人推廣雅樂等等。

制定禮儀中，最具有實質性意義的是新井白石反覆建議的改革對朝鮮聘使的待遇。日本同朝鮮的交往，始於德川家康時期，但朝鮮方面並不積極。每當日本的幕府將軍更替襲職時，對就聘的朝鮮使節，日本接待過於隆重，往往造成國家財物的浪費，在國書的形式等問題上也難免有名份上的爭執。因此，正德元年(1711)當朝鮮聘使來日時，新井白石對這一工作進行了重大改革。在朝鮮使者的國書中，向來稱將軍為日本國大君，而幕府的覆牒，則稱日本國源

某,至此一律改為日本國王。另外,將軍引見使節,賜宴、辭行等
一應禮節統統從簡,使總經費節約了百分之四十。朝鮮來使因而提
出抗議,但新井白石以其淵博的知識,一一駁回,終於使對方誠服。
對於國書中使用王號這項改革,當時曾在名份上遭到了非難。然而,
新井白石的本意恰恰是要正名份,所以這個結論是他對各種稱號進
行了比較研究之後才得出的。這同足利義滿不加批評地接受明朝冊
封的日本國王,是不可同日而語的。這種名份上的議論,本身就表
明不僅幕府,而且一般學者也都具有禮教文化思想,並具有敢於發
表思想的勇氣。可見,當時客觀上已有一個健康的學術環境。

其次,尊崇皇室是禮教文化政治的又一重要表現。

綱吉將軍在會見敕使時要沐浴更衣,以示尊王的誠意。貞享四
年(1687),東山天皇即位時幕府貢納了所有費用,並且恢復舉行了
自後柏原天皇以後中斷了九代的大賞祭的宴會。另外,大幅度增加
皇室及後宮領地。歷代皇陵由於幾經變亂,都已荒廢不堪,有不少
皇陵連所在地都不明了,綱吉命令有關當局奏請朝廷進行調查並對
知道的六十六座陵基重修圍牆,確定陵域。當時的皇子、皇女,由
於經濟上的理由,往往在幼年時就出家入道,成為僧尼,稱為宮門
跡、尼宮門跡,這已成了習慣。將軍家宣採納了新井白石的建議,
奏請出資讓皇子以親王的身分建立家庭,皇女則下嫁。由於幕府做
了這些努力,使得朝廷與幕府之間的關係極為融洽。幕府初期那種
緊張疏遠的情況,再也沒有出現過。這本是將軍以身作則表示忠節
的一點心意,但卻包含著對幕府的存在進行反省的因素。在這一點
上,禮教文化政治最後給幕府帶來的重大意義是不應該忽視的。

第三,提倡學問獨立,是禮教文化政治最重要的內容。

所謂學問獨立,具有兩重意思。一重是指日本的學問從中國學

問中獨立出來；另一重則是指人民、學者的學問從貴族、僧侶的學問中解放出來。

最能說明這種傾向的是儒學，當時儒學的開山鼻祖是藤原惺窩(1516–1619)。惺窩名肅、字斂夫、播磨人，是冷泉定家的十二世孫。幼有神童之稱，後入相國寺為僧；不久又改學儒，專攻朱子學，造詣極深，被譽為京學之祖。惺窩曾受德川家康之召，未應；推荐其門人林羅山替代，主張儒者應獨立從事學問，不依賴官方、寺院，成為江戶時代朱子學的開創者。在不受傳統師傳的限制，敢於面對經書，闡明天人一貫的道理，既不屬於公家，也不屬於寺院的市井學者這一點上，惺窩的學說正符合這種學問獨立的精神。惺窩弟子中才學兼優，不僅在儒學史上，而且在幕府文教政策史上留下不朽足跡的是林羅山（道春）。

林羅山博學廣聞、精通經史、通曉和漢文學。他篤信朱子學並努力實踐，致力於名教的維持。他年輕時即被德川家康召去，為其講授經書，位列顧問，幕府的許多文教、外交政策均出自他的策劃和主張。家康死後，他仍任職直到德川家綱，歷仕四代將軍，對確立近世封建社會理論基礎——朱子學的地位起了巨大作用。羅山後人中，人才輩出，其中第二代的鵝峰（春齋）、第三代的鳳岡（信篤）也都繼承家學，服務於幕府，成為官學的祖師。鵝峰受幕府之命，協助父親羅山從事各種修史事業；鳳岡服侍綱吉以後的四代將軍，輔佐幕府的文教事業。這樣，林氏家族牢固地確立了作為幕府教化政策基礎的朱子學的官方哲學地位。

藤原惺窩的高足中，除林羅山之外，還有松永尺五、那波活所，堀杏庵等，他們四人被稱為「四天王」。而最好地承襲了惺窩朱子學學統的則是松永尺五。尺五門下又出現了木下順庵，順庵門下則

英才輩出。順庵應加賀藩主前田綱紀之聘，服侍加賀藩主，以後又服侍將軍綱吉。由於他學德兼優，出色地教導門徒，使四方學者趨之，如登龍門。弟子中傑出者，被稱為「木門五先生」、「木門十哲」等等。其中，新井白石尤為突出。

新井白石 (1657–1725) 名君美，號白石、紫陽，通稱堪解由。他曾擔任六代將軍德川家宣的幕臣，參與幕政，從事對前代弊政的改革。新井白石主張學問和實踐相一致。因此，在其參與幕政期間，曾公佈武家諸法度、海舶互市新會等法令，整頓儀式典制，改鑄貨幣等。作為學者，他學問淵博，遍及歷史、地理、語言、制度等各個方面。他的研究態度新穎，超越時流，同時他還具有學以致用的氣魄和才能。如上所述，在家宣——家繼時代，他的思想成為推動禮教文化政治的動力。

以上各位學者都是出自藤原惺窩門下，借惺窩居住地址，被稱為「京學」。與「京學」相對的有「南學」。南學繼承了土佐的海南派儒學系統。天文年間，南村梅軒前往土佐，興起了海南學派。這個學派的谷時中，鞏固了南學的基礎。時中門下有小倉三省、野中兼山、山崎闇齋等。

三省和兼山二人奉職於土佐侯，掌管文教。他們以造福於民的實用精神，參預國政，這同幕府的禮教文化政治不謀而合。

山崎闇齋是一位大教育家，前去京都從事教學，有六千弟子出其門下。他將朱子學和日本的神道相結合，創立了垂加神道，提倡神儒合一。這種神道說，未免有些牽強附會。不過，他尊重學問自主，提倡日本對於中國的自主性，修身實踐之學對於博聞強記的自主性，站在時代的前列，建立巨大功績。其眾多弟子中，淺見絅齋、佐藤直方、三宅尚齋被稱為「崎門三傑」。他們把闇齋學的道統，通

過這些門人博而精地傳給後世。

　　除京學、南學之外，各地也出現了許多朱子學者。其中築前藩士貝原益軒通曉百科學問，用淺顯易懂的國文在教育、衛生、博物、歷史、地理等方面寫了許多著作，是國民文化昌盛時期的偉大先驅學者。貝原益軒反對朱子學的理、氣二元論，主張理氣一元論。他的學術思想對江戶時代的儒學影響頗大。

　　這個時代的儒學十分興盛，除朱子學外，還有陽明學、古學等其他學派也分別興起。著名的陽明學者是近江人中江藤樹和他的弟子熊澤蕃山。藤樹 (1608–1648) 年輕時曾仕於大洲侯，後來辭官返回故鄉近江講學，教育村民。他的學問由朱子學而發展為陽明學，最後集其大成，創建了日本陽明學，或可稱之為藤樹學的一種獨特的學說。

　　熊澤蕃山輔佐備前侯，他力勸主君棄惡揚善，政績卓著。以後，他辭官住在京都等地，致力於講學和著書。他的學說以陽明學的心法為基礎，涉及政治、經濟、國文等。因他以實用之才著稱，為此觸犯了以朱子學為正學的幕府忌諱，被幽禁並死於下總古河。

　　古學者中知名的有山鹿素行、伊藤仁齋和其子東涯、荻生徂徠等。其中，素行曾一度服侍赤穗侯，後到江戶講授經史、和漢文化、兵學等各種學問，弟子逐漸增多。他晚年不滿意朱子學，堅信應該不經後儒而直歸孔子，因而著《聖教要錄》，反對朱子學。為此，受到幕府鎮壓，與蕃山一樣，成為思想統治的犧牲品。他在民族自覺性上，也走在別人前頭，認為日本是中朝，著有《中朝事實》一書，論述日本的國體和歷史。

　　伊藤仁齋是京都人，終生不作官，是一個在貧困環境中鑽研學問的民間學者。他為了解孔孟之學的真義，曾大力鑽研《論語》、《孟

子》，認為朱熹等宋儒所述，不足以代表儒學，反對理氣二元論的主張，力說理氣一元論。在京都設立堀河塾，傳播其主張，入其門者有三千人之多。他的五個兒子也都繼承了家學，長子伊藤東涯尤為突出。

與東涯同時在江戶提倡古學而與之對立的是荻生徂徠。徂徠名雙松、字茂卿，本姓物部氏，故又稱物徂徠。他曾擔任柳澤吉保的儒臣，以後辭官到江戶開辦學塾，頗有聲譽。他的文章從元祿到享保幾十年間，曾風靡一代。他的門下有不少多方面的人才，其中以太宰春臺的學問，服部南郭的詩文尤為著名。

儒學的這種盛況表明了當時學問的獨立，即具有日本民族特色的日本儒學的形成。這個時代，儒學開始滲透到日本社會的各個方面。

由於儒學者的民族自覺性和宋儒史學的影響，日本的史學也慢慢地從儒學中發展了起來，這是一個值得注目的事實。助長這一傾向的是幕府作為文治政策的基礎而推行的官辦修史事業。幕府的修史事業包括：編纂有集武家系譜大成的《寬永諸家系圖傳》(372卷，寬永二十年、1643年成書)，從神武天皇始到後陽成天皇止的編年體史書《本朝通鑒》(310卷，寬文十年、1670年成書)，敘述從松平氏開始到家康一代事蹟的《武德大成記》(30卷，貞享三年、1686年成書)等。各地諸侯中，則有水戶的德川光國開設史局，集合史臣，編纂從神武天皇到後小松天皇的傳紀體的史書《大日本史》。其中的紀傳部分於寶永六年(1709)完成，享保五年(1720)呈獻幕府。不過，志和表部分直到明治三十九年(1906)才完成。《大日本史》(共397卷)的修撰，是一件歷時二百五十年的大事業。編纂人員在編纂時，曾花費了很大的精力收集和辨別史料，對史實的考證和敘述，

也力求嚴謹無誤。至於對歷史的解釋，則是以司馬光的《資治通鑑》和朱子的《通鑑綱目》中名分思想為依據的日本式解釋。所謂水戶學，就是在編修《大日本史》的過程中，以此為中心，而在水戶藩中形成的日本式朱子學。幕末時，它演變成了尊王思想與實踐的中心勢力。

隨著國史的研究，國文學（日本文學）的研究也出現了新的曙光。京都玉津島的神官北村季吟，元祿初年在幕府工作時，掌管有關和歌事務，把古典的註釋加以彙集，打下了這門學問發展的基礎。儒學自由研究的風氣也傳到了這個領域，在古典研究上，不拘泥於師傳的自由學風首先始於下河邊長流和僧契沖。此外，還有江戶的戶田茂睡。自由研究的優秀成果有：契沖受德川光國之命，寫成的《萬葉集》註釋書——《萬葉代匠記》。儒學者出於民族興趣而進行的日本古典研究也取得了很大成果。在這些古典研究基礎上，興起了探索日本國固有的「國學」學風。

此外，各種自然科學也相繼興起。日本的曆法自貞觀三年(861)使用唐宣明曆，一直沒有改變，因此實際誤差很大。貞享元年(1684)澀川春海（保井算哲）獻出自製的曆法，採用後糾正了誤差。春海在幕府中司掌天文，鑽研天文曆數之學。在數學方面，有關孝和探究和算之學，發現了不遜於歐洲的高等數學法則。在博物學方面，貝原益軒著《大和本草》等多種著作，為社會作出了貢獻。稻生若水著《庶物類纂》（362卷），顯示了實物研究的成果。在地理學方面，各地進行了地志的編纂和地圖的製作。幕府以各大名獻上的本國地圖為基礎，繪製了日本全圖，從而大大推動了地理學的發展。有關世界地理的書籍有西川如見的《華夷通考》、新井白石的《采覽異言》和《西洋紀聞》等，介紹了西方地理學的成果。

　　實行禮教文化政治的目的,是按照儒教的政治理想教化人民,以保持社會秩序的穩定。日本在律令政治時代,盛行表彰孝子和節婦。可是,進入中世紀後,就消聲匿跡了。綱吉不僅親自做忠孝的模範,同時還在全國的佈告牌上貼出五道佈告,讓人們知道忠孝、仁恕、節儉、勤勉等道理,對孝子、節婦的善行一一進行表彰。承認報仇的合法性,也是出自尊重忠孝之道的原因。這個時代流傳著許多報仇的故事,其中最著名的是赤穗義士的報仇舉動。對於赤穗義士的報仇行為,當時的學者褒貶不一,而幕府卻肯定他們在私人情義上的忠節,另一方面又堅持按法律問罪。這是情理兼顧的處理方法,表明幕府是很明智的,它既要維護教育,又要維護法律。

　　如上所述,禮教文化政治緩和了幕府初期的武力殺伐之風,促進了社會的和平與安定。這種和平與安定的社會環境為石門心學的產生,創造了理想的社會環境。因為沒有安寧的社會環境,學者就不可能認真讀書,潛心鑽研,也就不可能創造出嶄新的新思維、新學問。同時,禮教文化政治提倡百花齊放、學問獨立,這為石門心學的產生,又創造了堅實的理論基礎和深厚的思想基礎。百花齊放的結果,使儒學、史學、文學、佛教和神道教都得以發展和弘揚,呈現出各學派、各學科既競相爭艷,又和合並存的學術景觀。而這一學術景觀為石田梅岩的學問觀——和合學提供了理論基礎。學問獨立的結果,使學問從社會上層走向社會下層。這就為作為町人哲學的石門心學的產生,提供了廣泛的思想基礎。所以,德川時代的禮教文化政治與石門心學的產生具有密切關聯。

　　由於禮教文化政治的實施,帶來了國內的統一與和平,城市興旺、交通發達、貨幣流通、產業繁榮。這種經濟發展的大好形式,特別在禮教文化政治最興盛的元祿、正德時代,表現得更為明顯。

具體表現為過去的地域經濟發展為國民經濟，自然經濟受到商品經濟的衝擊。

最能代表這種經濟變化的是城下町的繁榮。由於實行兵農分離，武士離開了土地，成為居住在城市四周的純粹消費者。再加上城市的位置，從往昔的偏僻地方移到了水陸交通的要衝，這就不能不帶來城下町的興旺。其中江戶城成為天下之首，除將軍直屬的家臣之外，全國的大名也都率領家臣在這裡居住並參觀。慶長年間，江戶城約有三百條街，到正德年間，增加到九百三十二條。人口數雖不詳，但估計最盛時要超過百萬。十七世紀後葉到十九世紀初，江戶城的人口超過了歐洲任何一個城市。此外，像金澤、鹿兒島、仙臺、名古屋等城下町，在全國約有五十座。這些都是地方上屈指可數的城市，直到今天仍保持著它的繁榮。除城下町以外，千年皇都的京都、國內物資集散地的大阪，也都擁有幾十萬人口，代表了當時都市的一個方面。

由於幕府設在江戶，與京都、大阪之間往來頻繁，再加上大名輪流前來參觀，荷蘭商館館長的進謁以及朝鮮聘使的來朝等，官方交通制度的需要，極大地促進了交通的發展。以江戶為中心，開闢了五條交通幹線：東海道、中山道、日光道、奧州道和甲州道，合稱為五條幹線。每條幹線上都設有驛站，東海道的驛站有一百人和一百匹馬，中山道是五十人和五十匹馬，其他三條街道則是二十五人和二十五匹馬，還設有專門機構，掌管替換人馬等項事務。幕府對驛站，規定免收租稅並撥發錢糧，以資保護。但是，隨著交通量的增加，常備人馬已顯得不足，因而從明曆以後，建立了所謂助鄉制度，即從附近的村徵人、徵馬。這就使農民負擔過重，成為農村凋敝的主要原因。另外，還規定在道路所經的河川上不准架橋，只

能涉水或靠渡船；在重要的地區設置關卡等等。而這些制度卻人為地阻礙了交通的發展。這是幕府從維護其封建統治出發而採取的軍事上、警察上的措施。

在海運上，由於鎖國，禁止遠洋航行，使人們的熱情向內海沿岸航路轉移，因而國內航運十分發達。當時主要的沿岸航路有江戶與京都、大阪之間的航路以及東環和西環航路。負責江戶和京都、大阪之間漕運的定期船有貨物船和運酒船，專門負責把京都、大阪的物資運往江戶。東環航路從日本海沿岸出發，經津輕海峽出太平洋到達江戶。西環航路是從日本海沿岸出發，繞過下關海峽，經瀨戶內海到達大阪。這條航路把奧羽、北陸所產的稻米運往江戶和京阪地方。這種大規模海運是在各藩進行的局部性海運基礎上逐漸擴展而成的。其中，寬文年間河村瑞賢遵照幕府的命令而進行的航路整修，起了很大作用。

交通運輸的發達，進一步促進了商品經濟的繁榮。這種繁榮景象，其一表現為統一貨幣。

統一貨幣，在豐臣秀吉時就已著手進行了，到慶長六年(1601)，德川家康下令改革幣制，鑄了大判（十兩）、小判（一兩）、一分錢（四分之一兩）、丁銀和豆板銀等貨幣。大判重四十四匁（匁為日本的衡量單位。合公制，一匁為3.75克），小判重四匁七分三厘，銀是稱量貨幣，計算時以匁為單位。直到元祿八年出現品質低劣的元祿金銀為止，慶長金銀始終沒有停止鑄造，它一直通用到元文三年(1738)，前後達138年，是這個時代金銀貨幣的代表。元祿金銀是為彌補財政困難而加以改鑄的,因此小判的含金量只有二匁六分八厘,品位下降為慶長小判的三分之二左右。由於幕府令其與慶長金幣等價流通，因而使財界動蕩不安，但幕府卻從中獲得巨大收益。此後，

在寶永年間又改鑄了品質更加低劣的寶字銀和品質雖然依舊但重量
減半的乾字金，幕府的通貨政策並沒有擺脫困境。到正德年間，才
終於鑄造了一切恢復舊制的正德金銀（正德四年，1714）。 金銀貨
幣的製造和發行，由幕府掌管的金座和銀座掌管，後藤氏和大黑氏
分別擔任金座和銀座的世襲職務。

德川家康時鑄造了銀錢慶長通寶和銅錢元和通寶，寬永十三年
(1636) 以後，又設立錢座，專事大量鑄造銅錢寬永通寶（通用價格
為一文），寬文十年(1670)禁止古錢流通以後，錢貨才得以統一，室
町以來的撰錢（在金錢授受時，由於通貨質量的優劣，有選取良幣，
不用劣幣的行為，這在日本稱為「撰錢」） 也告結束。公定兌換率
為金一兩相當於錢四貫文，但市場經常變動，銀對金的比價也同樣
在變動。元祿時，隨著改鑄金銀貨幣，寶永五年(1708)又鑄造了銅
錢寶永通寶（價格為十文），作為相應措施，以供流通。

其二表現為農業、養蠶業、水產業、製鹽業、採礦業、紡織業
和陶器業的發達及貿易。

幕府和諸侯在獎勵農民勤懇務農的同時，積極指導農民改良生
產技術、獎勵開墾新田，發展副業等等。因此，農業生產取得了顯
著的進步。當時，出版了宮崎安貞的《農業全書》等優秀的農書。
這個時期新採用的農具有備中鋤、肥料機、選穀篩等等，水車舂米
法也已經普及。肥料中鰮魚渣、鰮魚粉、青魚渣以及各種油渣的用
量增加了。農作物除五穀外，四木（桑、茶、楮、漆）、三草（紅
花、靛、麻）也已普及栽培。此外，這個時期新增加的作物有黃櫨、
草棉、甘蔗、馬鈴薯、煙草、玉米、南瓜、西瓜、油菜籽、豆角、
落花生等。農業的發達促進了農產品的流通。

生絲和絲織品，向來是依賴從中國進口，因為限制輸入，使養

蠶業有了發展。從慶長、元和起，到正德、享保年間止，國產生絲總額增加了三倍。絲織品作為商品，在流通領域的暢銷又促進了絲織業的進一步發展。

在水產業方面，這個時期捕魚量最多的是鰮魚，其次是鯨魚、鰹魚、金槍魚、鮭魚、青魚等。其中最有名的鰮魚漁場是九十九里濱，捕鯨則在西海和南海各地，除使用魚叉外，也用網撈。捕鰮魚和鯨魚都需要巨額資金，因此，從事捕撈事業的多是富豪之家，有不少人因經營漁業而越來越富。城市商人中，也有不少人把資本投在漁撈業中。各地的製鹽業也很發達，著名的有赤穗、撫養、行德等地，有不少藩把它作為壟斷專營的事業。

德川幕府很早就對採礦事業給予關注，許多金銀礦都歸幕府直接經營。後來，寬永四年(1627)又在各地設立金銀奉行，以獎勵開採金銀礦。銅的開採也很盛行，寬文時，國內主要銅礦有二十三座，到貞享時，已增為三十四座，銅成了主要出口品。鐵礦，除原有的山陰、山陽等地冶鐵事業日漸發展外，其他各地也都興起了冶煉砂鐵的事業，鐵礦也陸續有所發現。元祿時在築前發現了煤礦，享保以後又開始採掘三池煤田。

工業雖仍處於手工業和家庭工業的階段，但隨著群眾生活的提高，需要各種商品，再加上各藩的獎勵，各地也紛紛興起了各種工業，其中最著名的有紡織品、陶磁品、漆器、造紙和釀酒等。紡織品中最著名的是京都西陣的絲織品，質地精良，產量也很高。其他如博多、仙臺、桐生等地很早就開始織物的生產。印染物首推京都的友禪染，另外，尾張的松絞是一種把棉布用絞纈染法處理而取得成功的印染法。麻織品著名的有奈良布、近江蚊帳等。陶磁器皿，以前是依靠朝鮮傳入的技術而發展起來的，到這時期，肥前的有田

燒已在原有基礎上，又有了進一步發展；加賀的九穀燒，也是引進其技術而發展起來的；尾張的瀨戶燒、肥前的伊萬里燒、京都的清水燒、粟田燒等也都陸續有所發展。京都的漆器很有名，此外如能登的輪島塗、奧州的會津塗、能代的春慶塗等也都享有盛譽。紙張在美濃、土佐、越前、伊予等地都有大量製造，高級品有越前的奉書紙、鳥子紙。酒的大規模經營生產是在伊丹、灘、池田等地，往來於江戶與京阪之間的運輸船中，就有專為運輸這裡的酒的運酒船。

其三表現為專業化商人的出現。

由於產業的興旺，城市的繁榮和交通的發達，市場的範圍也擴大到全國，不僅商業有了飛速的發展，而且出現了專業化的商人。諸侯為了支付在城市中消費生活的費用，必須把米和其他領地內的產品運到中央市場去出售，或是以此為抵押去借錢。西國、北國的諸侯在大阪，關東、奧州的諸侯，則在江戶分別建造貨棧，以便保管和販賣貨物。元祿年間，據說大阪有九十七所這樣的貨棧，貨物大部份是米。每年進入大阪的稻米總量是四百萬袋，其中四分之三入庫棧米。此外，薩摩的砂糖、土佐的紙、阿波的靛藍等也都是存棧商品，再由此銷往全國各地。棧存貨物的銷售，起初由各藩的家臣負責辦理，後來則委托商人擔當，稱為「藏元」；負責貸款出納的，叫作「掛屋」，同樣也有委托給商人擔任的；能成為「藏元」、「掛屋」的，都是富商。他們從各藩領取祿米，並擁有可以帶刀的特權，這種半官性質的商人，是站在壓制武家的市民勢力最前沿的人。當時，他們經營的除棧存貨外，還有民間生產的、由商人銷售的貨物，叫作「納屋物」，也是以江戶、大阪為集散地，其數量也與日俱增。松前的海帶拿到江戶和京都、大阪去銷售，伊丹的名酒除供應江戶外，還由下關運到北國、九州。九十九里濱的鰮魚乾、

紀州的蜜橘、甲州的葡萄在全國各地銷售，這些都說明了當時商品流通的盛況。

由於商品流通的發展，從生產者中分離出來的專業商人數量也日見增多，其中又分為批發商、經紀人和零售商。這個時代的批發商，或是受貨主委托，收取一定的佣錢，把貨物賣給經紀人；或是從貨主那裡買進貨物後，再自行賣給經紀人。他們相互之間彼此關照，並團結成立組織，以圖對營業進行壟斷。如江戶的「十組問屋」，大阪的「二十四組問屋」就是有名的批發商集團。往來於江戶和京阪之間的貨物運輸船，也是這些批發商集團經營的。以後，他們規定了股權，確立了在經營方面的壟斷權，成為這個時代的大商業資本家之一。經紀人是介於批發商和外地商人及零售商之間買賣商品的人，在大阪有不少大經紀人。正德年間，大阪有批發商五千六百五十五人，經紀人八千七百六十五人。

零售商在當時大量增加，尤其是在江戶，其數量很多。這種商家，在經營者、伙計和工人之間，不單有雇佣契約關係，而且還存在著家長式的主從關係。伙計從幼年時就進店當學徒、小伙計，從事各種雜物勞動；成年後，成為二掌櫃的，從事營業活動；經過二十年以上便可以從主家那裡得到資金，另立門戶。這是照搬武家主從關係的模式，表明強大的封建勢力已滲透到社會的每個角落。小販是商品經濟侵入農村的主要力量，他們在各地也十分活躍，代表性的有近江商人和富山的藥材商人。

金融機構發展也很快，兌換商十分活躍，他們從事的業務類似今天的銀行業。大阪的兌換商有十人兌換、兌換金銀、換錢、換米。十人兌換是其中最大的，相當於全體兌換業的管理者。因為他們辦理幕府資金的出納，所以破例允許他們帶刀。金銀兌換一般稱為兌

換業者，辦理金銀買賣、貸款、發出票據、匯兌、存款等業務。江
戶的兌換商有兌換金銀和一般兌換兩種之分，兌換金銀的，除從事
一般金融業務外，還辦理幕府和諸侯的匯兌業務。最大的金銀兌換
商是三井。當時兌換商作為大商人擔任大名庫房的掛屋等職，隨著
其財富的增大，社會地位也不斷提高。十人兌換中的一人鴻池，擔
任加賀、廣島、尾州、紀州各藩的掛屋，僅從各家領取的祿米總計
就有一萬石。在江戶，大名與掛屋的關係相當於旗本和家人與札差
的關係。「札差」是負責出售旗本和家人庫存米的人，旗本和家人
在需款的時候，以將來運到的米作為抵押，從札差預借款項，這種
情況正同大名和掛屋的關係一樣。

　　關於對外貿易，日本鎖國以後只在長崎同荷蘭、中國進行貿易，
限制也很嚴格。正德五年(1715)，規定貿易額為中國船每年三十艘，
交易銀額六千貫（貫為當時日本的貨幣計量單位，每千枚一文銅錢
為貫）；荷蘭船每年兩艘，貿易銀額三千貫。這是因為新井白石認
為，幕府建立以來，金銀大量流向海外，如果再任其繼續下去，一
百年後，國內的黃金儲蓄量將減半，白銀則將全部消耗殆盡。進口
貨物中，主要是生絲，都由生絲壟斷商人以壟斷貿易的形式出售，
以後，則由長崎市民共同管理的自治機關長崎會所管理一切貿易事
宜。

　　由於商業發展而積累起來的商業資本，有的被投放到對大名、
武士和一般人民的高利貸上，有的投到未開墾土地的開發上，有的
則投到各種家庭工業上或漁業上等等。這些資本都不斷增值。批發
商、兌換商、掛屋、札差、生絲壟斷商等也都是大商業資本家，被
稱為富豪和長者。他們控制日本全國的經濟，連當政者也坦率地承
認這一點。新井白石就曾對將軍家宣說過：「若論財富，富商大賈

不亞於將軍。」 這個「財富」打碎了嚴格的身份制度，也削弱了強大的幕府政治。

隨著商品經濟的發展，商人的社會地位逐步提高。伴之商人社會地位的提高，出現了真正產生於商人中間並謳歌其生活的獨自的商人文化。

這個時代的商人文化，首先要舉出俳諧。

俳諧是這個時代初期由松永貞德加以推廣的。他把連歌稱為歌道的入門，而把俳諧稱為連歌的初步，並依據連歌的式目制定了俳諧的式目。這樣一來，似乎失去了文藝的自由性，但由於句中採用了民謠和俚諺，含有發展庶民文學的因素，因而實際上普及到各個階層，具有先驅者的意義。在此之後，大阪的西山宗因創作的俳諧否定了這些規則，恢復了自由形式，在廣大的庶民社會中尋找素材，力求風格的新穎別緻，這可以說是正在興起的大阪市民階層對文藝所提出的最早的自我主張。松永貞德一派稱為貞門，而西山宗因的俳諧，則被稱為談林。談林雖曾風行一時，但後來出現異風異體，變得低級庸俗了。這時又出現了松尾芭蕉，揚棄了二者的格調，把俳諧發展成為獨具境地的崇高藝術。松尾芭蕉一生周遊各地，深入大自然之中，發現了自然與人生融為一體的閑寂詩趣。其門人遍及全國，數以千計。與芭蕉同行的有攝津伊丹的上島鬼貫。他領悟到無誠則無俳諧，擺脫了以往遊戲式的俳諧觀，在提高俳諧的藝術水平上，他和芭蕉一樣作出了貢獻。這種獨立的短詩藝術，捨棄了一切修飾和裝潢，用盡可能簡樸的形式去表現火熱的詩情，符合了在繁忙的現實生活中追求情趣，體現了市民生活要求閑寂的一個方面。

第二要舉出浮世草子（即風俗故事小說）。

風俗故事小說從寬永時起陸續出版了以市民為對象的新作，但

多數是以教化市民為目的的。天和二年 (1682)，大阪人井原西鶴出版了小說《好色一代男》，以後又陸續出版、發行了大量的統稱為好色的小說、武家小說和町人小說的讀物。井原西鶴以銳利的寫實精神，抓住商人生活的千姿百態，全面肯定他們的享樂與營利行為。至此，市民才有了提倡自己的世界觀，為自己的立場辯護的有力支柱。井原西鶴的書倍受歡迎，他的創作活動接連不斷，這恰好反映出蓬勃向上的市民階級的力量。

第三要舉出淨琉璃。

淨琉璃始於室町時代末期，盲人帶著拍節說唱淨琉璃故事，流行於四條川原一帶，是作為民眾藝術而出現的。慶長年間先在京都演唱，到元和、寬永時，其中一個支派來到江戶，受到社會的歡迎。江戶的淨琉璃自此出現了金平節、半太夫節（江戶節）、河東節等流派。京都、大阪的淨琉璃在貞享初年，由竹本義太夫在大阪創設了竹本座，以近松門左衛門為劇作家，開創了獨特的義太夫節。後來，表演家與劇作家相映生輝，迎來了淨琉璃的全盛時期。作為一個劇作家，近松門左衛門與芭蕉、西鶴一樣，是同時創建了近世文學黃金時代的人物之一。他的作品有以歷史為題材的和以現實生活為題材的兩種。以歷史為題材的占了絕大多數，深受觀眾的歡迎。他不贊成西鶴那種過火的寫實，認為藝術要處於虛實之間。從這一立場出發，他力求描寫人性美。雖然壓在人情上面的情義世界是冷酷的，然而人情卻總是溫暖的、美好的。正是這種溫暖和美好，使讀者和觀眾常常忘記了現實社會的苦惱，達到了一種引起共鳴的、令人嚮往的藝術境界。

第四要舉出歌舞伎。

一般認為歌舞伎始於出雲的一個叫阿國的巫女，阿國的歌舞伎

是一種樸素的唸佛舞蹈，在鐘、笛、鼓等樂器的伴奏下，邊唱邊跳
邊唸佛邊舞蹈。最初流行於京都，後來傳到江戶。當時是在野外搭
起舞臺表演，「共居」這個詞，如實地反映了它初期的情況。後來
為迎合世人的趣味，出現了由藝妓表演的女子歌舞伎和由美少年表
演的年輕人歌舞伎等。因為有傷風化，曾一度遭到幕府禁止。但由
於時代的需要，取得發展，逐漸演變成為由章回小說改編的連續劇
目。元祿時，江戶的市川團十郎的武打戲，京都的坂田藤十郎的愛
情戲深受觀眾的歡迎。

第五要提一下浮世繪的產生。

浮世繪的「浮世」兩字和「浮世草子」中的浮世一樣，都是現
代民眾風俗的意思。開始時，並不一定是指一種畫派，只是泛指狩
野派和土佐派畫家描寫當時民眾生活的作品。後來，日本畫的創作
逐漸擺脫漢畫獨立出來，以不受官府保護的市民畫師的驕傲來迎合
民眾的嗜好，在題材的選擇和技巧的運用上形成了一種獨自的風格，
一般就稱為「浮世繪」。 畫派初期的代表作者，可以舉出岩佐又兵
衛，但真正對浮世繪的創立作出貢獻的是江戶人菱川師宣。他主要
以藝妓、歌舞伎為題材，巧妙地迎合了民眾的愛好。後來，浮世繪
又以版畫形式發行，在向民眾的普及上，起到了劃時代的作用。

總之，這種商人文化具有反對統治階級反人性、偽善的階級道
德，強烈地流露出追求人類平等、自由的精神。這表明商人文化站
在時代的前列，發揮了進步的歷史作用❶。

可見，德川時代商業經濟的發達和商人文化的勃興，為商人哲
學——石門心學的產生，創建了物質基礎。商人，作為一個階級的

---

❶　以上參閱坂本太郎：《日本史概說》第五章第三節，商務印書館1992
　　年版，和家永三郎：《日本文化史》第六章，商務印書館1992年版。

出現，需要有闡釋這種階級的本質、觀念、利益、前途的哲學思維。所以，由石田梅岩創建的石門心學成為這一時代商品經濟勃興和商人文化發達的集中反映。

以上表明石田梅岩的少年和青年時代是在一種具有近代精神的環境中度過的。這種環境成為孕育石門心學的溫床。

石門心學的產生，除有益於時代環境的栽培外，石田梅岩的家庭環境也是孕育石門心學的另一個重要溫床。

據《石田先生事蹟》記載：石田梅岩的父親是一位很正直的人，對梅岩的要求很嚴格。梅岩十歲時，隨父親到山上玩。梅岩拾了五、六枚栗子，準備吃飯時燒著吃。梅岩的父親發現後詢問栗子的來歷。梅岩如實說是在山上栗樹下拾的。不料，父親嚴厲地說：「我家山上的栗樹枝沒有長到別人家山上去，而鄰家山上的栗樹枝卻長到我家山上來。這栗子肯定是鄰家栗樹上的。」不等梅岩吃完飯，就讓他將栗子送還鄰家。這件事對梅岩的教育很深刻。直到晚年，他在回答弟子關於「如何知父母之恩」提問時，梅岩回憶這件事時還說：「那時，父親讓我送還栗子，他是多麼悲哀啊！」

的確，拾了五、六枚栗子，必須送還主人，這似乎有些過於嚴厲。但正是父親這種忠厚老實的態度，教育、培養了石田梅岩忠厚、誠實、正直的氣質。父親日常的生活態度和嚴格的家庭訓育，對石田梅岩的人生觀和學問觀的形成，起到了很大的感化作用。

由於東懸村人多地少，家中除長男繼承父業、耕耘田地外，次男、三男等男孩子要外出打工。按著東懸村的這一習慣，梅岩十一歲時便到京都打工，當時稱為「奉公」。據《石田先生事蹟》記述，梅岩打工的主家，也不很富裕。因為按當時的規矩，主家對於奉公的徒弟，每月不發給薪水，除住在主家，管一日三餐外，年底要送

給徒弟衣服、木屐等物品，以此作為徒工一年的收入。但是，梅岩的主家卻什麼也沒有給他。對此，梅岩沒有一絲抱怨，也沒有告訴過任何人。打工四、五年後，當他回鄉探望父母親時，仍然穿著母親給他做的舊衣裳。父母親很吃驚，問他為什麼主家不給新衣服。梅岩回答說：「我出家奉公時，父親反覆告誡，打工時對於主家，要像親人一樣看待，要老老實實地奉公。我一直遵守父親的這一教導。主人家經濟不富裕，不給新衣，我也沒對別人講。」這話充分反映出了梅岩忠厚、實在的氣質。

父母出於對梅岩的疼愛，他留在家中作了幾年農活。

寶永四年(1707)，二十三歲的石田梅岩再次到京都奉公。這次打工的主家是一家姓黑柳的吳服（即和服）商。在當時，穿和服的人都是有錢的人，因此，黑柳家的家業比梅岩打工的第一家要富裕得多。他在這家奉公從二十三歲一直幹到二十八歲。

在這五、六年中，梅岩患了脾胃病，健康狀態不佳。又由於他忠厚、正直的氣質，對世上一些不正義、非正當的事情看不慣，得了憂鬱症。這些因素造成了梅岩極端內向的性格。

性格內向的梅岩沉默寡言，但好學深思。在黑柳家奉公時，每天工作之餘便勤奮讀書。《石田先生事蹟》記載：先生懷中裝著書，空隙時便拿出來讀。早晨，別人還沒有起床時，夜晚，別人都已入寢時，更是先生讀書的好時機。梅岩讀的書，內容涉及儒學、佛學、神道等，極其廣泛。因為他的志向是要成為當世博識者。

在酷愛讀書的同時，梅岩還常常深思這樣的問題：人生的道路在哪裡？人生的道路是什麼？人的一生應該走什麼樣的道路？……

在他沉思苦想這些問題的時候，突然對神道產生了興趣。《石田先生事蹟》中是這樣記述的：

> 先生二十三歲時去京都，在上京商人家奉公。他開始對神道
> 發生了興趣。每日搖著鈴，走街串巷，向人們講述人生的道
> 理。這成了先生的志向。

可見，石田梅岩之所以對神道產生興趣的真實原因，是由於他對人
生哲學的追尋。這一思想成為梅岩創建石門心學的基礎。而對人生
哲學的思考，也成為石門心學的一大傳統。

關於石田梅岩神道的傳授師承問題，日本研究石田梅岩的專家
柴田實教授認為，梅岩沒有特定的師承傳受，而是受佛教、儒學和
俗神道的影響。

關於受佛教的影響，梅岩的生家石田家是本村禪寺春現寺的檀
家❷。春現寺是為石田家的先祖出家開的寺院。以後，此寺一直由
石田家住持、管理。所以，梅岩從少年時代起，就受到禪宗思想的
影響。

此外，梅岩奉公的主家黑柳家是真宗本願寺的門徒，祖宗信仰
十分強烈。店裡從職位最低下的丁稚起，一直到店主人，每天都要
在御堂參拜。梅岩雖然因信仰神道，不參加參拜，但真宗思想對他
不可能沒有影響。

關於受儒學的影響，由於當時的時代是儒學統治的時代，如神
道在理論上就受到儒學的強烈感化，出現了所謂「神儒一致」的主
張占據主流地位的現象。另外，當時有名的學者頗多。如貞享二年
(1685) 出版的《京羽二重》卷六中記載京都的有名儒學者就有木下
順庵、荒川慶玄、伊藤宗恕、黑川道祐、緒方宗哲、三宅尚齋等六

---

❷ 寺檀關係：指寺院和信徒（檀越）之間的關係，即僧侶對居民的生死、
婚姻等有權過問，並出具證明。

人。與梅岩同時代的儒學者還有宣傳古學的伊藤東涯、祖述崎門學
的三宅尚齋、倡導程朱學的荒川慶玄等有名學者。青年梅岩雖然沒
有直接向他們請教過，但是他們的學術著作，梅岩是讀過的，並且
還作過評論 ❸。

關於受神道的影響，大阪明誠舍的佐藤寬九郎收藏有《梅岩神
道傳書》圖。其圖上端畫有日（太陽）月（月亮）， 四周有二十八
宿星，圖中部有用神文寫成的十個文樣，圖中央下部有「石田梅巖
謹書」的署名。據日本學者考證，此《梅岩神道傳書》為偽作。理
由主要有二：一是梅岩自己在《石田先生語錄》十八中認為，他所
信仰的神道是「唯一神道」 ❹（即「吉田神道」），而此圖所表示的
卻是「兩部神道」❺。二是圖中署名的「石田梅巖」的「巖」字，
通常寫為「岩」字，而不是「巖」字。為此，《梅岩神道傳書》不
能說明梅岩的神道傳承關係。

雖然梅岩自己講，他的神道是「唯一神道」， 但並非師承於當
時唯一神道的嫡流吉田靭負。當時，吉田家是全國神道的管領，具
有向全國的神職、社家授予神階的傳授和社號的權力。因此，「唯
一神道」的傳授是眾所周知的事情。但是，梅岩沒有「唯一神道」
傳授的證跡。

當時，除了吉田靭負外，有名的神道家還有伏見稻荷的祠官大

---

❸ 參閱《石田先生語錄》和《都鄙問答》中有關梅岩對伊藤仁齋的《語
孟字義》的評論部份。

❹ 唯一神道：由吉田兼俱(1435–1511)創立，故又名「吉田神道」。以《神
道大意》、《神道由來記》和《唯一神道名法要集》為經典。認為神道
高於儒學和佛教。

❺ 兩部神道：是佛教真言宗與神道相結合的神道。「兩部」係指真言宗
的「金剛界」和「胎藏界」兩部教義。

山為起和朝日神明社的神職增穗殘口兩人。大山為起於正德元年(1711) 在京都五條音羽橋開設講座，梅岩一定聞知此事。增穗殘口作為神明社的神職，向大眾宣講通俗神道，梅岩前去聽講❻。

第二節　體驗、反省、開悟

石田梅岩三十五、六歲時，對人性問題產生了濃厚的興趣。這是他信仰神道的必然結果。因為當時的神道與儒教有著密切的關係。儒教思想是神道的理論基礎之一。如「理學神道」就是朱子學與神道的結合。「理學神道」認為朱子學中的所謂「太極」，就是日本神道中的「本原神國常立尊」，一切神都是「太極」的體現。所以，只有「理學神道」才能治理天下，而其他一切神社神道，只不過是一些「行法神道」而已。由於朱子學是江戶時代的官學，所以，當神道與作為官學的朱子學相結合，作為天地、自然及現實人生的「神明之道」及治世的根本原理時，就不僅得到了統治者的支持，而且受到了庶民的歡迎。

而儒學的核心問題，又是關於「人性」的善惡、標準、價值等問題。

信仰神道又熟讀聖賢書的梅岩對「人性」問題的思考，是他理論思想深化的具體表現。晚年，他在回答學生關於「人性」問題時說：

---

❻　參閱柴田實：《石田梅岩和增穗殘口》，刊於《石田梅岩的思想》，ペリかん社1979年版。柴田實認為，石田梅岩和增穗殘口在神道思想上有許多類似點。如兩人都主張神、儒、佛三教一致說。

　　最初，我只是反覆地讀聖賢的書，但聖賢書中的意思，我並
　　不明白。通過聽講解，我漸漸地懂得了，要想了解聖賢書中
　　的義理，就要知心、知性。於是，我反覆地思考：怎樣才能
　　知心、知性呢？有一位老儒對我說：如用刀割開果物的核，
　　裡面那個能生出幼芽的東西，就是仁。我想，如果人性就如
　　同果物種子中芽的話，那豈不是很容易就知性了嗎？知性不
　　會是那麼容易的事吧❼。

誠如梅岩所說，老儒將人性比喻為果物種子中的幼芽，而人性是不
能像果物種子那樣，用刀子割開來觀看的。所以，老儒的話使梅岩
關於人性的思考，更加混亂。

　　就在梅岩思想徬徨、尋找老師時，他與小栗了雲邂逅。

　　小栗了雲姓平氏，族姓小栗、名正順、通稱源五郎，了雲是其
字。有時，他又稱賣炭默叟，或稱海容軒、栗棘圓等。關於了雲的
生平事蹟，石田梅岩的後學有這樣的記載：

　　　老師姓平族小栗氏，名正順、字了雲，稱源五郎，自號賣炭
　　　默叟，偏於其居曰海容軒、一號栗棘圓。其先世為越藩大夫
　　　也。父正宗因大宗美作之事，免而隱京師也。老師端莊淵默，
　　　好性命之學，自樂以忘世矣。我石田先生之師也。享保己酉
　　　十月十九日，病終於家，享年六十二歲，葬於京極永養寺中。

　　　　　　　　　　　　　　　　　　　寬政己酉秋七月

　　　　　　　　　　　　　　　　後學　手島建謹識❽

---

❼　《石田先生語錄》第131條，見《石門心學》，岩波書店1971年版，頁
　　90。

這一記載表明，小栗了雲的先祖代代都是越藩的大夫，了雲的父親正宗因家族糾紛的牽連，辭官後在京都隱棲。正宗與其妻佐竹氏於寬文八年(1668)在京都生下了雲。小栗了雲比石田梅岩長十七歲。

　　小栗了雲的學問觀是佛教禪宗。不過，關於禪宗的具體流派，岩內誠一先生認為了雲應歸屬禪宗的黃檗派。

　　　　了雲好像是修黃檗派的禪學。其師為不二庵禮柔禪師❾。

而柴田實教授則認為了雲屬於臨濟禪一派。其理由是：

　　　　認為了雲修黃檗禪，這樣的資料沒有。不二庵禮柔是什麼樣的人，也不清楚。而了雲去世後，京都永養寺了雲的墓是一個小型的無縫塔，與周圍其他的角型墓不同。這種無縫塔通常是一山的住職或僧籍才可建的。由此可以推測，了雲不是一般的僧人。此塔正面刻有「了雲老師之塔」，此寺有關資料記有「全覺了雲上座」。據釋良定編的《泥洹之道》(寬永11年，1634) 所言，「上座」一般是指近世薦僧。同書還說：「薦僧位牌事，規定……上座無虛位，普化和尚異相僧」。所以，了雲屬於普化宗的異相僧。普化宗是臨濟禪的一派。以「明暗雙打，虛無吹簫」為宗旨。因此，稱這派僧人為虛無僧（薦僧）。❿

---

❽　柴田實：《梅岩及其門流》，ミネルグア書房，頁78。

❾　岩內誠一：《作為教育家的石田梅岩》，頁59。

❿　柴田實：《梅岩及其門流》，頁81。

筆者以為，德川時代是黃檗禪宗普及民眾的時代，因此更傾向於岩內誠一先生的觀點，並認為正是這種黃檗禪風對梅岩創建石門心學起了重要作用。

關於了雲的著作，保存下來的有《小栗先生謠註解》，共三十一冊。具體內容為：

> 一、高砂、老松、三輪，二、賀茂、龍田、春日龍神，三、放生川、白髭、難波，四、道明寺、玉井、志賀，五、白樂天、雨月、關寺小町，六、道成寺、鞍馬天狗、天鼓，七、小鹽、鐘旭、江口，八、角田川、誓願寺、遊行柳，九、海士、實盛、朝長，十、舟橋。⓫

這部著作的旨趣在於頌揚天下太平，國土安穩。書中的「高砂」、「海士」、「江口」等謠曲被以手島堵庵為首的石門後學附會以心學的理論。

梅岩初見了雲，拜其為師後，就急切地尋問關於人性方面的問題。了雲只是對他說：

> 如果你不知心，那麼，你所學與人性問題，有如天地雲泥之差。不知心，只讀聖人之書，實是差之毫釐，謬以千里。⓬

梅岩聽到了雲老師的這番教導後，深深感到，以自己現在的學問去探求人性，實在是以卵擊石。於是，他反覆體驗了雲老師所說的「知

⓫　柴田實：《梅岩及其門流》，頁86。
⓬　柴田實：《石田梅岩》，吉川弘文館1995年新裝版第二版，頁42。

心」的真諦所在。

了雲所謂的「知心」， 用哲學語言來解釋，就是認識主體與認識客體相一體的意思。「知心」，成為石門心學即梅岩學問的中心課題。

梅岩認為， 人生之道就是自覺知五倫五常，並以此教導世人，以此為己志。但了雲認為，如果僅僅如此，不知心的話，那麼，五倫五常的知識就不可能真正成為自己的，也不能發揮其作為一身之主宰的功能。了雲思想的理論意義是：對於普通的知來說，認識的主體（自己）與被認識的客體（事物、道理）是對立的、有區別的。但「知心」時，認識的主體（知的心）與被認識的客體（被知的心）又必然是同一的，無差別的。更進一步說，人們常常將自我客觀化，即通過自我來內省自己的心。在一般情況下，通過自省，達到一種自覺，這就是「知心」。 但真正的知心，必須是超越反省，當知的心與被知的心融為一體時，才能達到那種境界。那種境界不是靜止的心，而是自由活動的心。如人們往往不懂得通過自我來認知自己的心。這是因為由於外在的、內在的各種機緣，將自己的心加以分裂，不能判斷欲求和反省的對立，即什麼是外在的欲求，什麼是內在的反省。因此，人們也就不知如何行為。反之，當人們十分專注，一心一意做某件事時，就不會有任何的疑慮和不安，此時的心呈現為一種自然而然的狀態。這種境界，與「知心」就很接近了。

按著小栗了雲老師的思路，梅岩反覆體驗如何體得自由心，即怎樣才能知心。無論是白天還是夜晚，梅岩都苦心體會，反覆體驗，如何才能盡心，怎樣才能知心這一重要問題。

經過一年半的體驗，在梅岩四十歲那年，有一天，當他感到精疲力盡之時，忽然，進入到一個嶄新的境界。關於梅岩的這次開悟

經過,《石田先生事蹟》是這樣記載的:

> 認識了雲老師後,先生按著了雲師關於「知心」的教導,日
> 夜無它事,只是一心一意作盡心的功夫。大約過了一年半,
> 梅岩因母親臥病在床,返鄉照顧老母親。在先生剛剛四十歲
> 那年,正月上旬的一天,他扶持母親睡下,從座位上站起來,
> 推開房門,來到室外,突然間,一種異樣的靈感充滿胸中。
> 他感悟到:堯舜之道就是孝悌。鵜在水中游、鳥在空中飛。
> 此道明明白白地貫徹上下天地之間。性是天地萬物之親。先
> 生十分高興。

梅岩得到這種靈感,是他多年反覆體驗,作功修養的結果。這就如
同釋迦看到曉星而大悟,唐靈雲看到桃花而徹悟一樣。

　心學者把這種「悟道」、「開悟」,叫作「發明」。通常認為這是
偶然機會中的忽然所得,但這絕不是一種神秘的、瞬間所能得到的
靈感,而是體驗者長年累月思考的結果。對此,梅岩作了一個比喻,
進行說明:

> 比如證文、印章之類的東西,不用時將它放在某處。用時,
> 卻又找不到。這裡尋、那裡尋、找不到,今日尋、明日尋、
> 也找不到。於是,開始起疑,證文可能作為廢紙丟失了。當
> 不再尋找時,忽然想起了證文或印章的存放處,心中的種種
> 疑慮也隨之消失了。「知心」就如同尋找證文、印章之事一樣,
> 天天想、年年想,當想得精疲力竭、不再想時,忽然,如同
> 黑夜中的一線光明,照亮了全天一樣,悟性充滿了頭腦。❸

的確，像這樣的經驗，人們在日常生活中也常常遭遇到。有些事，不知什麼緣故，怎麼也想不起來，但在突然之間，又會找到答案。表面看起來，實在是不可思議，但它確實又是基於經驗之上的思維活動的結果。

梅岩對於自己多年體驗而獲得的悟性，十分高興自滿。在母親病愈後便急匆匆地返回京都，拜見了雲老師。致禮問安後，梅岩就立即向了雲師講述自己開悟的經歷。他一面在空中揮舞著煙管，一面「如是，如是」地講著。一副洋洋得意的神態，充溢全身。了雲老師對他的開悟，非但不給予首肯，反而只用「如盲人摸象」五個字進行評價。梅岩對老師的評價，感到很不理解，進而虛心請教。小栗了雲教導他說：

> 你這樣的所謂「知心」，不過是看到了你所看到的東西。這就如同盲人摸象。一群盲人圍著一隻大象摸著。有的人摸到了象尾，說象是尾巴一樣的動物；有的人摸到了足，說象是腳一樣的動物。他們都沒有看到象的全體，所以，誰也不知道象到底是什麼樣的動物。你看到鵝在水中游、鳥在空中飛，性是天地萬物之親。這表明你的眼睛還有殘餘。其實，性存在於眼睛所不能看見的地方。你尚需進一步反省。❹

誠然，如上所述，小栗了雲認為所謂的「知心」，就是當知的心（認識主體）與被知的心（認識客體）融洽為一體時，才能達到。而梅岩用眼睛看到的天地萬物和使他看到這些的自己的眼睛，與「性」

---

❸ 柴田實：《石田梅岩》，頁46。

❹ 同上書，頁47。

完全是有區別的，是不同的。

　　按著老師「性存在於眼睛所不能看到的地方」這一教誨，梅岩
又開始了自我反省。他的反省達到了廢寢忘食，不辨日夜的程度。
這種反省又經過了一年多，梅岩四十二、三歲時，有一天夜更時分，
他感到身體有些疲勞，迷迷糊糊睡著了。天還未亮，他正睡時，聽
到了屋後樹林中鳥雀的啼叫聲。當時，他豁然感受到「腹中如大海
一樣靜寂，如藍天一樣廣闊。那鳥雀的啼鳴聲，就如同鵜鳥在靜靜
的波浪中發出的音響」。　此時，梅岩猛然驚醒，他悟到了了雲老師
所教導的「性存在於眼睛所不能看到的地方」這句話的真諦。這是
石田梅岩的第二次開悟。

　　關於這次開悟，石田梅岩在以後曾對他的學生說道：

　　　　自從那晚之後，我感到自性很大很大。不再感到它是天地萬
　　　物之親，既不感到它很迷茫，也不感到它很明晰。只是，饑
　　　時便食，渴時便飲；春天，觀賞朝霞中帶著露珠的朝花；夏
　　　天，詠嘆萬里晴空的青和綠，暑氣太濃時，便在水中嬉樂；
　　　秋天，歌唱映在稻葉露珠上的月影，頌詠從初秋的萩葉到深
　　　秋的紅葉；冬天，欣賞樹葉上的小霜，怎樣變成鵝毛大雪。
　　　實際上，是在觀賞一念的往復移動和變化，猶如嬰兒赤子一
　　　般。❶

從梅岩自己的話中可以看到，他這次開悟的境界已完全融進到了一
年四季的循環和大自然的風趣之中。饑餓時便吃飯，乾渴時便飲水；
無所謂糊塗迷茫，也無所謂明白清晰；人生就如同初生的嬰兒赤子

---

❶　柴田實：《石田梅岩》，頁48。

一樣。對梅岩來說，他感到自己的意識完全消失了。其實，他是進入到了一個自然的、更高層次的自然境界之中。

指引梅岩「開悟」、進入到第二個更高層次的自然境界的思想，就是了雲老師所說的「性存在於眼睛所看不到的地方」。

「性存在於眼睛所看不到的地方」，　這不是小栗了雲的造語，而是他借用了前輩傳下來的成語。

當時社會上有一部書，叫作《目無草》。所謂「目無」，就是指人人具足的自性。《目無草》這部書，著者不明、刊行年代也不詳，書內題有「水鏡目無草」五個字，其內容是對傳說一休和尚所著《一休水鏡》的註釋。

《一休水鏡》這部書的真實著者，至今也不明確。只是從家藏的流傳版本來看，書的表頁題有「一休水鏡　全」幾個字，全書共有十六頁，在書的最後一頁上寫有「正保四年六月、　日、　大阪書林、　鐵橋通宮川町西河、土佐屋喜兵衛板」。　書的正文以「君出門在外很長時間了，何時才能返回？少女為你不停地織衣，盼君歸來。我很久很久地注視著住吉神社旁的姬松，那松樹大概過了好幾代了吧」這首古歌為序。此外，書中關於佛教所謂悟性的內容很多。又由於此書用和歌的形式表示，所以，書中第三頁有「水鏡」標題，第六頁又有「二人比丘尼」標題。

因為書中出現了「二人比丘尼」這個詞，所以有人又懷疑這部書出自鈴木正三之手。

鈴木正三所著《二人比丘尼》初版於寬文三年 (1663)，比正保四年(1646)刊出的《水鏡》晚十六年。

兩部書從內容上比較，《二人比丘尼》上卷部份中的關於須田彌兵衛的妻子，在丈夫戰死後，憑弔古戰場時在夢中與骸骨對話部

份，《水鏡》中完全沒有。只是下卷部份的須田彌兵衛的妻子當了尼姑，拜訪閒居於深山中的老比丘尼，向其請教佛門要道這部份，兩書內容相一致。但更重要的是書的末尾以須田彌兵衛的妻子通過修禪得到了唸佛沒有得到的悟性為基本內容的一段很長的對話，在《水鏡》中也沒有。因此，不能判斷《二人比丘尼》與《水鏡》兩部書同出自鈴木正三一人之手。

從《目無草》的作者方面分析，他認為《水鏡》出自和尚一休之手。為此，特在卷頭上註明一休和尚的法語「水鏡」字樣。同時，作者將書名定為《目無草》，其意與《水鏡》書所引的「沒有眼睛的話，就只能憑藉聲音到這到那」相類似。追本溯源「目無」這個詞，來自《楞嚴經》中「阿那律陀無目而見」這句話。而《水鏡》第一卷又的確是在講述：如何從父母未生之前的「我自身」進入到所謂的「我」、所謂的「心」、所謂的「佛」、所謂的「地獄」或「天堂」，其實這些本來都是無，只是顯示了自然而然的生，就是正確的生這一佛法的意思。為此，作者將其書的旨趣，歸結為「目無」。這是非常適合、貼切的。

小栗了雲一定讀過《水鏡》或《目無草》這些書，因為這些書在了雲出生之前就已經出版了。書中關於「性是目所不能見的」這一佛教思想，深刻影響、左右了小栗了雲的思想。而石田梅岩又通過了雲師的教誨，接受了這一思想，並通過自己認真的思索和艱苦的修行，悟得了其真意。由此可見，梅岩開悟的實質，是對佛性真髓的把握。

第二次開悟，石田梅岩體悟到了性的真諦，使他的思想進入到一個全新的境界。這就為石門心學的創立，奠定了堅實的理論基礎。

享保十四年(1729)十月十九日，石田梅岩的老師——小栗了雲

度過了自己孤獨的隱者生涯，安然逝去，享年六十二歲。《石田先生事蹟》記載：小栗了雲臨死之時，把寫有自己註釋的書籍，全部轉交給梅岩，想讓他將自己的學術思想傳給後人。因為了雲認為梅岩是自己最得意的弟子。但當他把書托付給梅岩時，卻遭到了梅岩的斷然拒絕。梅岩說：「我今後的事，是要創建自己的、新的學問和思想。」了雲聽後，莞爾一笑，嘆美梅岩的雄心和抱負。

對於學問，石田梅岩確實有一種再創造的自信心。他不願意將老師的學問原封不動地傳播下去，就像把一瓶舊水，原封不動地倒入到另一個瓶子中一樣。他決心要創建一種適應社會需求的新的學說。正是憑藉著這種再創造的自信心，石田梅岩在日本商人受難期間的享保年間，創立了一門嶄新的學說——反映新興商人精神覺醒的石門心學❶。

第三節　講習、著述、簡愛

享保十四年(1729)梅岩四十五歲時，在居宅車屋町通御池正式開始講習。這標示著「石門心學」的創立。

石田梅岩之所以在此時創立「石門心學」，與享保年間商人的命運轉折有著密切關聯。

如上所述，石田梅岩的少年和青年時代是日本歷史上燦爛的禮教文化政治和商品經濟勃興的時代。而梅岩的中年時代，則是在享保年間的享保改革中度過的。

享保元年(1716)，德川吉宗從紀州家來到幕府，就任將軍職，在任長達二十九年。他執政時期的政治，主要是否定前代的禮教文

❶　以上參閱柴田實：《石田梅岩》第三章。

化政治，變奢侈的習俗為節約，變軟弱的士風為剛強。這種願望對
武家政治來說，的確是很健康的。特別是吉宗以身作則，率先示範，
他不愧為中興的名君。不過，社會在發展，已不再是僅靠樸素剛健
的精神就能束縛的了的。由此而產生的不滿，日見增加。這些不滿，
增長了對幕府及武士階級的蔑視，改革施政的效果也很不理想。

　　改革施策的第一條措施，是整頓風紀。這對武士來說，就是獎
勵武藝，通過鷹獵和研究武家掌故等活動，使生長於太平盛世的武
士，身心均得到磨鍊。為教化一般人民，出版並向民間普遍宣傳清
康熙帝頒發教化人民的詔諭（即《六諭衍義》）及其日文註解《六
諭衍義大意》。嚴禁當時民間流行的賭博、有獎彩票、雜俳遊戲等
妨礙正業的陋習。為厲行節約，他下了最大功夫，首先親自在節衣
縮食方面作出榜樣，在住的方面也因陋就簡，神事和佛事儀式，也
盡量簡單；對大名、旗本以及市民的衣、食、住等方面，都詳細地
規定了節約的條文。但是，這個節約令不但招來了庶民的嘲笑，而
且適得其反，把奢侈從表面的華美變成了內面的奢華。

　　施策的第二條措施，是整頓財政。為了解決幕府及武士們的財
政困難，他採取了多種政策。為解決幕府燃眉之急，他命令大名貢
米。大名每一萬石年祿要上交米一百石，駐在江戶的年限可相應地
縮短為半年。這一制度從享保七年(1722)實行到享保十五年(1730)，
以後就逐步廢除了。針對武士的窮困，他下令以後一概不受理有關
金銀債務的訴訟，企圖以此保護債務者的利益。但其結果是招致了
金融梗塞，增加了對幕府的不信任。另外，調整米價和改革幣制也
是用心良苦。從享保初年起，由於連年豐收，米價暴跌，這就苦了
靠米生活的武士和農民。幕府因而採取種種辦法，力圖提高米價。
由於幕府聽從了米價下跌是因為當時市場上流通的金銀數量短缺這

一意見，所以在元文元年(1736)鑄造、發行了比元祿金銀質量還次
的文字金銀和大量的銅錢、鐵錢。這樣一來，米價固然上升了，但
其他各種物價也一起上漲，一直延續到後來的田沼時代。此外，吉
宗還採取了一系列積極的財政政策，如開墾新田，振興產業，發展
生產。著手開墾上總的東金、下總的佐倉和小金原；普及甘薯的栽
培、嘗試了朝鮮人參以及其他草藥的栽培、製糖；恢復古代染色術
等。由於這些措施的實施，各地的特產品頓時大興。

　　施策的第三條措施，是幕府法制的整備。吉宗愛好刑律之學，
企圖樹立完善的幕府司法制度。他命老中以下官員調查歷來的法令
和判例，編纂了一部最早的成文法典《公事方御定書》（一百零三
條，御定書一百條），於寬保二年(1741)頒發給三奉行責令實行。這
是幕府在司法裁判方面的依據，一直到幕末仍沒有失效。另外，他
還命令評定所，即江戶時代作為寺社、町和勘定三奉行合議專司裁
判訴訟和審議立法的最高機構，收集、編纂幕府成立以來所發佈的
「觸書」（佈告），完成了由慶長二十年(1615)到寬保三年(1743)的
部份，這是第一次編纂。此後，到幕末為止，一共編纂了四次。這
項業績可以同律令制度下「格式」（格：為了彌補律令條文的不足，
日本政府用詔、勅或太政官符發佈的命令，以作部份的補充、修改
的條例，稱為「格」。式：是律令的施行細則。《弘仁格式》、《貞觀
格式》和《延喜格式》就是當時把這些補充、修改的條文，收集而
編成的）的編纂相媲美❶。

　　享保改革的結果，一方面是米的產量增加了，礦山採掘、藥種
栽培、榨油等也得到了發展，殖產興業取得了一定業績，另一方面，
由於幕府立足於武家本位，採取重農抑商、農本商末的方針，使商

❶　以上參閱坂本太郎：《日本史概說》，頁317–319。

人經濟得到了抑制和衝擊。為此，日本學者稱享保時代是商人的受難期。

經歷了商品經濟勃興的禮教文化政治時代和商人受難期的享保時代，作為商人出身的石田梅岩一直不斷地反省、不斷地開悟，苦心探索封建社會中商人生存的正確道路。在全社會重農抑商風氣極濃厚的背景下，梅岩勇敢地喊出了「商工是市井之臣」的口號，並竭力強調「商人的賣利和武士的取祿，是一樣的習慣。武家和町人之間，本來只有人格上的高下，但沒有職位上的尊卑」。這是享保時代新興商人脫皮後，精神自覺的必然反映。

石田梅岩本著宣傳商人道義——重信用、循正直，並以此教化商人這一素志，在自宅開始講習。講習第一天，他在門前掛出揭示板，上書：

> 何月何日開講，不收聽講費。無緣但渴望聽講的各位，不要客氣，請自由參加。⑱

梅岩作為一個普通商人，既沒有學術上的師承關係，沒有任何學術頭銜，也沒有特別的支持者，所以，當梅岩講習的揭示板掛出後，有人表示不理解，有人譏笑，也有人當面贊譽，背後嘲笑。梅岩開講第一天，沒有一個人前來聽講。開講第二天，仍沒有人來聽講，梅岩自己對著講臺獨自講演。開講第三天，梅岩看到一個擔水的農夫，向窗內張望，便邀請農夫進來，對他一個人講演。經過梅岩不懈的努力，聽講者由二、三人到四、五人，逐漸增加。享保二十年(1735)，即開講後第六年時，梅岩的講演風靡京都、大阪一帶，聽

---

⑱　柴田實：《石田梅岩》，頁57。

講者已達成群的男女老少。元文二年(1737)春，由於聽講者太多，講演場所由原來的自宅一處發展為七處。即：

　　一、自宅

　　二、柳馬場六角下所　　馬鐙屋

　　三、烏丸通高上所　　大善院

　　四、白山通二條上所　　布袋藥師

　　五、大阪　　座摩社御旅所

　　六、大阪　　備後町一丁目　　盒飯屋

　　七、河內石川郡白木村

　　從以上講習場所可以看出，梅岩講習的對象主要是商人，如馬鐙屋、盒飯屋、旅館等講習場所的聽眾，基本上都是普通商人。

　　面對這些普通商人，石田梅岩使用的教材，主要有：《四書》、《五經》、《小學》、《太極圖說》、《近思錄》、《性理字義》、《老子》、《莊子》、《和論語》、《徒然草》等。

　　梅岩講學，以實踐學風為其特點。他主張講學的目的，不僅使聽講者學到記誦詞章，明白聖人之道；而且更重要的是使聽講者了解聖人之心，並親自去實踐，付諸其行。

　　為此，梅岩根據《論語》的「以文會友、以友輔仁」之意，以「會輔」為名，每月逢三日（三日、十三日、二十三日）召開三次月會。在月會上，梅岩與弟子、朋友、聽講者切磋學問，琢磨經驗。月會成了石門心學者「事上磨鍊」的一種特殊方式。月會探討的問題既有高深的哲學問題，如「性和空是為一，還是有異」?「如何知心、養心」?「儉約與知心是什麼關係」等；又有普通的實際問題，如「遺產繼承問題」、「家庭問題」、「人生問題」、「經濟問題」等。對於這些問題，梅岩總是以實際經驗和見聞為例，給予平易、通俗

的解釋。以策問為基本方式的「月會」，成了梅岩向商人和廣大聽講者宣講商人之道的又一重要途徑。

石田梅岩五十四歲時，即開講後第九年的元文三年(1738)四月，在其弟子齋藤全門、手島堵庵、木村重光等人陪伴下，去但馬城崎的溫泉，一面療養、一面將每次的「月會」問答內容整理成一部學術著作，這就是《都鄙問答》。

關於《都鄙回答》的稿本和刊行本，現根據京都上河家手島堵庵的子孫保存的資料看，《都鄙問答》有兩個草稿本，一個是石田梅岩自己書寫的，另一個是梅岩徵求隨伴弟子意見後，修改整理的。如第一段標題原為「田舍問答」，第一句為「或時古鄉之來者云」。梅岩聽取弟子意見後，將第一段標題改為現行本的「都鄙問答」，並以《易‧象傳》的「大哉乾元，萬物資始」為其序文第一句話。

《都鄙問答》刊行本於元文四年(1739)公刊。最早的刊行本是淡藍表紙的大形本，四卷分為兩冊。其中，第一卷包括「都鄙問答」等五段 (即五章)。第一卷主要講述梅岩自己講學的素志及追隨小栗了雲老師開悟的經緯。這是聖書的大前提。第二卷由四段 (即四章)構成，基本內容是向世人介紹神道、佛教和儒教。第三卷為梅岩學問的真髓，即對性理學的全面論述。第四卷共六段 (即六章)，是論述性理學在實際生活中的應用問題。由此可見，《都鄙問答》是一部以心性學為中心內容，體系完備的哲學著作。《都鄙問答》刊行後，一直作為石門心學學派的經典著作之一，流傳於世。

《儉約‧齊家論》是石田梅岩繼《都鄙問答》後的又一部重要著作。如果說《都鄙問答》是梅岩「教學的根本」的話，那麼，《儉約‧齊家論》則是梅岩「修行的要諦」。

延享元年(1744)，石田梅岩六十歲時，他的門弟子近江屋仁兵

衛（即齋藤全門）等人發起，要在同門弟子中間開展儉約的實踐活動。為此，他們想請梅岩先生起草一份關於「儉約」的「趣意書」。石田梅岩對其門弟子的這次實踐活動，給予極大鼓舞，並為了將「儉約」精神宏揚於世，特意撰寫了這部《儉約·齊家論》。

　　在石田梅岩的門弟子中，絕大部份都是居住在城市中的商人。如妻子、兒子及全家人都是梅岩門弟子的大木材商大木屋平兵衛（木村重光）、近江屋仁兵衛（齋藤全門）、大黑屋千輔（杉浦止齋）、吳服商近江屋源右衛門（手島堵庵）、　大喜屋平兵衛等等。當時的商人在德川四民等級（武士、農民、手工業者、商人）社會中，處於社會最低級位。但是，商人不安於自己的這種低下的社會地位。因為德川時代的商人，是社會中最富有的階層。他們在衣、食、住等消費生活方面，大都過著富裕的生活。而這種富裕生活，正是孕育社會奢侈風潮的溫床。在以自然經濟為主，生產力低下的德川封建社會中，這種奢侈風潮成為導致破壞社會經濟的最大原因。這一社會現象，很早就引起了人們的注意。如三井高房在其所寫的《町人考見錄》中，就例舉了慶長以來的很多商家，由於一時富有而鋪張奢侈，最終導致沒落的事例。他告誡商人：應以「奢侈」為教訓。大約同時出版的另一部著作，即上河宗義的《商人夜話草》（享保十二年，1727）也諄諄告誡商人：「去奢侈仍是成就事業的第一要義」。

　　如同三井高房的《町人考見錄》和上河宗義的《商人夜話草》一樣，石田梅岩撰寫《儉約·齊家論》的目的，就是要商人通過「反省本心」、「體悟本心」、「發明本心」的自我修行功夫，領悟「儉約」和「勤勉」的處世要諦，進而實現「齊家」和「立業」的目的。所以，從這重意義上說，石門心學就是教導商人由「儉約」而達「齊

家」、立人、立業的一門學說。

　石田梅岩在日用生活間，也忠實遵循著簡約的基本原則，過著獨身、自炊、簡樸、仁愛的生活，晚年更是這樣。

　石田梅岩為了宣傳「人生的道路」，為了宏揚石門心學，終生獨身。當熊本六所明神社的神主行藤志摩守尋問他獨身的理由時，梅岩回答說：「宏道是我終生的志向，唯恐娶妻會貽誤宏道之志，故終生不娶。」行藤志摩守又問：「不娶妻、不生子，於五倫之說不是不符嗎？」梅岩又回答說：「顏回可謂是賢人了吧，我所不及也。我尚有兄弟、甥兒，可祭祀祖先。我本人並不想讓兒孫來祭祀。我只想一心一意地行道，這才是我終生的志願。」行藤志摩守聽後，十分佩服。

　過著獨身生活的梅岩，十分清貧、儉約，直至暮年，仍然過著自炊生活。他的學生不忍心老師的孤苦，出錢為他雇了男傭人。但因男傭常常外出不歸，所以梅岩常常是自炊自食。而且，他的料理也十分簡易，一日兩餐、一湯一菜。梅岩不僅在飲食方面簡約，居家日常的各個方面，也都力行儉約。如他平生堅持每日天不明便起床、開門、掃除、穿羽織和服褲裙、點燈、洗漱，然後恭恭敬敬地拜天照皇太神宮、拜故鄉神、拜大聖文宣王孔子、拜釋迦佛、拜老師、拜先祖和父母，禮拜畢食早飯，開始講習。梅岩講習早、晚兩次。晨講從天明始至辰刻止，暮講很早就開始至戌刻結束。早講只飲白水，暮講喝一杯茶水。平生講習只穿羽織和服裙褲，講習結束後沐浴換麻衣。

　石田梅岩自己恪守「儉約」原則，但對受難者、困難者，卻寄予無限同情，施予仁愛。這是因為他的「儉約」原則中有「愛人」之理。元文五年(1740)冬，京都一帶由於農作物欠收，市中大米米

價暴漲，許多貧困者瀕於飢餓之苦。梅岩看到這一情景，召集門人弟子募集米錢，從歲末十二月二十八日開始開設施粥場，賑濟窮民。第二年正月，梅岩的門人弟子又在京都市內許多地區開設施粥場，展開民間救恤活動。還有一次，京都市外（今左京區）岡崎村發生大火災，受災者食、住都很困難。梅岩聽說後，午夜便召集門人弟子做好飯，親自帶領弟子前往災區救恤。此事被世人傳為美談。這以後，石田梅岩的門人弟子都效仿老師的仁愛之舉，每當社會出現饑饉之事，他們便主動施粥、募捐、救恤。視民間救恤事業為自己義不容辭的責任，這成為石門心學的一大光榮傳統。

　　石田梅岩的仁愛慈善之舉，表現於日常生活的各個方面。如《石田先生事蹟》記載：

　　　　梅岩不忍殺生，二十年來總要把沐浴、洗足、洗物的熱水待冷卻後，再倒入水溝中。他之所以這樣做，是耽心熱水把地上、水溝中的蟲子燙死。

　　　　在烈日炎炎的酷夏行路時，梅岩總要把樹陰處讓給他人，自己頂著太陽行走。反之，冬季又將有陽光的溫暖處讓給別人，自己在陰冷處行走。

　　　　每次在茶店飲茶休息，看到有窮人乞討時，梅岩慷慨解囊，出資相助。

　　　　梅岩還認為，一個人出遠門時，應該把去的方向和目的地告訴家裡的人，以免家裡人擔心。與此同時，也應該將到達的時間和行走的路線告訴對方迎接自己的人，以免人家走錯路。這樣做，就是仁。

　　　　梅岩還指出，在唐傘和菅笠上，印上印記固然好，但要是寫

上自己的姓名，就更好了。因為寫上姓名的話，有一百個人，那麼一百個人都認識這是誰的東西。如果只有印記的話，有一百個人，那麼就會有九十個人不知道這是誰的東西。讓大家為你一個人操心、擔憂，這就是不仁。

梅岩還以為字是御家流（書法的一個流派）寫得最好。因為這種字體，大家易懂、易明白，看後很安心。而這，也就仁。梅岩還主張，人們在馬路上行走，應該處處、時時保護道路。而這樣做，就是仁。

……

梅岩認為要想達到「仁」，必須從日常生活中的點點滴滴的小事做起。而這些小事又折射出了梅岩「儉約」原則中的「仁愛」精神。

延享元年(1744)九月二十四日，就在梅岩給弟子大喜屋平兵衛寫信告之《儉約・齊家論》發行情況良好後的一週之際，他突然得病，臥床不起，不久即謝世而去，享年六十歲。據傳言，梅岩去世原因是因為誤服松茸和小芋，食物中毒而致死。

梅岩終生未娶妻，無一親人。葬儀由門人弟子在九月二十七日申刻舉行。梅岩的遺骸被厚葬於清水寺附近的鳥道山延年寺墓域中。梅岩的遺物只有書三櫃、平生回答別人請教問題的書信手稿、筆墨硯臺、日用器物等，十分簡樸。

石田梅岩的一生簡愛、寧靜，是平凡的一生；但他的一生又深沉、超脫，是偉大的一生。這是因為：

石田梅岩嘔瀝一生心血，和合神、儒、佛三教精義，創建了獨特的商人哲學——石門心學。

　　石門心學從心性本體出發，論證了人在本性上沒有尊卑之別，在本心上沒有貴賤之分。以此批評了當時流行的「町人無用論」和「商人性惡論」。

　　石門心學宣傳的「儉約」、「正直」的價值觀，論證了「町人合理性」，確認了德川時代町人的社會價值。

　　石門心學以其深入淺出、通俗易懂的語言，闡述了深刻的人生哲理，為普及教育、發達平民文化，起了重要的歷史作用。

　　石田梅岩遺留下的學德及石門心學的基本教義，給予德川時代的人們以極大的感化，並進而影響到了明治維新後的日本近代社會的發展。這是石門心學的歷史價值。

　　這，就是石田梅岩一生的業績，也是石田梅岩生涯的真實寫照。

第二章　石田梅岩的學問觀 ——「和合學」

第一節　「和合學」——東亞文化的哲學精神

　　許多日本學者在論述石田梅岩基本學術思想時，多用「揉合」、「融合」、「和合」、「折衷」、「混淆」、「綜合」等概念進行總結。例如：

　　逆井孝仁教授在《「通俗道德」的思想構造 ——「心」的哲學成立的思想史的意義》一文中，指出：「石田梅岩的通俗道德 ——即勤勉、正直、儉約、孝行……是和合的、傳統的、日常生活規範的實踐德目體系。」❶這就是說，在道德論上，石田梅岩所謂的「通俗道德」是一種「和合道德」。

　　源了圓教授在《石田梅岩論》一文中指出：「石田梅岩所謂的宗教體驗是借用神道、儒教、佛教、老莊等既成宗教和思想的自由表現，即依據宗教和思想對那些宗教經驗的洗練。總而言之，他的

---

❶　古田紹欽、今井淳：《石田梅岩的思想》，ペりかん社出版社1979年版，頁42。

教說是一種諸教混淆的理論」。 又說：這種「一方面把朱子學作為
理論骨架，同時另一方面又把心的體驗作為核心，折衷、綜合神、
儒、佛、老莊等思想體系之大成是被後世稱為石門心學的最恰當的
心學的折衷思想」❷。這表明，源了圓先生認為石田梅岩的學問思
想用「一種諸教混淆的理論」、「折衷、綜合神、儒、佛、老莊等思
想體系之大成」、「心學的折衷思想」等來評價，是最恰當的。

柴田實教授認為「梅岩學問的特色是三教揉合」❸。這就是說，
梅岩學問觀的基本特質是「三教融合」。

竹中靖一教授在《石門心學的經濟思想》一書中，對石田梅岩
的學術思想進行了全面論述。他特意寫了《和合的世界》一節，講
述梅岩的學說。他指出「和合的世界是貫穿心學的傳統精神」，「和
合」這個詞，「最能準確地表達心學思想」❹。

筆者以為雖然以上論述，從不同方面、不同角度，都涉及到了
石田梅岩學術思想的基本特點，但是還未能從理論高度，對石田梅
岩學問觀的實質和要點，給予總結和評價。故此，筆者以為：在學
問觀上，梅岩強調矛盾的協調，衝突的融洽，其結果是一種新理論、
新事物的產生。這種思維方法屬於辯證系統思維。以這種思維為基
礎的理論是「和合學」。

「和合學」是中國人民大學哲學系教授張立文先生潛心研究中
國傳統文化二十餘年，在對中國傳統文化的基本理論和本質特點進
行總結、梳理基礎上，精心建構的一種新理論。

筆者以為，張立文教授建構的「和合學」新理論，不僅是對中

---

❷ 古田紹欽、今井淳：《石田梅岩的思想》，頁87、88。

❸ 柴田實：《梅岩及其門流》，頁19。

❹ 竹中靖一：《石門心學的經濟思想》，1973年增版，頁381。

國傳統文化思想本質的精闢總結，而且也適用於東亞傳統文化的發展。從理論上講，石田梅岩學術思想的實質和要點，就是「和合學」。用「和合學」這一新理論標示石田梅岩的學問觀，就意味著：

　　通過對梅岩學術思想的分析、研究，可以揭示梅岩的學術思想與中國明代末期三教一致思想構造類似的真正緣由。如日本學者吉田公平先生指出，梅岩的思想和明末三教一致的思想構造很類似。但是，日本學者又認為沒有文獻證明梅岩與明末學者思想上的關係，只好從兩者共通的唯心的立場上進行推斷。筆者以為，梅岩與中國明末三教一致思想構造上的相似性，正好印證了「和合學」是東亞傳統文化的基本理論。

　　也意味著：石田梅岩的學術思想中包含著日本傳統文化發展的某些規律性要素。這就是梅岩的思想和教義不僅在日本德川時代具有歷史意義，而且對當代日本社會也有一定影響的原因所在。如柴田實教授指出：在當代日本社會，一方面經濟高速發展，另一方面經營又不景氣的現狀下，企業經營者和商社領導者往往又開始返歸於石田梅岩的思想。梅岩的思想絕不是過去的東西，而是今日活生生的理想❺。又如山本七平先生更大膽地指出：石田梅岩是創造日本精神的兩位思想家之一。梅岩的思想是現代日本的本質，並具有國際意義❻。

　　還意味著：在今天從整個東亞視角對石田梅岩理論思想的深層探究，不僅是對日本傳統文化價值的重新評估，而且也是對東亞傳統文化發展規律、基本理論的認真總結。

　　為此，筆者以為有必要對「和合學」這一嶄新理論的骨架及其

---

❺　柴田實：《石田梅岩的思想》一書的《序》，頁3。
❻　山本七平：《日本資本主義的精神》，光文社1980年版，頁92、165。

血肉，進行全面了解。

要理解「和合學」這一理論，首先要清楚其骨骼——「和合」的意蘊。關於「和合」的解析，張立文教授如是說：

所謂「和合」，是指自然、社會、人際、人心中諸多元素、要素相互衝突、融合，與在衝突、融合過程中各元素、要素的優質成分和合為新結構方式、新事物、新生命的總和。

宇宙間一切現象都蘊涵著和合，一切思維都浸潤著和合。在和合的視野下，自然、社會、人生、心靈就是和合，乃至存有亦是和合，存有論就是和合論，即是對和合經驗的反思、梳理和描述。和合的本質是什麼？和合如何或怎樣是一個真？

和合之真，是「融突」關係之真。具體說，就是差異和生之真，存相式能之真，衝突融合之真，汰劣擇優之真，煩惱和樂之真。其中，差異和生是和合的自性生生義，存相式能是和合的本質形式義，衝突融合是和合的變化超越義，汰劣擇優是和合的過程真切義，煩惱和樂是和合的藝術美感義。統此五義，即是「融突」關係的展現或「和合整合」。

「融突」關係在變易、轉換中展現：

㈠差異與和生：和合意蘊第一義

天地間萬事萬物都是依「和」或「合」而有（此「有」有「生」之義）的「和合者」，外於和合而有的「在」，為非在；「非在」轉換為「在」，必待和合。故說：「夫和實生物，同則不繼。」❼共名的事物是和合，殊名一事一物亦是和合。無論是「共」和合，還是「殊」和合，都是差異的相互涵攝。

---

❼　《鄭語》，《國語》卷一六。

　　和合是異質元素、要素的多元生生。所謂生，是指新生命和合者的「在」或「有」。諸多異質元素、要素不和合，A永遠是A，B永遠是B，便不能轉化為新生命、新事物，亦不能實現新陳代謝，吐故納新。唯有和合，才能變易、轉化為新生命、新事物，故和合是新生命、新事物作為和合者之「在」或「有」的一種根據、理由。

　　和合之所以是和合者之「在」或「有」的根據、理由，這是因為中西方思維方式的差分和殊異造成的。西方的神創思維，有一個被普遍認同和強化了的「創世紀」說。天地萬物最初從哪裡來的？為什麼是這個樣子？如何生？為何生？……對於這些問題，有基督教神學的預設和解釋。上帝從星期一至星期六，創造了晝夜、空氣、水、地、青草、樹木、果子、太陽、星星、月亮、動物、鳥獸、男人、女人等萬物❽。然而，中國沒有一種像西方這樣被普遍認同的上帝或天神創世紀說。這就是說，中國有其異於西方的獨特的思維方式和觀念系統。中國的思想家和哲學家們循著「仰則觀象於天，俯則觀法於地，觀鳥獸之文與地之宜，近取諸身，遠取諸物」❾的觀法，「以類萬物之情」❿。

　　首先，中國古代思想家近取自身而經驗地發現，由於男女的交合而生出許多兒女來；然後，依此而推及天地萬物的化生。「天地絪縕，萬物化醇。男女構精，萬物化生」⓫。這便是天地、陰陽、男女各種差分、異質元素、要素的媾合。「猶天地合氣，萬物自生；猶夫婦合氣，子自生矣」⓬。天陽地陰、男陽女陰，是漢代思想的

---

❽　參閱《創世紀》,《新舊約全書》，中國基督教協會印發，頁1–2。

❾　《繫辭傳下》,《周易本義》卷三。

❿　同上。

⓫　同上。

共識。「陰陽和，則萬物育」❸。陰陽、男女、夫婦和而合，或合而和，生育萬物。這種諸多相互差異、對待的元素、要素和合育物，與西方講單一的、唯一絕對存有的、無對待的上帝造物，大異其趣。

以和合為生生義之自性，和合即為生生，可指稱為和生、合生。可用圖式：差異 $\xrightarrow{交媾}$ 和生，差異 $\xrightarrow{絪緼}$ 合生來表示。這是說，諸異質元素轉換為和生或合生，都需要通過「交媾」、「絪緼」這一中介系統來實現。和而生生，合而生生，和合生生不息。

㈡存相與式能：和合意蘊第二義

差異是「突」，和生是「融」；存相是「突」，式能是「融」。天地間的存有都是「相」。無論物相、事相、心相，還是道相、法相、名相，都是存有之「相」。存相分殊，分殊而有別，別即有對待。對待不管有形相，或無形相，都是對待之相。千差萬別之存相，便是差異分殊；差異分殊便有衝突；衝突就需要選擇，相亦是選擇，有選擇才能轉換為式能。

式能是指存相方式的種種潛能，亦指存相涵蘊潛能方式或潛能結構。天地萬物存相的情境、條件、內容、結構、系統等，是潛能結構；自然存相的日月星辰、四時運行、春花秋實等，是潛能方式。潛能結構或潛能方式，在種種衝突中選擇，有多種多樣的走向：有真善美，有假惡醜；有陽剛健，有陰柔順；有動顯伸，有靜隱屈；……這種種對應、對稱的不同走向，又殊途同歸，相對相關。

存相的殊途同歸，便是式能展現為自然的、社會的、人際的、心靈的和合。

---

❷　王充：《自然篇》，《論衡校釋》卷一八。

❸　王充：《宣漢篇》，《論衡校釋》卷一九。

以和合為形式義的本質，和合即為形式，可指稱為式能。

㈢衝突與融合：和合意蘊第三義

衝突是指諸元素性質的差異和由差異而相碰撞，衝撞。宇宙間沒有無衝突的自然，沒有無衝突的社會，沒有無衝突的人生，也沒有無衝突的心靈。衝突是既有結構方式的突破和破壞，是既有秩序結構的衝擊和打散。由無構、無序、無式而需重建結構、秩序、方式。

而重建結構、秩序、方式的過程，便是融合的過程。「融」有明亮、溶化、流通、和諧的意思；「和」是聚合、符合、融洽之義。融合在衝突的過程中實現，是衝突的果或表現的結構方式。融合是既有結構方式打散以後的重新凝聚，標志著新結構方式的化生。

衝突是融合的因，融合是衝突的果；衝突是融合的前提，融合是衝突的理勢。現代人類面臨著五大衝突，即人與自然、人與社會、人際之間、心靈及文化間的衝突。怎樣化解此五大衝突，便是人類文化生命之所在和時代人文精神之精髓，這就是衝突融合的更高層次，即和合。和合包容了衝突與融合，作為衝突融合的和合體，是一種提升，使原來的衝突融合進入一個新的領域或境界；衝突也只有在新的和合體中，才能繼續發展和獲得價值。衝突若不走向融合，衝突便毫無所成，只有負面的價值和意義，故衝突需要融合來肯定和認可；融合若無衝突，就無所謂融合，融合的正面價值和意義，也就不能肯定和定位。故衝突與融合間呈現出的這種相對相關的一定結構方式，就是和合。

和合作為超越義的變化，表現為衝突融合的超越。

㈣汰劣與擇優： 和合意蘊第四義

和合是諸多元素優質成分的和合，故何為優質？何為劣質？這是一個價值判斷問題。但不同時代、不同民族，以及不同個體，由於價值觀的差異，其價值標準亦分殊，可以對何為優、何為劣，作出截然相反的判斷。這裡，僅提出判斷優劣成分的價值原則。

此價值原則可分為兩個層次：一是現實層面，即公平、正義、合理；二是超越層面，即真、善、美。

⑴所謂公平，不是先入為主或先確立某種價值觀，而是中國傳統文化思想中各種元素、要素，都有參預和合為新結構方式、新事物的機會、權利、規則的平等。這種平等具有一定尊嚴和獨立品格，而不被外在權威所控制和主宰，也不被內在的某種絕對理性、絕對價值所左右和支配。這就是說，中國傳統文化思想以及外來文化思想中諸元素、要素在和合為新結構方式中或新事物中應一律平等，即以機會、權利、規則平等的眼光來審視傳統文化思想中諸元素、要素，而無尊卑、輕重之別。

⑵正義，在古希臘亞里士多德那裡，主要指人的行為。從和合學的視野來觀察，是指從中國文化思想整體的角度，協調諸元素、要素由於各種原因而造成的不平等現象，排除由於自然的、社會的、人際的、心靈的偶然因素，而造成對於中國傳統文化思想和外來文化思想的某些元素、要素的公平、合理選擇。這裡的正義原則，包括平等自由原則、機會公正原則、機會開放原則以及相互間的結合。就正義的平等自由原則而言，每一個元素、要素對其他元素、要素所擁有的最廣泛的基本自由體系相容的類似自由體系，都應有一種平等的權利；就正義的機會平等原則而言，諸元素、要素在和合中

的地位、職位，向所有的元素、要素開放，使最少受惠者能夠獲得最大參與和合的機會。

⑶合理，是指對於中國傳統文化思想的諸元素、要素的選擇是合乎道理、事理、群理、和理的，是適應於自然、社會、人際與自身心靈的需要而作出的文化思想的選擇。它在中國傳統文化思想諸元素、要素的選擇中，獲得了自然、社會、自我需求的控制、調劑能力；它能排斥外來的干擾，即一切非理的選擇。合理的選擇，使公平、正義的原則，得到貫徹或實現。合理是合乎理性的、理智的、公正的、平等的規則和原理，亦是排除感性的、偏見的、私欲的、等級的規則和原理。

⑷真，真者，實也，也就是真實或的的確確的。如真實性質、真實狀況、真正如實等。這裡所說的真，是指「不是官覺類或官能類所私有的或主觀的。常識中所謂的真是這樣的真，科學所謂的真也是這樣的真，哲學所謂的真也是這樣的真」❹。

⑸善，意味著吉、好、正的意思。《說文解字》曰：「善，吉也。從誩從羊，此與義、美同意」。這是說，二言有相善的意思，君子之言吉，其嘉祥謂善。兩人善言相勸，善言即吉祥的言語。善與義、美都從羊，為吉祥。從這個意義上說，善與義、美的意思相通。一般來說，善是符合一定價值體系和道德原則的事或行為。

⑹美，美是善、好的意思。《說文》云：「美，甘也。」美是自然、社會、人際、人自身由衝突而和諧、協調、適度的多樣性、多元性的和合。美是主體與客體、自然、社會、人際的統一和諧，而產生的美感，而有審美價值，故美是一種存在方式，理解方式和藝術境界。

---

❹　金岳霖：《知識論》，商務印書館1983年版，頁906–907。

以和合為汰劣擇優的真切義的過程，和合就是一不斷符合真切的過程。選擇說到底，是主體人的選擇。擇優是主體人在選擇過程中的價值判斷和價值取向。如果說選擇是主體與人化了的客體之間的相互作用，以及在相互作用中依共同需要和互動選擇所肯定、選取的一種特定關係，那麼，汰劣擇優則是主體與人化了的客體之間一種制約、創造和超越機制。從人文精神意義上說，汰劣是對於差分中不符合於和合需要的元素、要素的淘汰，因而，汰劣是衝突原則，擇優是融合原則，由擇優而構成新和合體或和合者。

(五)煩惱與和樂：和合意蘊第五義

煩惱是「突」，和樂是「融」。

求生與必死的衝突，貧與富、貴與賤的衝突，哀與樂、喜與惡的衝突，對人生生命構成一種精神上的壓抑性、緊逼性，因而產生恐懼感、孤獨感、疏離感，使人的精神、心理失去了平衡，而有煩惱。因而，人便要在精神生活結構方式上有所改善，以獲得心情的寧靜安祥，心緒的和平恬淡，心靈的和樂愉悅。這便是知有所定，慮有所安，神有所依，心有所寄，達到這個精神境界，便是和合。

和合能協調、和諧人的精神生活中的煩惱、焦慮、孤獨、空虛等衝突，陶冶情操，淨化心靈。這是一種美感的藝術境界。

以和合為美感義的藝術，可指稱為和樂。和樂猶如一曲美妙的交響樂，因各種不同的樂器發出聲音的內在的和諧，而給人以美感，呈現人對於自然、社會、人生、心靈的真諦的感受。

和合五義，都蘊涵著「融突」理論，即關於融合衝突關係的理論。上述的差異—存相—衝突—汰劣—煩惱＝突，和生—式能—融合—擇優—和樂＝融。融突統一、提升，即是和合。和合此五義，

即是和合意蘊的內在結構方式：和合第一義有自性，才能生生，差異和生，生命生生之所本；第二義，有本質，才有形式，存相式能，是變化日新之所本；第三義，會變化，才會超越，衝突融合，大化流行之所本；第四義，有過程，才會真切，汰劣擇優，對稱整合之所本；第五義，有藝術，才有美感，煩惱和樂，差異中和之所本。

在了解其骨骼基礎上，再認識其血肉，即什麼是「和合學」？

所謂和合學，是指研究在自然、社會、人際及人自身的心身中存在的和合現象。

和合是宇宙間普遍存在的現象，故被和合學作為研究的對象。這是因為凡是存在都涵蘊著「融突」，大至日月星辰，小至草木螻蟻，都是融突和合。和合宇宙是無數自性關係、本質關係、變化關係、過程關係、藝術關係的整合的結構方式。譬如說：「乾道變化，各正性命，保合太和。」❿宇宙間萬事萬物依循天道的變化，各自獲得自性、本質、命運，形成定位，這是說分殊、差異和衝突，而又保住內外的「太和」。太和就是和合。和合無所不在，無處不有，一切融突存在，都是和合存在，這就是和合學所要研究的。

和合的主旨是生生，生生是不息的流程，是新生命的化生，體現了對生命存在的關懷。生生是中國文化人文精神的精髓。

中國哲人在對於內在生命力量和外在環境變化相交織的深刻體驗中，領悟到人生生命的尊嚴、價值和意義，爆發出生命生生的活力和對於真善美境界的快樂的深沉感受。因此，以生為樂。

如何生生？怎樣生生？即生之然之所以然的追究，便是和合或合和。「和實生物」❿，「天地合生，人偶自生」❿，「天施地化，陰

❿　《乾‧象》，《周易本義》卷一。

❿　《鄭語》，《國語》卷一六。

陽和合」❶，「天地合和，生之大經」❶。在這裡，「和」、「合」、「和合」、「合和」， 是對主詞的描述或說明，意味著和合所關心的是宇宙天地的過程、狀態，其著眼點在「存在」， 且和合本身潛存著分解存在者的趨向；和合意味著對主詞世界差異性的承認或肯定，從融突論意義上說，主要指差異元素、要素的和合，如天地、陰陽、夫婦的滲透、交媾、融合，構成人的生存世界。這個世界如何生？中國古代思想家認為新事物、新生命的化生，都是多種差異元素、要素相互衝突、相互作用、相互影響、相互規定而生生的。

和合學是對如何生生的為什麼的追究，即諸多異質元素、要素為什麼衝突融合？為什麼衝突融合而能生生新事物、新結構方式？以及新事物、新生命化生的所當然的所以然的探討，亦是對和合生生的生命力源泉的尋求。因此，和合學亦即新生命哲學、新結構方式學說，即生生哲學。

衝突融合而生生不息，這是然，猶如「一陰一陽之謂道」,是然。為什麼「一陰一陽之謂道」， 猶如為什麼衝突融合而生生，便是所以然。「所以一陰而一陽者，是乃道體之所為也」❷。道是陰陽的所以然，和合是衝突融合生生的所以然。這個所以然，就是和合之真元❸。

---

❶　《物勢篇》，《論衡校釋》卷三，商務印書館1935年版， 頁136。

❶　《韓詩外傳》三。

❶　《有始》，《呂氏春秋校釋》卷一二，學林出版社1984年版，頁657。

❷　朱熹：《答陸子靜》，《朱文公文集》卷三六。

❸　以上參閱張立文：《和合學概論──二十一世紀文化戰略構想》第二章，首都師範大學出版社1996年版。

第二節 「和合學」——石田梅岩的哲學世界

石田梅岩終生所追求的，就是「人生之道」——人應該如何生？如何做人？即「生生」問題成為石田梅岩的終極關懷。

這種終極關懷反映為石田梅岩的哲學思想，即表現為梅岩心學思想的終極理念是發明本心，揚棄小我的私心私欲，進入「無我」的境界。由此，便自然而然地與天地之大道相和合，構成宇宙間的「和合之道」。這樣，「和合之道」成為宇宙、自然、社會、家庭、人生最基本、最重要的原則。「和合」的精神成為石田梅岩心學思想的本質、精華和要點。

例如：

《齊家論》是石田梅岩的主要著作。梅岩撰寫《齊家論》的目的在於闡明「家庭和合」乃是「社會和合」、「宇宙和合」的基礎，由此，為世人指明實現「和合之道」的途徑。

石田梅岩還向世人揭示：只有因循「和合之道」，人們才能立足於社會之中。社會生活中，人與人的橫向聯絡和上下等級聯繫，都通過「和合之道」有機地聯絡在一起，構成一張和合之網。這就如同「人」字那樣，是相互攙扶、和合而立的文字。所以，「和合之道」是社會生活的根本。

作為商人哲學家，石田梅岩告誡德川時代的町人，在經濟營運中，必須遵循「和合之道」的原理，才是有德、有義的商業行為，也才能獲取經濟之利。

「和合」的精神不僅貫穿石田梅岩的全部哲學思想，而且還成

為石門心學的傳統精神。在石田梅岩的眾弟子中，許多人都主倡「和合學」。

中沢道二的思想，以道的哲學為其標幟。他所謂的「道的哲學」就是「天地和合之道」。 他認為「人生之世，如果不互相協助，就不能渡過人生之海」❷，並以音樂和合為例，闡釋「和合之道」的重要性。他說：

> 音樂是笛子、太鼓、鼓等樂器所奏出的各種各樣調子的和合的藝術。如果樂調不和合，舞蹈就不成其為舞。那樣的話，笛子只管笛子、太鼓只管太鼓、鼓只管鼓，發出的聲音則是劈劈、咚咚、鏘鏘的騷亂聲，根本不成其為音樂，更不要說按騷亂之音而跳的舞蹈了。所以，不管是樂人還是舞人，都要按著一定的節拍，互讓、互禮、互合，達到和合，才會產生悅耳的音樂和優美的舞蹈。
>
> 事物都像這音樂的禮樂和合一樣。不講和合，則家不能保，國不能治。❸

其意是說，如果私心私欲橫行，整個社會就如同是各種樂器奏出的雜亂無序的音樂一樣，皺皺巴巴、混亂嘈雜。反之，當「無我之本心」與天地和合時，世界宛如演技精湛的音樂，這就是理想的社會生活。

奧田賴仗認為，不論是自然界中的動物、植物，還是社會集團生活中的人類，都要遵守「和合之道」。他說：

---

❷　中沢道二：《道二翁道話續編》二編卷上，岩波文庫，頁252。

❸　同上書，頁253–254。

> 士遵循士之道，以此幫助社會；農夫遵循農夫之道，以此幫
> 助社會；職人、商人、醫者、出家者……都遵循各自的職份
> 之道，並以此幫助社會。那麼，這個社會各個方面互相幫助、
> 互相合作，形成了和合的社會。❷

以上這些例證說明了「和合學」是石田梅岩的哲學世界。具體
表現為以下三個方面：

「三教和合」──石田梅岩的和合思維，

「天人和合」──石田梅岩的和合本體，

「學行和合」──石田梅岩的和合認知。

下面，以此順序進行闡釋。

㈠「三教和合」──石田梅岩的和合思維

關於石田梅岩的思維方法，日本研究石門心學的前輩石川謙博
士是這樣進行評價的：

> 在思維方法上，梅岩已經超越了一般尋常的思考法範疇。他
> 的思維是一步一步地深化，但同時又是先驗的、辯證的，所
> 以，他能夠巧妙地使用矛盾概念的組合，彷彿超越了矛盾。
> 為此，他常使用「實在」、「同一」等概念，而精緻地去掉了
> 固定的「物」概念。❷

這種思維方法正符合「和合學」的意縕。如上述的和合意蘊第一義

---

❷　奧田賴仗：《心學道話》，田邊肥洲校訂本四編，頁213。

❷　石川謙：《石門心學史的研究》，岩波書店，頁69–70。

「差異與和生」,和合意蘊第二義「存相與式能」,和合意蘊第三義「衝突與融合」,中心意蘊都是講通過矛盾對立方面的衝突──融合(即「巧妙地使用矛盾概念的組合,彷彿超越了矛盾」),而達到和合生生不息,即新的「同一」、新的「實在」。這種思維方法的具體展開,表現為石田梅岩對待儒教、佛教、神道教三教的態度上。

根據柴田實教授在編纂《石田梅岩全集》時統計的關於石田梅岩的主著《都鄙問答》所引用書籍名的使用次數的情況,列表如下:

《都鄙問答》引用書一覽表:

漢籍　　三八種　　三八九回

經書:

《論語》一三三回、　《孟子》一一六回、　《大學》二〇回、　《中庸》二〇回、　《易經》一四回、　《書經》一二回、　《小學》一一回、　《禮記》一一回、　《孝經》七回、　《近思錄》四回、　《詩經》四回、《性理大全》四回、　《太極圖說》四回、　《二程全書》三回、　《語孟字義》二回、　《性理字義》二回、　《朱子語類》一回、　《大戴禮》一回,以上共一八種,三六二回。

諸子:

《老子》二回、　《荀子》二回、　《莊子》一回、　《揚子法言》一回、　《文中子》一回、　《顏氏家訓》一回、《文選》一回、　《李卓吾集》一回、　《韓文集》一回,以上共九種,一一回。

史書:

《史記》三回、　《資治通鑑》三回、　《三國史誌》一回、

《風俗通》一回，以上共四種，八回。

雜：

《字彙》四回、　《說文解字》三回、　《素問》二回、
《人物備考》二回、　《蒙引》一回、　《韻府》一回、
《居家必要》一回，以上共七種，一四回。

佛典：

《法華經》四回、　《觀無量壽經》三回、　《華嚴經》二
回、　《無量壽經》二回、　《壽量無邊經》一回、　《涅
槃經》一回、　《維摩經》一回、　《隨願往生經》一回、
《毘婆娑論》（元光太師語、歌）四回、　《大原問答》三回、
　《景德傳燈錄》二回、　《一枚起請文》一回、　《無門
關》一回、　《臨濟錄》一回、　《圓覺大師語》一回、
《靈雲志勤禪師語》一回、　《世尊見星悟道語》一回、《四
部錄座禪儀》一回、　《六祖壇經》一回、　《般若燈論》
一回、　《西方要訣》一回、　《三藏法數》一回、　《名
義集》一回、　《釋氏錙銖》一回、　《往生要集》一回、
《觀心略要集》一回、　《佛土率》一回、　《聖德太子明
眼論》一回、　《遊行上人歌》一回，以上共三一種，四五
回。

和書：

《日本紀》七回、　《和論語》六回、　《徒然草》四回、
《九條殿遺誡》一回、　《和漢朗詠集》一回、　《千載集》
一回、　《北條九代記》一回、　《三社託宣》一回、《御
高札》一回，以上共九種，二三回。 ❷⑥

──────────────
❷⑥ 柴田實：《「都鄙問答」的形成──關於石田梅岩的心學諸典籍》，刊於

以上引用書籍，既有儒教典籍，也有佛教和神道教典籍。為此，有的日本學者認為梅岩對待神儒佛的態度，是持一種「三教合一」的態度（例如柴田實氏、源了圓氏、古田紹欽氏等），也有的日本學者認為梅岩對待神儒佛的態度，是一種「三教揚棄」的態度（例如竹中靖一氏等）。其實，他們所謂的「三教合一」，不是簡易的湊合、拼合，而是「三教揚棄」基礎上的「三教合一」；他們所謂的「三教揚棄」，也不是隨意的拋棄、否定，而是以「三教合一」為前提的「三教揚棄」。綜合這樣的「三教合一」與「三教揚棄」的說法，最好的稱謂就是「三教和合」。

筆者以為，所謂「三教和合」是講梅岩對待神儒佛的攝取態度，是在嬗變吸收的前提下，使神道、儒教、佛教三教會通，各得其所，最終使神儒佛在開悟之心這一點上，達到合一。由此，產生了一種既包容了神道、儒教、佛教的思想，但又不同於神道、儒教、佛教的新的哲學思想——石門心學。

關於這種「三教和合」的流程，具體分析如下：

梅岩心學與儒教。

許多日本學者指出，梅岩心學的核心思想是以儒教為其基礎，這是不容置疑的。梅岩學問的主旨是探求關於「生生」的問題，即如何做人？怎樣做人？他認為「學問第一所在，是成聖成賢」[27]。為此，梅岩特別青睞《論語》和《孟子》。誠如柴田實教授所調查的那樣，在石田梅岩的主著《都鄙問答》中，作為其典據所引用的原典資料，《論語》除《鄉黨篇》外，涉及到了十九篇；《孟子》幾乎每一篇都被引用過。具體引用次數如下：

《史林》1956年第6號，頁104–105。

[27] 竹中靖一：《石門心學的經濟思想》，頁95。

《論語》：

《學而篇》八次，《為政篇》一五次，《八佾篇》九次，《里仁篇》一一次，《公冶長篇》七次，《雍也篇》十次，《述而篇》一一次，《泰伯篇》四次，《子罕篇》七次，《先進篇》四次，《顏淵篇》九次，《子路篇》六次，《憲問篇》四次，《衛靈公篇》七次，《季子篇》七次，《陽貨篇》五次，《微子篇》一次，《子張篇》三次，《堯曰篇》三次。

《孟子》：

《梁惠王上》五次，《梁惠王下》二次，《公孫丑上》一七次，《公孫丑下》三次，《滕文公上》十次，《滕文公下》一次，《離婁上》十次，《離婁下》九次，《萬章上》五次，《萬章下》五次，《告子上》一六次，《告子下》四次，《盡心上》一八次，《盡心下》六次。❷⁸

　　以上統計數字表明，梅岩對《論語》和《孟子》十分傾倒。從「如何做人」出發，他更加推崇孟子的性善論。認為「知性善，乃是至聖賢之門戶。無門戶，則不知如何走聖人之道」。又說：「我之所依，即孟子的盡心知性知天之說。此說與吾心合，故以此為立教之本。觀求聖人之道者，必自孟子始。」❷⁹梅岩心學的根本是以心的體驗為其學問的依據，所以，梅岩的「盡心知性知天」思想成為他心學的基本理論之一。

　　如果說梅岩對孔孟原始儒教的態度，是視之為其心學思想的根本的話，那麼，梅岩對理學儒學的態度，則是把理學的思辨哲學，

---

❷⁸　竹中靖一：《石門心學的經濟思想》，頁96。

❷⁹　同上。

融入孔孟原始儒學之中，使孔孟原始儒學更具思辨性。梅岩說：「我的學問修行，以論（語）孟（子）為基礎，又依據程朱之註解其意。」❸

　　石田梅岩之所以在孔孟實踐道德論中融入作為形而上學哲學體系的理學儒學，是因為他心學思想的核心概念如「心」、「性」、「理」等與理學儒學有著密切關係。為此，他不像有些學者那樣，將理學儒學，尤其是朱子學，視為金科玉律，而是從為我所用的立場出發，嬗變地攝取。梅岩曾以實際生活中的事例，闡明自己的這種學問態度。

　　先生（即梅岩）說：「我打一比喻告訴你。如一家要將外間的三、四間房子出租給外人住，而裡間的房子放置著家主的許多東西。所以，家主對先來租房的房客作好約定：因為裡間屋放著家主的東西，因此，家主有時要進入裡間屋到裡面去取東西。而對以後來租房住的房客，就沒有作這一約定。但是，如果急用時，雖然沒有約定，仍像以前一樣，從外間屋進入到裡間屋去取東西。我對程朱之學採取的方法，就是如此」。
　　行藤氏（即學生）說：「是啊！這很有趣。」❸

這個比喻說明，梅岩對於程朱儒學，不是只停留於表面的微妙的解釋，而是根據心學的「急用」，合理地吸取程朱儒學中的精華，注入到心學體系之中。

---

❸　竹中靖一：《石門心學的經濟思想》，頁97。
❸　同上書，頁98。

　　梅岩心學的核心思想，一是生生主義，即對「生生」問題的探究；二是唯心主義，即他的心學思想。在心學這一層面上，梅岩心學與陽明儒學又是一脈相承的。但是，據柴田實教授對梅岩主著《都鄙問答》引用書籍的調查統計，關於陽明學的書籍，梅岩幾乎沒有引用過。對這一現象，宇野哲人博士、石川謙博士等碩學都進行過分析。他們明確表示：雖然梅岩沒有引用過陽明學的書籍，但是在陽明學中可以尋找到石門心學的思想根據。筆者亦認為，在心學問題上，梅岩對陽明心學的態度，不是逐字逐句地照搬、照抄，而是吸取其心學思想的精髓和實質，為我所用。例如：

　　對於《大學》中「親民」的解釋，梅岩說：

> 　　有人問，程子說大學經文在親民。親字作新字注。然而，王陽明按照古註，直接將親字解釋為民字。是非如何？
> 　　我回答：依王陽明的古注，「在親民」這一說法，很有意思。這就是說國君要親民，如親子一樣。❸²

這表明了梅岩對王陽明思想的認同。

　　梅岩心學的基本命題之一是「形直接就是心」，這與王陽明的「心物同體」說脈脈相印。

　　《傳習錄》下記載：

> 　　問：人心與物同體，如吾身原是血氣流通的，所以謂之同體，若於人便異體了，禽獸草木益遠矣，而何謂之同體？先生曰：你只在感應之機上看，豈但禽獸草木，雖天地也與我同體，

---

❸²　竹中靖一：《石門心學的經濟思想》，頁97。

鬼神也與我同體的。請問。先生曰：你看天地中間什麼是天
地的心？對曰：嘗聞人是天地的心。曰：人又甚麼教作心？
對曰：只是一個靈明。……天地鬼神萬物離卻我的靈明，便
沒有天地鬼神萬物了；我的靈明離卻天地鬼神萬物，亦沒有
我的靈明了，如此便是一氣流通的，如何與他間隔得！ ❸

王陽明的「心物同體」說強調的是心與物二者的統一性。與這種思
維相通，石田梅岩講「形即是心」（梅岩不太提「物」，只講「形」。
這是石門心學的特點），強調在形色（即物）中把握心。

梅岩心學又強調以體驗和實踐的方法為知性，這種思維方式與
王陽明首倡的「知行合一」說又是一脈相承的。

不僅如此，在石田梅岩的後學如布施松翁、富岡以直、鐮田柳
泓等門人的著作中，都直接引用陽明著作，將陽明學作為自己心學
思想的理論基礎。例如布施松翁在《松翁道話》中就寫道：

王陽明曰：目無體，萬物以色為體。
耳無體，萬物以聲為體。
鼻無體，萬物以嗅為體。
口無體，萬物以味為體。
心無體，萬物以感應是非為體。 ❹

石田梅岩以《孟子》的「盡心、知性、知天」思想為根本，吸
取了朱子學和陽明學關於「知心」、「知性」思想，以此構成了梅岩

---

❸　王陽明：《王文成公全書》卷三，頁85。
❹　竹中靖一：《石門心學的經濟思想》，頁100。

心學的核心。

梅岩心學與佛教。

梅岩心學思想的形成與佛教有著不可割捨的聯繫。其一歸之為時代的習俗，其二歸結於師長的教誨。

中國佛教於繼體天皇十六年(522)傳入日本，經奈良時期(710–794)和平安時期(794–1184)至鐮倉時代(1183–1333)，三論宗、法相宗、律宗、成實宗、俱舍宗、華嚴宗、天台宗、禪宗八宗，都已從中國引進，並在此基礎上，形成了具有日本特色的日本佛教如日本天台宗、日本密宗（真言宗）等，形成了日本佛教的鼎盛時期。進入德川時代(1603–1867)後，已經形成的各宗派持續延行。並且，德川幕府為鞏固封建制度，確立了各種制度，於是佛教的各項制度也隨之完備起來。1654 年，中國的隱元禪師(1592–1673)應邀到達日本，在京都建黃檗山萬福寺，開創日本的黃檗宗。與臨濟、曹洞並立，形成日本禪宗三大派。禪宗成為德川時代日本佛教的主流。

禪宗，尤其是黃檗禪，在德川時代廣泛普及於民眾之中，對民眾思想教化有很大作用。

梅岩的老師小栗了雲就曾跟不二庵主禮柔禪師學習黃檗禪，是一位悟道極深的在家隱士。

在德川時代禪宗盛行的大背景下，梅岩又跟了雲老師學習了黃檗禪，因此，禪宗對梅岩心學思想的形成，具有重要作用。

據柴田實教授統計，梅岩在其主著《都鄙問答》中，涉及佛教典籍三十一種，引用過四十五次之多。另外，梅岩的另一部重要著作《莫妄想》，是一部禪風問答體式的語錄。其中，梅岩自比問者，答者為了雲老師。通過問答體式的記述，闡明了梅岩對待禪宗的態度。

梅岩對於佛教禪宗，既不像當時的儒者採取一概否定、拒絕、批評的態度，也不是一味盲目地吸取。梅岩從心學思想出發，一是接受了禪宗「見性成佛」的教義，二是吸取了禪宗的修行法。尤其是禪宗的修行法，使梅岩能夠從第一次開悟飛躍到第二次開悟，最終體悟到「性為何物」。所以，古田紹欽教授指出，梅岩之所以能夠立足於「三教的三者即一的一體觀」，「完全是由於窮究於禪的境界」的結果。即由於禪宗的修行法，使其開悟，梅岩才能夠體悟到儒教、佛教、神道三教其實是一體。這一開悟的結果，形成了梅岩開放、包容的學風。穩健綿密的黃檗禪風、博大精細的朱子學和陽明學、明淨正直的神道，三者在梅岩「心」中和合為一者。

梅岩心學與老莊思想。

梅岩在吸收佛教思想的同時，對老子和莊子思想產生了共感。梅岩是站在什麼立場上，對老莊思想引發了共鳴呢？

一是老莊的「不言之妙」。《石田先生語錄》中記載：

先生曰：莊子的意義就在於感動聖人之心而知聖人之心。從此「心」處可見莊子。❸

梅岩認為，老莊說「不言之妙」而聖人講「世俗之常」。這是因為世俗多奇怪之事，所以聖人不說「不言之妙」，但聖人的「世俗之常」的「常」中就具備了「不言之妙」的「妙」。由於後世俗儒只學得聖人語言的外殼，不知聖人語言中包含的「不言之妙」。為此，老莊可憐世人，常言「不言之妙」。老莊的「不言之妙」就妙在以非儒之說解聖人之意，窺聖人之心。所以，梅岩在《石田先生語錄》

❸ 竹中靖一：《石門心學的經濟思想》，頁103。

中還說道：「如果想從俗儒成為真儒，必須復歸於老莊。後悔以前讀了許多無用之言。」 ㊱這表明梅岩十分崇敬老莊的「不言之妙」。他認為通過這「不言之妙」，可以體悟聖人之心，得聖人之道。

　　二是老莊思想中的形而上學。梅岩曾對學生說，將老莊的形而上學思想方法引入心學，可以更真切地理解孔孟說教。正是由於梅岩將老莊的形而上學思辨與孔孟儒學教義和合在一起，所以才使得梅岩心學更具有哲理性和普遍性。

　　例如梅岩心學的一個重要命題──「心由形」（心即形）就是直接從《莊子・秋水》引申而來。

　　《莊子・秋水》曰：

　　　夔憐蚿，蚿憐蛇，蛇憐風，風憐目，目憐心。

　　成玄英疏：

　　　憐是愛尚之名。夔是一足之獸，其形如（鼓）〔鼓〕，足似人腳，而迴踵向前也。《山海經》云：東海之內，有流波之山，其山有獸，狀如牛，蒼色，無角，一足而行，聲音如雷，名之曰夔。昔黃帝伐蚩尤，以夔皮冒鼓，聲聞五百里也。蚿，百足蟲也，夔則以少企多，故憐蚿；蚿則以有羨無，故憐蛇；蛇則以小企大，故憐風；風則以暗慕明，故憐目；目則以外慕內，故憐心。欲明天地萬物，皆稟自然，明暗有無，無勞企羨，放而任之，自合玄道。倒置之徒，妄心希慕，故舉夔等之麤事，以明天機之妙理。

____

㊱　竹中靖一：《石門心學的經濟思想》，頁103。

唐陸德明釋文:

> 「夔」求龜反,一足獸也。李云:黃帝在位,諸侯於東海流
> 山得奇獸,其狀如牛,蒼色,無角,一足,能走,出入水即
> 風雨,目光如日月,其聲如雷,名曰夔。黃帝殺之,取皮以
> 冒鼓,聲聞五百里。「憐」音蓮。「蚿」音賢,又音玄。司馬
> 云:馬蚿虫也。《廣雅》云:蛆渠馬蚿。「蚿憐蛇,蛇憐風,
> 風憐目,目憐心」司馬云:夔,一足;蚿,多足;蛇,無足;
> 風,無形;目,形綴於此,明流於彼;心則質幽,為神遊外。

梅岩從這些寓言中領悟到,有什麼樣的「形」,就會產生與之
相應的「心」,這就是他的「心由形」說。

梅岩心學與神道教。

如果說梅岩把儒教的哲學思想作為石門心學的理論基礎,把佛
教的修行方法作為石門心學開悟的修煉功夫的話,那麼,梅岩則把
神道教的教義作為石門心學的精神信仰。

神道教(簡稱神道)是日本固有的民族宗教,是在日本民族固
有信仰基礎上發展起來的精神行為。神道教從日本彌生時代(西元
前二世紀至西元三世紀)形成起,經歷了原始神道和神社神道階段,
至德川時代進入到學派神道(即理論神道)階段。

所謂理論神道,即指德川時代由於儒學成為占統治地位的意識
形態,所以出現了結合神道倡導儒學的神儒結合的神道。例如:有
以吸收儒學和易經為主要內容的「度會神道」,有把理學和神道相
結合,推崇儒學倫理,強調忠君之道的「理學神道」,有朱子學者
林羅山的「理當心地神道」和朱子學者山崎闇齋創建的集神儒結合

大成的「垂加神道」等。

　　至於石田梅岩信仰的神道，按《石田先生事蹟》所云，梅岩的神道信仰，不能歸宗於特定的某家某派，而是俗神道。按柴田實教授的考證，梅岩對吉田神道的信仰程度，更深一些。

　　吉田神道由吉田兼俱(1435–1511)創立，故名「吉田神道」。吉田神道曾控制了日本全國一半以上的神社，其影響一直延續到德川末期。關於吉田神道的教義，吉田解釋說：「神非常神，是先於乾坤之神。道非常道，是作為產乾坤之道。」[37]他所謂的「神」，是先驗的實體。從這一思想出發，他在解釋神與靈、心關係時，又說：「夫神者先於天地而定天地，超於陰陽而成陰陽。在天地叫作神，在萬物叫作靈，在人倫謂之心。心者神也。」「神性不動而動，靈體無形而形，此為不測之神體也。在天地謂之道，在萬物謂之靈，在人謂之心。心則神明之舍。」[38]從本體論角度來說，他把先於天地而定天地的「大元尊神」（國立常尊）作為宇宙之本原，稱為「神」。從現象角度來說，他把「無形之形」的有形存在物叫作「靈」，是神的表現。從作用的角度來說，他把主體的作用叫作「心」。而「心為神明之舍」，「心者，一神之本」。這樣，吉田將一切包羅萬象於心，得出了心就是真正的神的結論。所以，他認為神道就是「守心之道」。

　　「守心之道」的教義與梅岩的心學思想相默契，這是梅岩把神道教作為精神信仰的原因之一。原因之二是由於神道教所主張的「神人一致」的基本教義與梅岩心學所強調的主體哲學的吻合。

　　神道教以對諸神的信賴和信仰為生活的基本準則。在神被作為

---

[37]　《神道由來記》，見佐藤通次的《神道哲理》，頁283。

[38]　《神道大意》，見佐藤通次的《神道哲理》，頁285–286。

「維持人們生活的根源力量」的同時，神與人之間又具有一種一體化的性質，即相互依存的關係。如《貞永式目》和《倭姬命世紀》中講：「大日本是神國。由於神明的保護，國家得以安全。由於國家的尊崇，神明得以增威。」即認為國泰民安依賴於神的佑護，同時神的神威也依賴於人們的崇敬才得以發揮，二者是相互依存的關係。從這種教義導出的積極結果是：人類社會的一切成果，都可以被視作由於人的本身努力和神的佑護一體化的結果，強調了主體的努力進取和精進，即強調了主體的積極性和進取精神。人生到世界上來，就具有某種使命，因而，每一個人都要盡自己的責任，努力顯現其本來的姿態。

正是在神道教這種思想的感召下，梅岩從青年起就立志宏揚神道，向人們宣講「如何做人」的道理。

石田梅岩通過批判地繼承和綜合地創造，將神道教、儒教、佛教圓融貫通，為我所用，形成了一門嶄新的學說——石門心學。其中，神道教成為石門心學的精神信仰，儒教成為石門心學的理論思想，佛教成為石門心學的體悟方法。由此，神道的「正直」、儒教的「誠」、佛教的「慈悲」會通於梅岩心學的「心」，構成了梅岩心學的一大特色。這就是石田梅岩的和合思維。

石田梅岩的這種三教和合的和合思維與中國哲學史上的三教融合具有共通性。

在中國歷史上，宋王朝承襲唐的儒、釋、道兼容並蓄的政策，儒教、佛教、道教內部都出現了融合的要求。

例如智圓和尚「好讀周、孔、楊、孟書，往往學為古文，以宗其道」❸，認為韓愈的「力扶姬孔」是對的，因為只有儒學才能使

---

❸　《自序》，《閑居編》，見《續藏經》第一輯第二編第六套。

國治、家寧、身安，佛教才能得以流傳。「非仲尼之教，則國無以治，家無以寧，身無以安」❹。三教各有其能，互濟互補，「行五常，正三綱，得人倫之大體，儒有焉；絕聖棄智，守雌保弱，道有焉；自因克果，反妄歸真，俾千變萬態，復乎心性，釋有焉。吾心其病乎？三教其藥乎？矧病之有三，藥可廢耶！吾道其鼎乎？三教其足乎？欲鼎之不覆，足可折耶」❹，儒、釋、道三教猶如治病的三種藥或鼎之三足，缺一不可。

「三教一體」的思想不僅發自佛教，也出於道教。如張伯端主張「教乃分三，道則歸一」。

儒學家從「本然之全體」上融合儒釋道，被視為「時髦」。程顥曾聲稱：「吾學雖有所受，天理二字，卻是自家體貼出來。」❹把「理」作為哲學邏輯結構的最高範疇，雖可說是程氏兄弟「體貼出來」的，但這個「體貼」也受到佛教華嚴宗「理事說」的啟發，「只為釋氏要周遍，一言以蔽之，不過曰萬理歸於一理也」❹。張載認為，佛、道理論要點：一以心為法，以空為真；一以無為道，以我為真。他針對佛、道的這種理論，構造了「氣 $\underset{散}{\overset{聚}{\rightleftarrows}}$ 物」哲學體系。這一哲學體系可與佛教的以「心法起滅天地」和道教的「有生於無」思想相抗衡。

以上兩個事例說明了理學家融合儒家的禮法綱常，道家和道教的宇宙生成、萬物演化理論，佛教關於抽象與具體、本質與現象的思辨哲學，建立了既是儒家，又非原典意義上的儒家的理學哲學體

---

❹　《中庸子傳上》，《閑居編》卷一九。

❹　《病夫傳》，《閑居編》卷三四。

❹　《河南程氏外書》卷一二，《二程集》，頁424。

❹　《河南程氏遺書》卷一八，《二程集》，頁195–196。

系，即新儒學或理學儒學。

新儒學（理學儒學）和合儒、釋、道三教的思維路數與石田梅岩和合神、儒、佛三教的思維方法，十分相似。這一現象，一方面印證了「和合學」是東亞文化的哲學精神；另一方面也表明了石田梅岩和合思維的價值和意義。

石田梅岩的和合思維方法，不僅在東亞哲學中占有一席地位，而且也影響到日本近代哲學的發展。竹中靖一教授就指出：「梅岩超越矛盾，強調同一的思維方法，使人想起西田哲學所謂的『絕對矛盾自我同一』的思維模式。」❹

西田幾多郎 (1870–1945) 是日本近代最重要的哲學家之一。他的哲學被稱為「西田哲學」。「西田哲學」的一個基本命題，是「絕對矛盾的自我同一」。這一基本命題的思維理數是這樣的：

在西田看來，現實世界是充滿著運動和矛盾的。這些矛盾是一種不可調和的絕對矛盾，同時又是自我同一的。這是因為西田所謂的現實世界不是單純客觀的對象的物和物的空間世界，而是一種通過環境對主體、主體對環境相互否定的實踐世界，即不是人由外部眺望的被見的世界，而是人自己亦在其中的世界（即生於其中、活動於其中的世界）。 因此，現實世界的真正矛盾也就不是物和物、對象和對象的矛盾，而是物和自己、環境（客體）和主體的矛盾了。而且這種矛盾是一種不可調和的絕對矛盾，總是相互鬥爭。環境和人雖然是矛盾的，但兩者又是不能分離的。在西田看來，沒有人就沒有環境，所謂矛盾就是在環境和人相互不可分離的關係上成立的。換言之，環境和人並不是單純的對立，而是在矛盾的關係上密不可分的。因此，在這種矛盾關係上不但有相互對立和鬥爭，而且又有

---

❹ 竹中靖一：《石門心學的經濟思想》，頁68。

其自己同一的共同場所。所謂「絕對矛盾的自我同一」，不外就是一個包括矛盾在內的場所世界。西田認為，這就是「辯證法的邏輯」。他說：「在辯證法上，對立即綜合，綜合即對立。沒有對立就沒有綜合，沒有綜合就沒有對立。綜合和對立到處都必然是二而一。」[45]

　　西田哲學的「絕對矛盾的自我同一」的思維邏輯，比梅岩心學更加精密，但他強調在矛盾中尋求同一的思維路數與梅岩心學的和合思維，又有異曲同工之妙。筆者以為形成於十八世紀初期，流傳、影響至十九世紀中葉（德川幕府末期）的石門心學，對於明治時代形成的西田哲學是有一定影響作用的。

㈡「天人和合」——石田梅岩的和合本體

　　在哲學本體論方面，石田梅岩主張「天人一體」，即「天人和合」的宇宙觀。

　　石田梅岩的主著《都鄙問答》第一句話便是：

> 大哉乾元，萬物資始，乃統天。雲行雨施，品物流行。乾道變化，各正性命也。天與之樂，實乃樂哉。還須填加什麼呢？[46]

《都鄙問答》最後一句話，與之相呼應，又是：

> 得天給與之樂，實乃入道。[47]

---

[45]　參閱劉辰及：《京都學派哲學》，光明日報出版社1993年版，頁67–68。

[46]　《都鄙問答・都鄙問答段》，《石田梅岩全集》上卷，頁3。

[47]　《都鄙問答・或人天地開辟說段》，《石田梅岩全集》上卷，頁182。

上述引文中的「大哉乾元，萬物資始，乃統天」出自《周易》的《乾卦·象傳》。其中，「天」為「極」的意思，即太極、太玄、太初之類，是稱美高上至極的意思。「乾」為健的意思，這裡專指天道。「元」為始的意思。「乾元」即天德（元亨利貞四德）之始。故萬物之生，皆資此以為始，又為四德之首，而貫乎天德之始終。故曰「統天」。「雲行雨施，品物流行」是講蒸而為雲，飛行於天；散而為雨，恩施潤物。故萬物才有流動，才有形象。「乾道變化，各正性命」是講變者化之漸，化者變之成，而乾道變化無所不利。於是，萬物各得其性命以自全。從哲學宇宙論角度來分析，它的意思是說，萬物生生、發展、變化的根源在於「天」。 由於天德的作用，即乾道變化流行的結果，使各種事物和人類能夠各正性命，由此才有了秩序和規律。

在此基礎上，梅岩進一步發揮，認為如果人能夠領悟天道的這種性質和功能的話，就會進入「與天同樂」的境地，即天道與人道相合的境界。而進入這種「天人相合」的境界，就是「人道」， 也就是徹底開悟了。這是石門心學的最終追求。所以，從哲學本體論來說，石田梅岩的宇宙觀為「天人一體」或「天人和合」。

「天人和合」本體論是石田梅岩從自身開悟的體驗中得出來的。如第一章所述，梅岩第一次開悟，體會到了「鳥在空中飛，魚在水中躍。人自身是裸體蟲。自性是天地萬物之親，大喜」❹。但小栗了雲老師指出這種悟境不徹底。梅岩又經過一年半的修煉，第二次開悟的結果，才進入到「天人一體」的悟境。「此時不認為自性很大，是天地萬物之親，既不迷惑也不覺悟。只是饑便吃飯，渴便飲水。春季看到朝霞，夏季歌詠晴空中青青的綠色，炎熱時在水

❹　《石田先生事蹟》，《石田梅岩全集》下卷，頁623。

中嬉樂，秋季又觀賞月光下稻葉上的露水，詠嘆紅葉的美麗，冬季欣賞樹葉上的霜怎樣變成雪」 ❹。當梅岩進入到這種自身與天地自然融為一體的境界時，他認為已經與自性見識相脫離，主觀與客觀已經徹底地結合在一起，也就是人與天地融為一體了。這種狀態就是「天人一體」、「天人和合」的極至。

石田梅岩非常推崇自己體悟出的「天人一體」、「天人和合」思想，將它作為哲學宇宙觀，並以此為心學哲學的基礎，領會中國儒學的「天人合一」思想。

在《都鄙問答》中，有「道之大原出於天」、「人倫之大原出於天」這類話。這些話出典於中國漢代大儒董仲舒。

董仲舒以「天人感應」的理論闡明「天人合一」的思想。關於「天人合一」的條件，韋政通教授認為是「氣」。 如他明確指出：「氣貫通天人，這一點構成董仲舒天人感應的系統是否能成立的基本要件。」「仲舒獨特之處，是以氣來貫通天人。」 ❺董仲舒之所以以「氣」交通「天」與「人」，是出於中國漢代文化大背景的緣故。關於這一點，韋政通教授在分析董仲舒的「天人感應的理論結構」時，寫道：

> 從文獻上看，《左傳》已有陰、陽、風、雨、晦、明六氣之說，六氣是屬於天的，天是大自然的總稱，而以六氣說明自然的變化。《國語》不但以陰陽說天地與氣，且以「陽伏而不能出，陰迫而不能蒸」，解釋地震的原因，以「氣無滯陰，亦無散陽，陰陽序次」，解釋「風雨時至」的原因。所以氣在春秋時代，

---

❹ 《石田先生事蹟》，《石田梅岩全集》下卷，頁623。

❺ 韋政通：《董仲舒》，東大圖書公司1986年版，頁74-75。

不僅用來描述自然，也是當時自然科學裡的重要概念。

氣對孔子、墨子的思想都沒有產生什麼影響，儒家到孟子才提出道德和精神修養意義的養氣之說，同時代的莊子則發展出「通天下一氣耳」的觀念。之後，《管子・內業》言貫通天人的精氣，《呂氏春秋・盡數》就此意更有進一步的發揮。到秦、漢之際的醫書《內經》，不但認為陰陽是一切生命的根本，與氣相通，而且認為宇宙的虛空之中充滿了氣。這個觀念對仲舒的氣論有極大的影響。

就以上所涉及的傳統而言，除自然科學一點之外，氣的各種涵義，至少在形式上都已吸納在仲舒的氣論之中。氣在仲舒思想裡已表現出系統性的思考，他不僅對氣化的宇宙觀有重大的發展，更重要的是，氣成為他天人感應論不可或缺的要素。❺

重視「氣」的作用，這是董仲舒天人合一思想的要點和特點。

董仲舒「天人合一」思想的基本理論被石田梅岩所吸收，但梅岩不是以「氣」溝通「天」和「人」的關係，而是強調實踐道德的作用。這是因為「天人一體」、「天人和合」的思想，是梅岩最初從自己的兩次開悟中體悟到的，是他在小栗了雲老師的指引下，經過數年實踐修煉的結果。這也是實踐道德作用的結果。對此，石田梅岩十分珍惜。他在京都開講後，多次開導他的學生，發揮實踐道德的作用，去領悟「天人和合」的真諦。正因為梅岩是從自己的切身體悟中，悟出了「天人和合」的道理，所以，他對周敦頤的通過立「太極」和立「人極」來講述「天人合一」理論的《太極圖說》，有

❺ 韋政通：《董仲舒》，東大圖書公司1986年版，頁71-72。

一種認同感並十分喜愛。

　　據《石田先生事蹟》記載：在梅岩經常讀的書中，讀了無數遍的儒書，「就是《太極圖說》」。梅岩最愛唱的，也是「《太極圖說》末尾幾句話」❷。

　　周敦頤適應中國宋代社會要求哲學不僅要回答社會和人生問題，而且還要回答宇宙本原問題的社會客觀要求，精心構造了一個納自然、社會、人生為統一體系的圖式，且形式簡明合理，內容言簡意賅。這就是他的《太極圖說》。周敦頤在《太極圖說》裡，把宇宙生成、萬物化生的理論和人類、人類社會的產生及道德倫理準則、規範制度等統統納於二百多字的《太極圖說》之中。他這樣寫道：

> 自無極而為太極。太極動而生陽，動極而靜；靜而生陰，靜極復動。一動一靜，互為其根。分陰分陽，兩儀立焉。陽變陰合，而生水、火、木、金、土。五氣順布，四時行焉。五行，一陰陽也。陰陽，一太極也。太極本無極也。五行之生也，各一其性。無極之真，二五之精，妙合而凝。乾道成男，坤道成女。二氣交感，化生萬物。萬物生生，而變化無窮焉。惟人也得其秀而最靈。形既生矣，神發知矣，五性感動而善惡分，萬事出矣。聖人定之以中正仁義（自注：聖人之道，仁義中正而已矣。）而主靜（自注：無欲故靜），立人極焉。故聖人與天地合其德，日月合其明，四時合其序，鬼神合其吉凶。君子修之吉，小人悖之凶。故曰：立天之道，曰陰曰陽；立地之道，曰柔曰剛；立人之道，曰仁曰義。又曰：原

---

❷　《石田先生事蹟》，《石田梅岩全集》下卷，頁625。

始反終，故知生死之說。大哉易也，斯其至矣。❺❸

剖析這段話，可以看到，關於宇宙生成演變的過程，周敦頤認為是：

無極→太極→陰陽→五行→男女→萬物。

這就是他的天道觀，即「立太極」。

關於他的人道觀，即「立人極」的道德修煉流程是：

五性→善惡→中正仁義→聖人。

在「立太極」和「立人極」基礎上，周敦頤又主張天道與人道合而為一，是宇宙的本體。

周敦頤的這種「天人合一」宇宙觀，被石田梅岩全部吸收。他回答學生關於無極太極問題時，便以周敦頤的這種思想作解釋。

學生問：關於孟子的性善說，愈來愈不好理解。

梅岩答：如孔子《易》所云：一陰一陽之謂道。繼之者善也，成之者性也。天地是一陰一陽。

問：所說無極太極，畢竟只是一個名，無所著落。

答：不是無物。所謂無極，是天地人的體。……如同孔子以天地說明道之體，孟子以人說明道之體一樣。如果天人一體的話，那麼道也應為一。周子曰：五行一陰陽也，陰陽一太極也，太極本無極也。這樣的無極只能為一，不能為二。❺❹

❺❸ 《周子全書》卷一。

在這裡，梅岩以周敦頤的天道、人道合為一體，以無極為宇宙本體的思想，教導他的學生。石田梅岩在接受周敦頤這一思想基礎上，進一步提出「人是一個小天地」的命題，闡明他的「天人和合」的宇宙觀。

> 用天地來比喻人的話，心，虛，為天；形，實，為地；呼吸，是陰陽；繼之者為善，主用之體者為性。由此可見，人是一個完整的小天地。❺

這表明，石田梅岩認為人這個小天地與宇宙那個大天地是和合一體的，即人與天地在基本構造上是類似的。這種類似性就意味著人體與天體是可以相通、相感的。正是由於人天之間的這種相通、相感，才會有梅岩兩次開悟的結果。而他的兩次開悟，尤其是第二次開悟，又使他更深切地體會到天人相通、相感的真正奧妙。這就是「天人一體」、「天人和合」乃是「大哉《易》也，斯其至矣」的道理。「人是一個小天地」是石田梅岩「天人和合」宇宙觀的形象表述。

㈢「學行和合」—— 石田梅岩的和合認知

石田梅岩的哲學是為町人創立的町人哲學。因此，這種哲學來源於町人的社會生活和經濟實踐之中。誠如石川謙博士所說，「生活和心學，最嚴峻、最莊嚴的意義，就在於其一致性」。評價石田梅岩的學問和生活（實踐）的關係，這是最貼切的說法。這就是說，石田梅岩知行觀的特點，是「學行一如」、「學行和合」。

---

❺　《都鄙問答·性理問答段》，《石田梅岩全集》上卷，頁100-101。
❺　同上書，頁105。

梅岩心學的這種「學行一如」、「學行和合」的知行觀，是由梅
岩哲學的主體的實踐性所決定的。

代表町人利益、反映町人思想的梅岩心學的基本性質是一種主
體性哲學。日本的德川時代，是學術思想活躍的時代。德川前期，
代表幕府官方利益的日本朱子學，獨霸官方哲學的獨尊地位；德川
中期，代表被閑置的貴族和中小地主階級利益的古學，企圖與朱子
學分庭抗禮，平分秋色，但「寬政異學」❺❻之禁，使古學派衰落下
去了；繼之而起的是代表日本社會下層武士和市民階級利益的日本
陽明學。在這學術派別激烈紛爭的時代，町人出身的石田梅岩異軍
突起，代表町人的利益，創立了町人哲學——石門心學。因此，梅
岩不可能照抄或效做以前各種各樣的學術思想體系，而必須從町人
的實際情況出發，創建嶄新的石門心學的哲學體系。當時町人的實
際情況如第一章所述，生活在享保受難期的町人，在封建權力的壓
制下，在「重農抑商」政策的排擠下，為了保護町人自己的實利，
必須保持強靭的主體性，才有町人的存在。商人的這種心理和實況，
自然而然地反映到了梅岩心中。這就演繹、形成了梅岩心學的自主
性和主體性精神。正如《石田先生語錄》中所云：「汝所學以不違
背外表為尊，為第一。吾所學以不違背内心為至尊。」 這是梅岩對
某些儒者因其講老莊著作不滿，進行非難的回答。繼而，梅岩又說：
「我講老莊的書，也取先儒（宋儒）的心。但是，我並不拘泥於老
莊和先儒的言辭。」❺❼這兩句話反映了梅岩心學自主性、主體性的實

---

❺❻　1790年（日本寬政二年）幕府發佈異學禁令，定程朱之學為唯一正統，
　　　程朱學以外的學派則為異學禁止。1795年（寬政七年）又規定異學者
　　　不能進入仕途。

❺❼　《石田先生語錄》，《石田梅岩全集》上卷，頁478-479。

質。對於前人既成的學術思想，梅岩主張應從町人主體出發，以符合、不違背自己的心為標準，進行檢驗和攝取。這就是說，對於那個時代的思想和文化，既不能完全拘泥於其中，也不能完全拋棄掉，而應率直地、如實地吸收過來，然後通過自身認真地考察，自心切實地證悟，加以取捨。這就是從主體的立場出發，形成獨自的思想體系，即「神儒佛三者合一於心中」。這是梅岩主體性哲學的真面目。

構成石田梅岩的這種主體性哲學的一個重要環節，是「體驗」。

梅岩的學問是經過問心，即在心中通過反省活生生的體驗，而形成的。梅岩在述懷自己學問修行的形成過程時說：

> 我不把哪一方作為固定的師家。一年半載之中，邊走邊聽……沒有與吾心相合的一人，年年月月對此感嘆。❺⁸

作為與梅岩的心相合的老師，小栗了雲是第一位。小栗了雲的思想之所以能與梅岩的心相合，是因為了雲師用《論語・為政》的「溫故而知新」語教導梅岩，使梅岩懂得了學問之新、學問之精，正在於「我的發明之處」。而這種思想恰與梅岩哲學的主體性、自主性相吻合。《都鄙問答》云：

> 子曰：「溫故而知新，可以為師矣」。所謂「故」，就是從老師處所聽的；所謂「新」，就是我所發明處。❺⁹

---

❺⁸　《都鄙問答・都鄙問答段》，《石田梅岩全集》上卷，頁5。

❺⁹　同上書，頁7–8。

這裡所說的「我所發明處」，就是基於心中體驗的一種會得。為了這種體驗，即為了新的發明，「溫故」不過是一種手段，一種準備罷了。從這重意義上看，老師的教導，終歸不過是發掘自我體驗的一種道具而已。也正是由於梅岩重「體驗」，重「我所發明」之新，所以，在小栗了雲師臨終之際，將自註書托與他時，梅岩卻固辭不受。他回答說：「我的事業是創新，是進行新的論述。」❻眾所周知，自註書等於一個學者的生命。授與自註書，就意味著老師將自己的學術思想秘密傳授給自己的得意門人弟子。但梅岩認為，如果一個人只是因襲師說，不通過「體驗」確立自己的見解，那就等於陷入混冥之中，白白浪費時光。這樣，有書還不如無書為好。因此，即使在了雲師臨死之際，親授自註書時，梅岩也是斷乎辭退。這表示了他堅持通過自我體驗而創新的堅決態度。梅岩這種以體驗而創新的自主性、主體性態度，貫穿他一生的學問修行之中。

從哲學認識論角度分析，梅岩所強調的這種「體驗」，是一種主觀的思考和判斷，在某種意義上，又與佛教禪宗的「體悟」相溝通，這是「體驗」哲學內容的一個方面。另一個方面是梅岩的這種「體驗」是以町人豐富的經濟生活實踐為其基礎的「體驗」。

石田梅岩不是一位受過正規儒學教養的儒者，所以他不提倡理論精緻的學說，也不推崇博聞強記的學者。梅岩的特色，在於他是一位獨學的思考者。他之所以能成為這樣的學者，是由於他深厚的町人生活體驗的結果。正如他自己的告白所云：

> 愚拙於文學（文字）而悔矣，出生於民間一貧窮家庭，無暇學習讀書。至四十餘歲，才志於此道。❻

❻　《石田先生事蹟》，《石田梅岩全集》下卷，頁616。

如第一章所述，貧苦農家出身的梅岩，從小便到京都的商家奉公，對於町人生活的艱辛，商業的勞苦，有著切身的感受。因此，他的體驗不是徘徊於抽象的思辨之中，而是與町人的實際生活相即相通。正是在這種意義上，日本學者評價石田梅岩的學問是「梅岩所追求的是從生活的體驗開始，以行為的實踐而終結的活生生的學問」❷。梅岩把這樣的學問，稱作「實知」。

　梅岩所謂的「實知」，就是通過以生活實踐為基礎的主體的體驗所得到的知識。如他講：「性善說是講我知性。如孟子的性善說，是是耶？還是非耶？與我性是合？還是不合？」❸梅岩這句話的意思是說，聖賢的言論之所以被人們相信，那是因為他們有權威，但卻缺乏世人的切實體會。因此，梅岩主張對於聖賢的言論，必須通過自身的體驗，即經過它與心合；還是不合的主體的驗證，然後才能真正地感知它的意義。「讀書，必須使之成為我心的會得」❹。對此，梅岩堅信不移。他這種思想與中國南宋心學者陸九淵強調「六經皆我註腳」的思想，脈脈相通。因此，對於學問和知識，梅岩強調必須通過自我體驗的反省，真正納得之後，才是真實的理解。這樣的學問和知識，才是「實知」。梅岩批評那些對於聖賢的言論，只是停止於觀念的理解的俗儒們的說教，如同是醉中說夢話。「自己沒有實知，以何說道？如醉中說夢話，惑世害民，豈不哀哉？」❺梅岩

❻　《都鄙問答・都鄙問答段》，《石田梅岩全集》上卷，頁12。

❷　竹中靖一：《石門心學的經濟思想》，頁71。

❸　《儉約・齊家論》上，《石田梅岩全集》上卷，頁190。

❹　《都鄙問答・關於某人主人是非問答段》，《石田梅岩全集》上卷，頁168。

❺　《都鄙問答・性理問答段》，《石田梅岩全集》上卷，頁101。

對於某些論者的「性善的道理，只是耳聞，沒有心得體會，即使感到一點也沒有趣味。這是為什麼」的提問，他以「能問哉」為題，作如下評論：

> 對於《徒然草》，只是聽別人講述得到的知識，這不是真知。就如同汝現在這樣，所得到的知識也不是實知。因此，感到沒有趣味。為知性而修行的人，常為得不到性而苦惱。應該怎麼辦呢？經歷日夜困惑之後，會忽然開悟。如果比喻那時的喜悅，就如同死而復生一樣的高興。又如同古代背著重物在山中行走，終於找到了休息地，感到安樂至極的人豁然開朗一樣，此時的歡樂是不知者感受不到的。如果有人希望比喻一下這種至極的歡樂，那真如同豁然貫通，而得意忘形得手舞足蹈一樣。❻❻

這是說，聽到的學問是死學問，不經過反覆的體驗，就不能對知識作切實的理解，也就得不到活生生的實知。所以，梅岩強調的「實知」，決不是靜觀能夠得到的。這就意味著梅岩的體驗，決不僅僅是單純觀念的體驗，而是與活潑潑的商業社會實踐相通相連，以町人的日常生活實踐為基礎的體驗。通過這樣的體驗而得到的學問，本身就具有豐富的實踐內容。因此，梅岩在強調把以生活為基礎的體驗，作為學問的根據的同時，也強烈地提倡學問的實踐性。例如，梅岩在《都鄙問答》裡說：

> 一味地迷信書，不如無書。❻❼

---

❻❻ 《都鄙問答・性理問答段》，《石田梅岩全集》上卷，頁106。

在《石田先生語錄》裡又說：

> 一味地相信書，不如不寫書。❻❽

他教導弟子要摘下有色眼鏡，用自己天生的眼睛，從沒有註腳的現實出發，去觀察事物，學習學問。除此而外，梅岩還反覆強調石門心學說教的重點，是「商人之道」。這種「商人之道」就是「事實」，也就是町人對社會的積極貢獻。為此，人們評價石田梅岩的主著《都鄙問答》是一部關於實踐哲學的著作。《石田先生語錄》則是梅岩關於日常道德實踐問題，與門人弟子切磋琢磨的記錄。從這重意義審視梅岩哲學，它是一種實踐哲學。

　　一方面，梅岩心學具有強烈的主體性和自主性，強調主體體驗的重要作用，所以它是一種主體哲學。另一方面，梅岩心學又強調「體驗」的基礎是實踐，積極提倡學問的實踐意義，故此又稱它是一種實踐哲學。而主體性和實踐性，二者在梅岩心學中不是對立的，而是和合的、圓融的。誠如竹中靖一教授的分析：

> 梅岩的學問，是通過主體的體驗（學），再貫徹到客觀的實際中去（行）。❻❾

這表明，梅岩學問的經緯，是將主體的體驗（學），付諸於客觀的實際（行）。「學行一如」、「學行和合」構成了梅岩的整個認識過程。

---

❻❼　《都鄙問答・遠鬼神事問段》，《石田梅岩全集》上卷，頁47。

❻❽　《石田先生語錄》，《石田梅岩全集》下卷，頁226。

❻❾　竹中靖一：《石門心學的經濟思想》，頁72。

這就是梅岩心學的「學行和合」知行觀。

從這種「學行和合」知行觀出發，石田梅岩主張讀書要讀「書之心」。

> 讀書，不讀書之心，就不能稱作學問。聖人的書中包含著自己的心，知其心，才算作學問。**❼⓪**

這是說，讀書的過程就是體認先人的心的過程。所謂體認先人的心，就是講不僅要學書中的文字、知識，更要去行、去踐履。如關於五倫之道，不僅要明白這個道理，還要付諸實行。對君要忠，對父要孝，對子要親，對友要交，對兄要敬。這種學行一如的學者，梅岩稱為「實學者」。反之，對那些只知讀書，而不知讀「書之心」，學而不行的人，梅岩認為充其量不過是書箱、文字藝者而已。

> 原來，世間只知讀書為學問，而不知讀書心。……故錯誤多矣。**❼①**
>
> 如果有儒者不知聖人心而教授的話，那麼，只能是小人儒者，是書箱。**❼②**
>
> 有的學者，沒有至德的學問，可稱為文字藝者。……因為只知道文字，所以是只有一藝的文字藝者。……你所說的學者，對親人不能孝，對他人虛偽，這都是不仁。只有文字一藝，故謂文字藝者。**❼③**

---

❼⓪　《都鄙問答·學者行狀心得難問段》，《石田梅岩全集》上卷，頁137。

❼①　《都鄙問答·孝道問段》，《石田梅岩全集》上卷，頁21。

❼②　《都鄙問答·播州人學問事問段》，《石田梅岩全集》上卷，頁39。

石田梅岩認為那些不知聖賢心的儒者，只不過是知識的死葬者。他們像書箱一樣，只能儲藏知識，而不能活用知識。因此，他們對社會沒有一絲用處，他們的知識也不是「實知」。梅岩主張「知心」，是學問的開始，「身行」是學問要達到的終極目的。所以，梅岩傳授的學問是與庶民日常生活相即的哲理，是在商人經濟生活中產生的哲學。不僅如此，他還對門人弟子進行「行狀」教育，即施以「實行」、「力行」的教導。

由此可見，「學行一如」、「學行和合」成為梅岩心學的特色之一。這種特色進一步演為石門心學的傳統。石田梅岩的門人弟子都強調學問應是從生活中產生的學問，這種學問還應實踐於日常行為之中。

也正是因為石門心學倡導「學行一如」、「學行和合」，所以，石門心學才能夠作到「大眾化」和「通俗化」。

因為梅岩主張把從生活體驗中產生的學問，再回歸於日常生活的行為之中，所以，梅岩心學與大眾的思想相默契。這樣，也就很容易在大眾中普及、教化。如第一章所述，梅岩開始講學時，聽眾不過幾人，但僅六年時間，便增加了七個講習場所，遍及關西一帶。以後，石田梅岩的弟子又在關東開設了講習場所，使石門心學的教化普及大半個日本，綿延近百年。

「三教和合」的思維方式，「天人和合」的本體觀念，「學行和合」的認知體系，構成了石田梅岩的學問觀。

這就是具有東亞文化特色的「和合學」。

---

❼③　《都鄙問答・學者行狀心得難問段》，《石田梅岩全集》上卷，頁136–137。

第三章 石田梅岩的人間觀——「心性學」

第一節 「心性學」——石門心學的精義

所謂「心性學」，是指形上學道德主體論的人性學說，即是對於人性本質尋根究底的所以然的追求。

具體講，「心性學」包攝了五個方面的意蘊：

其一，心與性是指自然與倫理，即主體的自然本能或自然屬性與道理倫理或社會屬性。心從自然本能意義上說，它是神明之舍，是能思慮的器官，是人的思維、智慧之所在。誠然，器官與所在，並非思慮、智慧本身，但離開器官與所在，也就無所謂思慮和智慧。因其為思慮的器官，所以能主管天官、天情，而為天君。其次，心是主體人的生理需求，耳、目、鼻、口的欲望，從心而動，而不違背自然的欲望愛好。第三，心理情感，喜怒哀樂愛惡的情感，是人皆有之的心理本能。第四，利欲之心，是人的生理本能和維持生命延續的自然需要。相對於心的自然本能的心理來說，性並非指人的自然本性，而是指受社會生活環境、政治經濟、教育文化陶冶而形成倫理道德原則，如根於心的仁義禮智之性，這便是區別於禽獸生

理本能活動的道德理性活動。出於道德理性的道理自律，處理人我、人與社會、集團等關係所遵循的應然的道德倫理規範，以及禮法典章制度對於行為活動的約束。心與性的關係，便是社會倫理對於自然之心的限制，道德理性對於自然本能的價值導向。但社會倫理之性和道德理性都以自然本能之心和情感心理之心為基礎。

其二，心與性是指本心與本性。本心即本體之心或稱心體。它是指操捨存亡的神明不測之心，而不是肺肝五臟的實有一物之心。實有一物的血肉之心是有形的，神明不測的本體之心是無形的。本性即人的本性，它包括自然本性。生之謂性，生之所以然謂，以及生之條理、生之理謂性，都是對人的生命價值的關懷。因為作為人的本性或本質特徵，這是人類一切活動、價值的基礎。無生，一切都無從談起。既然生之謂性，那麼，維持、延續生命的食、色，便是人的自然本性；穿衣吃飯，便是人倫人性。這便是生之質，即人性的本然狀態；若有所作為，譬如以仁義為本性，便是人偽。人偽便是自然真性的喪失，是對於自然本性的擾亂、離散和破壞。只有順應人的自然真性，超越名教，才能獲得個性的精神自由。為保持自然真性，所以把清靜恬愉作為性的規定。排除一切外物和情感欲望對於真性的損害。這樣，心與性的關係，是作為宇宙本體和道德本體合一之心體對於自然本性的統率、主宰，以從屬於心體的指導。

其三，心與性是指意志與情欲。一般說，心包含知、情、意三個方面，即認知、情緒、欲求的樣式。意志是發生在心中的特殊的活動，憑意志的作用而把觀念變成事實，使行為動機轉化為行為活動，「志意修則驕富貴」，意志即心的所向。孔子講「匹夫不可奪志也」，意志的力量和作用，需要內心意識的修持，這便是「志於道」，以確立主體好善惡惡的自慊的意志，即所謂「誠其意」， 使主體具

有智、仁、勇的意志。情欲是指人性情感欲望，眼、耳、鼻、舌、身之欲和喜、怒、哀、樂、愛、惡的情感。這也就是說，情欲是指不離生理的氣質，離了情感欲望無所謂性。「人之所欲是性」，戴震就把人生而後的情欲說成性，把血氣作為性的根源，性是對於血氣心知的分有。心與性的關係，「夫志，氣之帥也」。意志支配、制約情欲。

其四，心與性是指認知功能與理性本體。心作為知覺運動，包括明心見性的直覺體認。這種直覺體認活動，以耳目見聞為累。因此，知覺運動的認知之心，是心之用，或良知的發。知覺運動既是心性的功能，又是對道德理性的認知。這是因為人能發展知覺而近於神明，心的思維活動能達到最高境界，而與禽獸相區別。這不是從道德理性而是從認知功能上說明人之所以為人。心與性可以說是一種認知關係，成性各殊，知覺運動亦殊，知覺也是性，即認知理性。性作為理性本體，即是性體，是心的超越化和外在化。性是宇宙本體和道德本體，心是性體的表現或作用，由是得以實現，此便是體用一源，心、性、命合一。儘管性具有超越的、本體的品格，但心是其載體和實現者，心與性相即不離。因此，性作為本體是存在又活動，通過心為性之動，把超越的本體轉化為現實的人性，外在的本體轉化為內在的主體。

其五，心與性是指超越與現實。佛教提出「一心二門」說，以心本體是宇宙間一切現象的本源，總攝世界一切法。天台宗的一心三觀，三千在一念心；華嚴宗的一真法界即心；唯識宗的萬法唯識，萬法唯心；禪宗的一心具萬法，心生種種法，心滅種種法滅等，都以心為超越的精神境界，人生的終極關懷或終極價值，即心即佛。佛教以眾生心性本淨，既如此，現實的人何以有雜、染二性，雜、

染從何而來。天台宗主張淨心之體不具染性，如來藏本具淨染二性。禪宗為解釋現實眾生不平等、貴賤、智愚、聖凡的差別，主張明心見性，明心以見佛性本自具足，見性以明自心本來是佛。以至把佛性擴大到一切無情物，萬物之中，個個是佛。因此，佛教的心與性，既是超越的，又是現實的，即超越即現實❶。

「心性學」是哲學本體論，即對於天地萬物追根究底的所以然的探究的邏輯發展的必然歸趣。因此，「心性學」是一種主體性哲學思維。這種深層次的哲學思維，在日本德川思想史上，始見於「石門心學」。這就是說，石田梅岩是日本「心性學」的創始者。

考查日本德川思想史，主倡「心」範疇的是中江藤樹和熊澤蕃山。

中江藤樹 (1608–1648) 是日本陽明學的開創者。他跟蹤中國宋明理學在日本傳播的足跡，由朱子學轉趨陽明學，開日本陽明學之端。他親書「致良知」三個大字，揭於楣間，並設立其徒皆攻讀《王文成公全書》。 他以日本陽明學創始人的身份，在日本哲學思想史上，佔有重要地位。為此，中江藤樹吸取並發展了王陽明關於「良知」的思想。歸納藤樹關於「良知」的見解，有如下論述：

第一，良知即本心。他認為良知是我方寸中純一無雜的本心。
第二，良知即天理。藤樹認為心若以天理為主，則人欲亡，故知天理即良心。
第三，良知即道心、本心、真心。他認為由於心有人心和道心的區別，所以，良知是指道心。藤樹又將這個道心，稱為

---

❶ 參閱張立文：《中國心學哲學及其演變》(上)，刊於《中國文化月刊》，頁164。

真心和本心。

第四，良知是吾人自身的本體，故又稱為真吾。

第五，良知又稱為誠。藤樹認為我意達到真實無妄的境界，即是良知。

第六，良知是自反慎獨的境界。《大學考》裡有「獨即良知」的提法，所以，藤樹視慎獨為良知的別名。

第七，良知是明德。《大學》講「在明明德」，藤樹認為這是指良知。

第八，良知是中。中是喜怒哀樂未發的狀態，即寂然的心的本體狀態。所以，藤樹認為中庸的所謂中，是良知的異名。

第九，良知是孝。藤樹認為孝在廣意上，是指世界的實在。孝即良知，良知亦孝。他以孝和良知（心）構成了他哲學思想的骨架──「全孝心法圖」。

第十，良知即道。藤樹認為王陽明說過「道即是良知」，所以，他以道和良知為同一。

第十一，良知是善、是至善。藤樹認為，這是從作用上對良知的稱名。

第十二，良知是悅樂。《大學》十四條中有「心之本體，元有大安樂」等語。藤樹認為這是說，悅愉是良知的本來所有。

第十三，良知即光明。藤樹依據「良知自克和樂光明，故不求明快，而自然明快」的說教，認為光明即為良知。

第十四，良知是仁。藤樹認為孔學的根本是以仁為宗。仁的本體不在心之外，克去私欲，心即仁的本體才可呈露，所以，良知為仁。

第十五，良知即全知。藤樹以一切智為全知，為良知的功能。

第十六，良知廣大無邊，遍及一切。《大學解》云：「良知雖
具方寸之中，卻通天地有形之物，合鬼神吉兇」。藤樹認為良
知貫徹萬象，天地萬物無所不包。

第十七，良知常在不滅。《大學解》又云：「良知不滅不昧」。
為此，藤樹認為良知是萬古不易，常住不滅的。

第十八，良知是聖人。藤樹認為聖人能夠養良知，擴充良知，
並與良知合一。❷

熊澤蕃山 (1619–1691) 曾就學於中江藤樹門下，是繼藤樹之後
的德川前期最大的陽明學者。他曾兩次仕於岡山藩主池田光政，主
管該藩軍務，頗受信用。由於蕃山的宣傳，池田光政漸漸傾向陽明
學，並將中江藤樹長子與門人請來，經常在其花園別邸研討文武之
道。蕃山為這些人起草稱作《花園會約》的學則。其中第一條便是
「今，諸子之會約，以致良知為宗」。蕃山在回憶這一時期生活時也
說：「其時，專於良知之旨」。可見，熊澤蕃山是王陽明「致良知」
說的熱心宣傳者。在世界觀方面，熊澤蕃山也力倡「心」為世界的
根源。他把太虛等同於人心，作為第一性的本源，認為天地萬物都
在人的心中。故他說：「萬物為人而生者也。天地四海亦在吾心中」
「萬法一心，天地萬物皆不外乎心，此盡人皆知也。」❸

如果說主倡「心」範疇的是中江藤樹和熊澤蕃山，那麼，在德

---

❷ 參閱井上哲次郎：《日本陽明學派之哲學》第一章第五節，富山房，
大正13年版，。

❸ 參閱王家驊：《儒家思想與日本文化》，浙江人民出版社1990年版，頁
118；王守華、卞崇道：《日本哲學史教程》，山東大學出版社1989年
版，頁111。

川思想史上，力說「性」範疇的則是伊藤仁齋。

伊藤仁齋(1627–1705)以唯「氣」論思想，開創「崛川學派」，成為日本古學派的一個重要分支。仁齋在強調「氣」範疇的同時，在道德論上，他以孟子的「四端之心」(惻隱、羞惡、辭讓、是非)作為道德之「端本」，認為四心擴大即為仁義禮智。仁義禮智是人性本善的依據。將人性善擴大到極點，即為「王道」，人人皆可以為堯舜。仁齋把這套以四端之心的人性為基礎，擴充達到王道的理論，叫作「聖學」。在政治上，仁齋根據孔孟的仁者愛人，為政以德的原則，提倡仁愛、德政、王道。伊藤仁齋以「仁義禮智」道德論為基本內容的「性」的思想，在日本封建社會中，起到了進步作用。

石田梅岩在吸取上述「心」、「性」思想的基礎上，對「心」、「性」範疇及其與「天」、「形」、「法」、「知」、「行」、「儉約」、「正直」等範疇的關係，進行了較系統的論述，建構了較完備的「心性」系列，開創了日本思想史上的「心性」學。

從哲學邏輯結構的角度，分析石田梅岩「心性」學思想的基本內容，可以看到如下結構圖式：

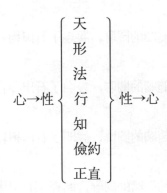

$$心 \rightarrow 性 \left\{ \begin{array}{c} 天 \\ 形 \\ 法 \\ 行 \\ 知 \\ 儉約 \\ 正直 \end{array} \right\} 性 \rightarrow 心$$

這個圖式表明了：

第一，心和性範疇是石田梅岩心性學思想的基礎範疇和核心範疇。他從心、性範疇出發，開放性地論述了人的本性問題、人的價值導向問題和人的行為方式等諸問題，由此形成了他的立體性思想體系。這誠如石川謙博士所說：梅岩心學的中核是「知心見性」四字標宗。所以，切實地把握心、性範疇的內涵和外延，是開啟石門心學的一把鑰匙。

第二，心、性範疇是石田梅岩心性學思想的起點和終點。石田梅岩曾多次講，「得心是學問之初，亦是學問之終」。這就是說，梅岩哲學思想的軌跡，是從「心」範疇始發，進入「性」範疇，進而，以心、性範疇為基點，向主體哲學、道德哲學、實踐哲學、經濟哲學等方向發散。通過對主體哲學、道德哲學、實踐哲學和經濟哲學本體的探究，抽繹出其共性和實體，即「心」和「性」。 這就是對「心」、「性」範疇的回歸。

第三，心、性和天範疇的關聯，標示石田梅岩對人的本質問題的探究。

第四，心、性和形範疇的關聯，表明了石田梅岩對人的價值問題的創想。

第五，心、性和法範疇的關聯，展現了石田梅岩對人的準則問題的見解。

第六，心、性和知範疇的關聯，表白了石田梅岩對人的認知問題的態度。

第七，心、性和行範疇的關聯，說明了石田梅岩對人的實踐問題的觀點。

第八，心、性和儉約範疇的關聯，闡釋了石田梅岩對人的經濟

行為問題的真知。

　　第九，心、性和正直範疇的關聯，明晰了石田梅岩對人的經濟倫理問題的灼見。

　　由此可見，知心，是梅岩的學問之綱；知性，是梅岩的學問之目。綱舉目張，心性學是石田梅岩創立的石門心學的精義之所在。

　　作為石門心學精義的心、性思想，除了是對上述日本德川思想的繼承、發展而外，另一重要來源則是中國古代的心性學理論。

　　筆者以為中國學術思想的核心、中國傳統哲學的本體論基礎，即是心性學。誠如牟宗三、徐復觀、張君勱、唐君毅在《中國文化與世界》宣言中所云：「中國之學術文化當以心性之學為其本源。」「此心性之學，正為中國學術思想之核心，亦是中國思想之中所以有天人合德之說之真正理由所在。」「此心性之學，乃中國文化之神髓所在。」❹中國古代的心性學理論，隨著儒學典籍在日本的傳播亦傳到了日本，並成為石田梅岩心性學思想的來源之一。

　　其中，孟子和朱熹的心性論思想對石田梅岩心性學的形成，影響最大。在梅岩的論著中，隨處可見孟子關於心性問題的論述。可知，梅岩受孟子影響匪淺。歸納起來，梅岩對孟子心性思想的攝取，主要表現為以下三個方面。

㈠梅岩對孟子「性善論」思想的吸取

　　在先秦思想家中，首先明確使用心、性範疇，提出系統心性論思想的是戰國時代的孟子（西元前372–前289）。孟子從心性範疇中開拓出道德主體性的理路，建構起儒家心性論一系。而「性善論」

❹　《中國文化的危機與展望——當代研究與趨向》，臺灣時報文化出版事業有限公司1981年版，頁124。

則是孟子心性論的基本思想之一。孟子的性善論認為，人的道德品質，如仁義禮智等是天生的，是與生俱來的本性。他說：

> 君子所性，雖大行不加焉，雖窮居不損焉，分定故也。君子
> 所性，仁、義、禮、智根於心，其生色也睟然，見於面，盎
> 於背，施於四體，四體不言而喻。❺

這是說，仁義禮智這些天性是與生俱來的，所以，君子得志時不會添加什麼，窮居時也不會減少什麼。因為這是天賦的職分，不會改變。由於君子能存善性，存於中形於外，他的氣色體魄必定方正軒昂，使人一目了然。孟子又說：

> 形、色，天性也；惟聖人然後可以踐形。❻

形、色指形體氣色，即人的儀容和風度，聖人表裡一致，故其善性自然流露於形體，動容中止，無不合乎仁義。

當時，與孟子的「性善論」鼎足而立的尚有：告子的「性無善無不善」論，世碩的「性可以為善可以為不善」論，「有性善有性不善」論等觀點。孟子堅持「性善」論，批評其他三種人性論觀點，說：

> 若乃其情，則可以為善矣，乃所謂善也。若夫為不善，非才
> 之罪也。惻隱之心，人皆有之；羞惡之心，人皆有之；恭敬

---

❺ 《孟子·盡心上》。

❻ 同上。

之心，人皆有之；是非之心，人皆有之。惻隱之心，仁也；
羞惡之心，義也；恭敬之心，禮也；是非之心，智也。仁、
義、禮、智，非由外鑠我也，我固有之也，弗思耳矣。❼

孟子的意思是，善性是指人的實際狀況都可以為善，至於有不善，
也不能歸罪於他的資質不好。因為人性中包含有固有的仁義禮智的
品質在內，人如果注重內省體驗，就可以求得善性而不喪失；如不
向內心追求，善的品質就會喪失。由於人們有的能保存善性，有的
則不能保存，於是便顯出差別，甚至是成倍或十倍的差別。不能保
持者則表現出他不能充分發揮出其固有的善的素質。

孟子的性善論思想成為梅岩的性善哲學理論之一。

㈡梅岩對孟子「盡心、知性、知天」動機論的吸取

在心性修養法上，孟子認為只要把人心固有的道德觀念擴充出
來，仁義就不可勝用了。因此，保持動機的完善最為重要。這種動
機決定論便是「存心」、「養性」，又叫「盡心」、「知性」、「知天」。
孟子說：

盡其心者，知其性也。知其性，則知天矣。存其心，養其性，
所以事天也。夭壽不貳，修身以俟之，所以立命也。❽

盡心，即保持善心；知性，即保持善性。盡心和知性，實際是一回
事，是擴充存養的過程。這個過程的第一步是「養心寡欲」。即培

---

❼　《孟子・告子上》。
❽　《孟子・盡心上》。

養「浩然之氣」。 這種「浩然之氣」能使人在心情平靜狀態中，擴
充四端，「若火之始燃，泉之始達，苟能充之，足以保四海」❾。其
第二步是「反身而誠」。「是故誠者，天之道也。思誠者，人之道也。
至誠而不動者，未之有也。不誠，未有能動也」❿。這是說，道德
行為，必須時時反思，如果不誠心誠意，就不會有真正的道德行為。
誠是天之道，反身而誠是人之道，至誠可以感動一切，不誠則什麼
也感動不了。通過第一步和第二步的道德修養，人們就可以把精神
集中於道德，把先天善端變成自覺的道德意志，這就達到了「知天」。

梅岩吸取了孟子的這種「盡心、知性、知天」思想，並進一步
演繹為「生生哲學」。

㈢梅岩對孟子「求放心」說的吸取

為保持善端，檢討和克除不善的欲念，孟子又提出了「求放心」
說。

> 仁，人心也；義，人路也。舍其路而弗由，放其心而不知求，
> 哀哉！人有雞犬放，則知求之；有放心而不知求。學問之道
> 無他，求其放心而已矣。⓫

求放心即是進行思想意識方面的反省，將客觀追求不到的，轉向主
觀追求。

梅岩在論述性善修養時，採納了孟子的這種主觀追求法。

---

❾　《孟子・公孫丑上》。

❿　《孟子・離婁上》。

⓫　《孟子・告子上》。

　　除孟子而外，朱熹的心性思想對石田梅岩亦有影響。這種影響，
表現為以下兩個方面：

　　其一，朱熹「心統性情」說對梅岩的影響。

　　「心統性情」是朱熹心性思想的重要內容。朱熹的「心統性情」
說含有兩個意思。一是心兼有性情，二是心主宰性情。如他說：

　　　　性是體，情是用，性情皆出乎心，故心能統之。統如統兵之
　　　　統。⓬
　　　　心者兼性情而言，包乎性情也。⓭

朱熹從體用一源、顯微無間的原則出發，通過闡明心、性、情的關
係，以論證「心統性情」說。

　　　　心有體用，未發之前是心之體，已發之際乃心之用。如何指
　　　　定說得！蓋主宰運用底便是心，性是會憑地做底的道理。性
　　　　則一定在這裡，到主宰運用了卻在心。情只是個路子，跟這
　　　　路憑地去底，卻又是心。⓮

　　朱熹的這種「心統性情」思想，被石田梅岩發展為「心兼性
情」。

　　其二，朱熹「格物致知」的心性修養對梅岩的影響。

　　朱熹在心統性情的基礎上，提出了「格物致知」的心性修養方

　⓬　《朱子語類》卷九八。

　⓭　同上書，卷二〇。

　⓮　同上書，卷五。

法。他說：

> 未見端倪發見時，且得恭敬涵養，有個端倪發見，直是窮格
> 去。亦不是鑿空尋事物去格。
> 涵養於未發見之先，窮格於已發見之後。⑮

朱熹強調心性修養的過程是，未見端倪時涵養，端倪發見時格物致知以保證感情沿著正確方向發展，而不是在感情發展起來後再格物致知。關於「格物致知」的具體內容，朱熹解釋「格」為「至極」之意，即重視見聞和理智推理的作用。他明確地把「心之靈」作為認識主體，把「物之理」作為認識對象。而作為主體的心，具有體用關係。心之體是性具於心，「湛然虛明，萬理具足」；心之用是知覺、思維作用。物之理，則是指事事物物之理。朱熹認為格物窮理是「因其所以知及其所未知」，「求乎其極，致於用力之久，而一旦豁然貫通焉，則眾物表裡粗精無不到，而吾心之全體大用無不明」⑯。這就是說，心具理是本心，運用心之靈從感性到理性即物窮理，再上升到直覺就可以使心之理與天之理相互印證，達到吾心之全體大用無不明的境界。

朱熹的這種「格物致知」心性修養法，被石田梅岩進一步拓展為「實踐哲學」。

就這樣，石田梅岩學貫日中心性學思想，構築了具有日本傳統文化特色的心性學——石門心學。

---

⑮ 《朱子語類》卷一八。

⑯ 同上書，卷一五。

第二節　「心性學」——石田梅岩的中核

石田梅岩關於心性學的論述，主要集中在《都鄙問答》和《石田先生語錄》中。他的心性學思想是一個開放的立體思維，如下圖所示：

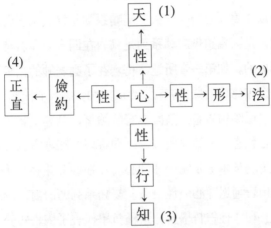

在這個開放的思想體系中，「心」範疇是中核範疇。之所以說它是一個中核範疇，是講「心」首先開顯為「性」，進而，心、性範疇向四個不同的方向繼續開顯為四個範疇系列。即：

伸向「生生哲學」和「性善哲學」的「心→性→天」範疇系列。

伸向「道德哲學」和「價值哲學」的「心→性→形→法」範疇系列。

伸向「認知哲學」和「實踐哲學」的「心→性→行→知」範疇系列。

伸向「儉約哲學」和「經濟哲學」的「心→性→儉約→正直」

範疇系列。

這四個範疇系列的關係為：

「心→性→天」範疇系列構成梅岩心性學的第一層次，「心→性→形→法」範疇系列是構成梅岩心性學的第二層次，「心→性→行→知」範疇系列是構成梅岩心性學的第三層次，而「心→性→儉約→正直」範疇系列則是構成梅岩心性學的第四層次❶。

筆者之所以認為「心→性→天」範疇系列是構成梅岩心性學思想的第一層次，是因為這個範疇系列是梅岩在四十歲左右時，經過兩次開悟後形成的。如第一章所述，梅岩在了雲老師的指導下，經過苦思苦慮，日夜修煉的艱苦歷程，終於開悟，悟到了什麼是「心」，什麼是「性」。反映梅岩這一階段思想的論著，是其主著《都鄙問答》。《都鄙問答》卷之一第一段《都鄙問答段》和卷之三《性理問答段》中，記述的基本上是關於「知心」、「知性」、「心」、「性」等方面的論述。梅岩通過「心→性→天」範疇系列的研討，形成了他的「生生哲學」和「性善哲學」。這種哲學代表了梅岩關於人的本質、人的本性問題的基本觀點。

筆者之所以說「心→性→形→法」範疇系列是梅岩心性學思想的第二個層次，是因為石田梅岩在《都鄙問答段》中說：

> 孟子又曰：學問之道無他，求其放心而已。知此心後，踐聖人之行而取法。❶

---

❶ 日本學者相良亨教授在《石田梅岩的思想》一文中，將石田梅岩的學問分為兩個階段。第一個階段為「知心」、「知性」，第二個階段為「踐形」、「取法」。筆者參考這一思想，認為石田梅岩的心性學思想應分為四個層次。

這表明，梅岩認為當「知心」之後，就應該「踐形」、「取法」。這就是說，「心→性→形→法」範疇系列是梅岩在對人的本質、人的本性問題探討基礎上，由內向外的延伸，即對人的價值和人的道德問題的回答。因此，「心→性→形→法」範疇系列闡明了石田梅岩關於「價值哲學」和「道德哲學」方面的思想。

石田梅岩認為，「踐形」、「取法」的發展趨勢，必然是力行、實踐，即「心→性→行→知」範疇系列的展開。為此，筆者以為「心→性→行→知」範疇系列是梅岩心性學思想的第三個層次。這第三個層次思想的形成，集中在梅岩四十五歲開講後，即創建石門心學之後一段時間。梅岩在回答弟子們關於「心」、「性」、「知」、「行」關係問題時，重點闡述了「心→性→行→知」的遞進關係及其哲學意義。由此，構成了他的「認知哲學」和「實踐哲學」。梅岩的「認知哲學」和「實踐哲學」是第二層次的「價值哲學」和「道德哲學」的再次向外延伸，是對人的行為方式的探求。

而「心→性→儉約→正直」範疇系列，可以說是石田梅岩心性學第三層次的「認知哲學」和「實踐哲學」的具體化，即在經濟觀方面的具體展開。這一具體展開，使之構成了梅岩心性學思想的第四層次。

「儉約」是石田梅岩思想中的專利範疇。日本學者對此十分注意，在他們的著作中，幾乎都用專章、專節篇幅，對此進行專門論述。但筆者以為，「儉約」只是梅岩心性學思想中的一個重要部分。這就是說，「儉約」範疇離不開「心」、「性」範疇，因為「心」和「性」是「儉約」思想的源頭。「儉約」的形成，是「心」、「性」在經濟觀方面開顯、外化的結果。

⑱　《石田梅岩全集》上卷，頁4。

之所以說「心→性→儉約→正直」範疇系列是梅岩心性學思想的第四層次，理由有二。一是從時間上看，「儉約」思想形成較晚。梅岩關於「儉約」的代表作《儉約・齊家論》刊行於延亨元年(1744)五月，四個月之後，梅岩便謝世了。二是從理論體系上看，「儉約」思想反映的是作為商人哲學家梅岩的經濟觀。這可以說是梅岩心性學思想體系的第三層次「認知哲學」和「實踐哲學」在經濟觀方面的具體展示。梅岩通過對「儉約」的論述，闡明了商業社會的經濟合理主義，從中可以看到他的經濟哲學思想。

由此可見，石田梅岩的心性學是一種從內向外、從主體到客體、從精神到行為、從意志到實踐的不斷外化的主體性哲學。這種主體性哲學對日本德川時代商人主體地位的確立及對西田哲學[19]的形成，都具有決定性影響作用。為此，有必要沿著「心」不斷開顯的軌跡，詳探這種主體性哲學的實質內容。下面，就對構成石田梅岩心性學的四個範疇系列，進行具體分析。

㈠關於「心→性→天」範疇系列

石田梅岩將孟子的「盡心、知性、知天」思想作為他心性學的立教宗旨。他說：

> 我因孟子的盡心、知性，則知天說與吾心合無疑，故其為立教宗旨。[20]

又說

---

[19] 西田哲學即為西田幾多郎的哲學。

[20] 《石田梅岩全集》上卷，頁11。

學問之至極，則是盡心、知性，知性則知天矣。㉑

可見，梅岩對孟子「盡心、知性、知天」思想的重視。這是石田梅岩對中國心性學思想的吸取和認同。但是，作為日本商人哲學家的梅岩，在吸取和認同的基礎上，對中國的心性學思想又進行了改易和創新。這種改易和創新，表現為梅岩把孟子的「盡心」和「知性」，改為「知心」、「知性」。如他在《都鄙問答》中常常講：

> 知性是學問的綱領。……故知心是學問之初。
> 若要知心，不可不讀聖人之書。
> 《論語》一書皆是聖人之心，若不知心，以何為法修身教人？孔子曰：人能弘道，非道弘人。心能盡性，人能宏道。人之外無道，道之外無人。人之心有覺，以此可弘道。覺之心為體，人之大倫為用。體立，用行。其用為君臣父子夫婦朋友之交。仁義禮智的良心是行五倫之心。汝不知此心為一也。㉒

他教導弟子時也常說：

> 年輕時，為了知道聖人之教的意思，我經常聽講座。漸漸地，根據講座所聞，總在考慮一個問題：怎樣才能「知心」、「知性」？㉓

㉑　《石田梅岩全集》上卷，頁71。

㉒　同上書，頁5、7、97。

㉓　《石田先生語錄》第131條，見《石門心學》，頁90。

誠如源了圓教授所說，「知心」、「知性」這一用語，在梅岩思想中佔有絕對的優勢，是不可輕視的用語❷。

如上文所述，在孟子思想中，「盡心」和「知性」是指擴充存養的過程。「盡心」即存心，意為保持心的完善無缺。如孟子說：「大人者，不失其赤子之心者也。」❷所謂赤子之心即是沒有受到任何不善薰染的純潔之心，存心即保持這種赤子之心而不失掉。可見，孟子的「盡心」、「知性」旨在說明對完善無缺的心的保持和發揚。石田梅岩接受了孟子的這一思想，並從確立商人的主體地位這一現實出發，而強調「知心」、「知性」。

筆者以為梅岩之所以強調「知心」、「知性」，是為了突出道德修養的主觀性和內省性。更確切地說，是為了突出商人的主體性。因為「心」是人體的特殊器官，其特點是能「思」，即具有思維和認識的功能。梅岩將「盡」字換成了本身就具有認識意義的「知」字，就更加突出了心的認識功能以及發揮這種功能對於達到正確認識、完成道德修養的重要性。所以，「知心」即「思」之義，「知心」的目的是為了「立心」。這就是說，梅岩以為要成為具有高尚道德的人，不需要向外尋求於物，而必須要向內反觀於心。運用心的思維功能，認識、擴充和發揚自己內心本已存有的善端，使之確立於心，達到高度的道德自覺，成為士、農、工、商四民等級社會中，像武士那樣有威嚴、有用的商人。

同時，在梅岩的用語中，「知心」和「知性」，常常是並列使用。而這就涉及到了「心」和「性」的關係問題。從《都鄙問答》和《石田先生語錄》中關於「心」與「性」關係的記述來看，梅岩看到了

---

❷　源了圓：《石田梅岩論》，見《石田梅岩的思想》，頁99。

❷　《孟子・離婁下》。

「心」與「性」的相殊性，但更多的情況，是他對「心」與「性」相同性的認可。

　　例如，關於「心」與「性」的區別，在《石田先生語錄》中，有這樣一段詳細記錄：

　　　　行藤氏問：心和性有異嗎？
　　　　先生答曰：心兼性情，有動靜體用。性為體為靜，心為動為用。……心屬氣，性屬理。❷

根據柴田實教授的註釋，石田梅岩的這一段論述，是對宋儒陳淳的《北溪字義》的運用。《北溪字義・心》寫道：

　　　　心有體有用。具眾理者其體，應萬事者其用。寂然不動者其體，感而遂通者其用。體即所謂性，以其靜者言也；用即所謂情，以其動者言也。……
　　　　性只是理，全是善而無惡。心含理與氣，理固全是善，氣便含兩頭在，未便全是善底物，才動便易從不善上去。❷

這表明，在「心」、「性」的區別上，石田梅岩基本上採取了從朱熹到陳淳這一「理本論」派系統的觀點。但筆者以為，在這個問題上，梅岩與朱熹和陳淳之間，也存在著一點微妙的差異。如上文所記，梅岩回答行藤氏問題的第一句話便是「心兼性情」。此語出自朱熹的「心統性情」。而朱熹的「心統性情」是針對宋儒胡宏的「論心

---

❷　《石田先生語錄》第81條，見《石門心學》，頁68。
❷　陳淳：《北溪字義》，中華書局1983年版，頁11–12。

卻不言情」觀點而發的。所以，朱熹特意說：「心統性情，統猶兼也。」❷這裡「兼」的意思是講，性代表靜、體、未發；情代表動、用、已發，心兼性情，即心「包著這性情在裡面」❷之義。而梅岩的心性觀與胡宏極相似❸，也是言「心」、言「性」，但不言「情」。如《都鄙問答》和《石田先生語錄》，幾乎都沒有提到「情」這一概念。但是，梅岩在論及心、性區別時，確實又說過「心兼性情」。對於這一現象，筆者作如下解釋。

因為梅岩只講「心」、講「性」，但不講「情」，所以筆者以為梅岩的「心兼性情」說的實質是「心兼性」或「心包性」。這大概又是受朱熹和陳淳思想的影響。「具此性者，心也。故曰：心者，性之郛廓」❸，朱熹這樣說過。「心只似箇器一般，裏面貯底物便是性。康節謂『心者，性之郛廓』，話雖粗而意極切。蓋郛廓者，心也。郛廓中許多人煙，便是心中所具之理相似，所具之理便是性。即這所具的便是心之本體」❸，陳淳也這樣講過。梅岩吸取朱熹和陳淳這一說法的目的，是為了強調性的本體意義。誠如他在回答行藤氏提問時所說「性屬理」、「性為體為靜」，「心屬氣」、「有動靜體用」。所以，在「性」與「心」的相殊點上，石田梅岩更加注重的是「性」的本體意義。這也是他經過兩次開悟後所得到的「一點真骨血」。

---

❷　《朱子語類》卷九八。

❷　同上書，卷六〇。

❸　筆者以為梅岩的心性觀與胡宏的心性理論有許多相似處。如講「心」、講「性」，但不講「情」；強調「性」的本體性；主張「性」通「天」等。但從筆者掌握的資料看，沒有關於梅岩直接吸取胡宏思想的記載。

❸　《朱子語類》卷一。

❸　陳淳：《北溪字義》，頁11。

對於「心」與「性」相一性的認同，是梅岩心性學的一個基本觀點。表述這一基本觀點的代表性公式為：

本心＝自性

關於「自性」，柴田實教授的註釋說：

> 自性是從天給予自己的本性。自性是對程朱學的性通天地本體說法的發展。自性也是梅岩最重要的用語。❸

石田梅岩自己解釋「自性」為：

> 自性是天地萬物之親。❸

何謂「自性是天地萬物之親」？梅岩自己又解釋道：

> 問知性問題——現在看到的、聽到的是什麼東西？行是什麼東西？住是什麼東西？坐是什麼東西？臥是什麼東西？這些東西用眼睛是看不到的。只有憑藉成年累月的積累功夫，才能終於知道見聞、覺知、行住、坐臥的實質。這就是自性。❸

這表明，石田梅岩認為「自性」是不能用眼睛看到的東西，也就是說「自性」是不能憑藉知識被感知到的東西，而只能通過「修行」才能獲得到。梅岩的「修行」功夫，如第一章所述：

---

❸ 柴田實：《石門心學》第55頁的上部註釋。

❸ 《石田先生語錄》第54條，見《石門心學》，頁55。

❸ 《石田先生語錄》第186條，見《石田梅岩全集》下卷，頁226。

自那之後，他事不入心，朝朝暮暮只是想如何盡心、勞身，
這樣的日子過了一年有半。愚母生病時，看護二十餘日。一
日，久坐起身立出，忽然感到以前關於性的種種疑慮，全都
煙消雲散，如晴空一般。……二十年來的疑慮，不是通過文
字得到了解答，而是在修行中得到了解疑。❸

那麼，梅岩修行開悟後，體悟到的「自性」是什麼呢？

那時，看到鳥在空中飛、魚在淵中躍，自身是裸體蟲。知道
自性是天地萬物之親，實在是極大的喜悅。❸

可見，「自性是天地萬物之親」的內容，就是要自覺到鳥飛於天，魚
躍於淵這一自然界中物存在的至理。在自覺到這一至理的同時，更
要自覺到「人自身是裸體蟲」這一人存在的根本道理。而這一根本
道理才是「自性是天地萬物之親」最重要的內容。所以，梅岩在忽
然感悟到「自性」是什麼時，特意在《都鄙問答》中寫道：

堯舜之道，孝悌而已。魚在水中游，鳥在空中飛。詩云：鳶
飛戾天，魚躍於淵。觀上下之道，何疑之有？人是孝悌忠信。
除此而外，還會是什麼呢？❸

這表明，在自覺到魚在水中游，鳥在空中飛是它們存在的方式的同

---

❸ 《都鄙問答・都鄙問答段》，《石田梅岩全集》上卷，頁8。
❸ 《石田先生語錄》第54條，見《石門心學》，頁55。
❸ 《都鄙問答・都鄙問答段》，《石田梅岩全集》上卷，頁8。

時，更應自覺到人生存的方式只是孝悌忠信。真正自覺到這一點時，才會感悟到「自性是天地萬物之親」的具體內容。

將石田梅岩上述兩段話的主要內容合在一起，可以看到，他認為：「自性」是「天地萬物之親」。其內容為人自身是「裸體蟲」，是「孝悌忠信」。正因為人自身是「裸體蟲」，所以，一方面人與天地萬物渾然成為一個整體，「天心即人，人心即天」❸；另一方面，人也像魚在水中游、鳥在空中飛一樣，在宇宙中具有固有的、本來的、真實的存在方式，這就是「孝悌忠信」。「孝悌忠信」是人的天心的存在方式。「孝悌忠信」也是人的「天地萬物之親」這一自性的自覺存在方式。

在石田梅岩的心性學中，具有上述意義的「自性」與「本心」概念基本上是相一的。柴田實教授註釋石田梅岩的「本心」概念時說：

　　本心相當於心學中最尊貴的自性。梅岩也說過「得此心是學
　　問之初，亦是學問之終」。❹

從「本心＝自性」這一公式出發，石田梅岩的心性學拓展為兩種哲學思維：其一是生生哲學，其二是性善哲學。

首先，闡釋梅岩的「生生哲學」。

石田梅岩在《都鄙問答》卷首第一句話便說：

　　大哉乾元，萬物資始，乃統天。雲行雨施，品物流行。乾道

---

❸　《都鄙問答・性理問答段》，《石田梅岩全集》上卷，頁105。

❹　《石田先生語錄》第131條註釋，見《石門心學》，頁90上部。

變化，各正性命也。天與之樂，實乃樂哉。 ❹

這是梅岩對活生生的世界的描述。他認為，天地處在生生之中，在天地的生生之中，萬物得以生生。萬物的生生如「鳥在空中飛、魚在淵中躍」， 如「花為紅、柳為綠」一般，即萬物都在它們理所當然的位置上，以它們理所當然的方式生生著。這就是「乾道變化各正性命也」。 而人也在這生生之中生存著。人也像萬物一樣，根據天地的生生原則，在萬物的生生中，以人理所應有的方式，生生著。梅岩將人理所當然的存在方式，規定為「裸體蟲」。

人是「裸體蟲」。 裸體的人，沒有任何包裝和面具，直截了當地以自己的本心、本性與天道相通、相融、相知。這就是石門心學的立教宗旨：知心、知性，則知天。「心→性→天」的聯結所顯示的是，人憑著「本心」、「自性」，直接與天相合。這種「天人合一」，無需第三者的介入，是人的「本心」、「自性」直接開顯的結果。這種「天人合一」， 也是天心與人心、天性與人性直接冥合的結果。所以，石門心學「天人合一」的要點，是人的主體性和能動性功能的表現。為此，石田梅岩又說：「人是一個完整的小天地」，「我和天地渾然為一物」 ❹。這表明，人正是憑藉著「自性」，即「天地萬物之親」 ── 人與天地的相通、相親，而與天、與地、與世界萬物和合，在天地的生生中生存著、生長著、生活著。由此可見，「自性是天地萬物之親」是石田梅岩「生生哲學」的理論基石。

正是由於梅岩以「自性是天地萬物之親」為其「生生哲學」的理論基礎，所以，他的生生哲學有其獨特性。

---

❹　《都鄙問答‧都鄙問答段》，《石田梅岩全集》上卷，頁3。

❹　《都鄙問答‧性理問答段》，《石田梅岩全集》上卷，頁103、105。

在日本德川思想史上，伊藤仁齋以其「天地為一大活物」說而主倡「生生哲學」。伊藤仁齋吸收了中國明代儒者吳廷翰的「氣」的思想，主張「氣一元」論。他說：「蓋天地之間，一元氣而已。或為陰，或為陽，兩者只管盈虛消長往來感應於兩間，未嘗止息，此即天道之全體，自然之氣機，萬化從此而出，品匯由此而生。」❹❸仁齋把世界看成是「一元之氣」的形成，並進一步將這「一元之氣」的世界看成為「一大活物」。如他說：「聖人以天地為活物，異端以天地為死物。……蓋天之所以為活物者，以其有一元之氣也」。「唯天地一大活物，生物而不生於物，悠久無窮，不比人物之有生死也。」❹❹可見，仁齋是以「氣」的「生生不息」功能作為其「生生哲學」的理論基石。

同伊藤仁齋的這種唯「氣」的「生生哲學」相比較，石田梅岩「生生哲學」的特點，則在於強調「本心」、「自性」的功能，也就是對人的主體性、自主性作用的強化。如他說：「生天地萬物者為心。其所生之物各白得到了生天地萬物的心，並以此心為自己的心。」❹❺可見，梅岩強調「心」是生生的根源。正是由於這一點，不妨把梅岩的生生哲學稱為「心」的生生哲學。

石田梅岩的「生生哲學」不僅與日本伊藤仁齋的「生生哲學」不同，而且與中國大儒朱熹的「生生哲學」也有所區別。

作為理學集大成者的朱熹，以「理」、「氣」範疇來解釋宇宙中的「生生」問題。如他說：「天地之間有理有氣，理也者，形而上之道也，生物之本也；氣也者，形而下之器也，生物之具也。」❹❻

---

❹❸　《語孟字義》卷上，《日本倫理匯編》第5冊，頁11。

❹❹　《童子問》卷中，《日本倫理匯編》第5冊，頁130。

❹❺　《都鄙問答‧性理問答段》，《石田梅岩全集》上卷，頁125。

朱熹認為，宇宙間「理」先「氣」後，「理」本「氣」末。「理」是
生物之本，但它不能直接生物，只能憑藉「氣」生物。由於「氣」
具有陰陽、消息、聚散、變化的功能，故物為氣生，但每一物中又
聚有理。這就是以朱熹為代表的中國「理本論」的理氣生生說。

　　與這種理氣生生說相比較，梅岩主張呼吸生生說，即用人的呼
吸作用解釋生生。如他說：

> 　　孔子《易》一陰一陽之謂道。繼之者善也，成之者性也。天
> 地是一陰一陽，陰陽之外無它物。……人的口和鼻的息，就
> 是天地的陰陽。……呼吸是天地的陰陽，而不是你的息。如
> 果你和天地的陰陽不相一致，那麼你突然就會死去。你應該
> 明白陰陽之外無生命。吸息是陰，吐息是陽，繼之者為善。**❹**

這表明，石田梅岩認為人不是天地間一個孤立的人，人已經和天地
融為一體，所以，人的呼吸不僅僅是人自己的事，而是天地的呼吸，
天地的陰陽。人的呼吸與天地的呼吸共振，這就是天地之道——陰
陽。陰陽是天地間生生不息的根源。這就是「一陰一陽之謂道。繼
之者善也，成之者性也」。這裡，梅岩以「呼吸」而不用「理氣」
解釋「生生」，其目的仍然是強調人的主體作用。

　　其次，分析梅岩的性善哲學。

　　人性善與人性惡是指人的本質的肯定性與否定性屬性。在這個
問題上，石田梅岩贊同孟子的「性善」理論。如針對孟子的性善論
和告子的性無善無不善論的對立，梅岩說：

---

❹　《答黃道夫》，《朱文公文集》卷五八。

❹　《都鄙問答・性理問答段》，《石田梅岩全集》上卷，頁100。

告子講性無善無不善。這樣講，分不清性善與性不善。善是無，不善也是無。孟子的性善，實際就是天地。為何這樣說？因為人睡著時是無心之活動，即呼吸。這種呼吸，並非我（人）的氣息，而是天地的陰陽二氣在我體內出入形跡的活動，即天地的浩然之氣。所以，我（人）與天地渾然一體貫通。這就是人性善。性善說與《易》自然相合，不可區分先後。應該是默默地作工夫。《易》說天地無心。其無心是講陰陽的一動一靜，繼之者為善。《易》的微妙之處與告子的無善無不善說，是不能夠相提並論的。孟子的性善說是脫離了生死的天道，與告子的念念不忘生死不一樣。❹

由此可見，梅岩所理解的性善的「善」， 不是現實社會中與「惡」相對的「善」，而是超越了善惡的「善」，即善惡的彼岸的「善」。從這種「善」觀念出發，他認為世人誤解了孟子的「性善」理論。「世人對孟子的性善說多有誤解。以為性善就是世上都是善人，不應該有惡人。但實際惡人也很多，於是懷疑性善是個虛名。為什麼會這樣呢？因為人們只看到了這是善、那是惡，善惡相對的善。這就失去了聖人的宗旨，是很大的誤解」❹。那麼，石田梅岩「性善」論的基本內容是什麼呢？

第一，「心→性→天」是石田梅岩「性善」論的理論基礎。

如上述梅岩引文所云，他認為孟子的「性善」指的是「天地之性」，是「天地人渾然一體貫穿」的境界。這種境界也就是「知心」、「知性」則「知天」的「天人合一」。 在這種「天人合一」的狀態

---

❹ 《都鄙問答・性理問答段》，《石田梅岩全集》上卷，頁103。

❹ 同上書，頁101。

中，人的生命與宇宙的生命相和合。這就是說，人將天地的陰陽、動靜視為自己生命（呼吸）活動的繼續，「繼之者為善」。在這重意義上，可以說石田梅岩是把人與天地完全溶為一體的狀態，叫作「性善」。

第二，「性善」是生命的原初。

石田梅岩說：

> 不論聖人、賢人、小人，現在的活動都是呼、吸。繼承了呼吸這二者，無形也是萬物之體。其名為善。❺⓪

在這裡，梅岩將生命原初的事實（呼吸）稱為「性善」，其實質是要說明人的本性、人的本質是「善」。這種「善」不是與「惡」相對的「善」，而是絕對的「善」，即超越了善惡對立的彼岸的「善」。這種彼岸的「性善」，只是體悟到「自性」時才可以理解其要義。誠如梅岩所說：其性從人至禽獸草木，皆受天生之理。松為綠、櫻為花、羽物在空中飛、鱗物在水中泳、日月懸於天，皆是一理。人與物同，人之性也來自天。但是，人又與物異，這就是人的本性是偉大的。人的自性的偉大，就在於人能自覺到「自性是萬物之親」。所謂「自性是萬物之親」的自覺，就是「孝悌忠信」的行為。「孝悌忠信」也就是「性善」的表現。這種表現是人的本性的外化，是人本質的必然流露。所以，梅岩講「自性」不是別的什麼東西，只能是「孝悌忠信」。「自性是孝悌忠信」就如同是「葉為綠、花為紅」的本性一樣，是自然而然的，是本來具有的。為此，梅岩把作為生命原初的「性善」又稱為「元性善」。

❺⓪　《都鄙問答・性理問答段》，《石田梅岩全集》上卷，頁102。

第三，「求放心」是恢復「元性善」的途徑。

既然人的本性是「善」，但現實社會中又常常有「惡」，如何解釋這一現象呢？梅岩說：

> 這好比種田地。百姓用力同、施糞同、種的植苗同，應該收穫也相同。但常常收穫有異，有的地收三石米，有的地則收一石五米。收一石五米的地，可視為惡心；收三石米的地，可視為善心。……這樣，土地相同，卻有上田、下田的區別。然而，土地的理是相同的，通過施肥，下田可以變成中田、中田可以變成上田。由地比喻人。下田是小人，中田是賢人，上田是聖人。聖人和賢人和小人也是可以變的。因為人的元性善相同，通過學習，漸漸地小人成為賢人，賢人成為聖人。這就是性一的證明。❺

這說明，由於土地之埋即土的性質相同，只要適當施肥，下田可以變中田，中田可以變上田。同樣，由於人的「元性善」相同，只要採取一定的措施，惡人也可以變成善人。這個措施就是孟子的「求放心」。梅岩教導其弟子說：「《孟子·告子上》篇曰：仁人，心也。放其心而不知求，哀哉。人有雞犬放，則知求之，有放心而不知求。學問之道無它，求其放心而已矣。」❻石田梅岩認為人人心中具有「元性善」，這是與生而來的。有的人能夠存養擴張，成為善人；也有的人將其丟失，成為惡人。去惡從善的唯一途徑，就是孟子的「求放心」，即反求諸己的修養功夫。具體講就是檢討和克除不善

---

❺　《都鄙問答·性理問答段》，《石田梅岩全集》上卷，頁102。
❻　《石田先生語錄》第83條，見《石門心學》，頁78。

的欲念，進行思想意識方面的反省。客觀上追求不到的，只要向內心追求，便可得到滿足。梅岩贊同孟子「求放心」的實質，仍然是在強調人的主體性，主觀能動性的作用。

通過上述分析可以看到，「心→性→天」範疇系列的外化過程，即是「知心」、「知性」則「知天」的開悟過程。石田梅岩試圖通過這一外化和開悟的過程，展現人的本性、人的本質的具體內容。這就是「自性是天地萬物之親」、是「孝悌忠信」，人的本性是偉大的，是「元性善」。

㈡關於「心→性→形→法」範疇系列

如果說「心→性→天」範疇系列是對人的本性和人的本質問題的揭示的話，那麼，「心→性→形→法」範疇系列則是對人的價值、人的道德和人的行為方式諸問題的展示。

日本學者源了圓教授在評價石田梅岩思想時曾說過：

> 梅岩是價值論的創始者。我不能不得出這樣一種新的結論。❸

石田梅岩之所以能夠被譽為是日本價值論的創始者，這還要從他哲學思想的「形」範疇談起。而要了解「形」範疇的內涵和意義，首先就要理解「形」範疇和「心」範疇在梅岩哲學思想中的關聯。

在石田梅岩的哲學思想中，本心＝自性，自性是「天地萬物之親」。「天地萬物之親」的意思是說，天心是天在生育萬物時寓於萬物之中的心。所以，天心就是萬物的心，就是萬物的存在方式。梅

---

❸ 源了圓：《石田梅岩論》，見《石田梅岩的思想》，頁98。

岩思想中的「心」，如石川謙博士所說：「心不是與物相對立的存在。
……換言之，否定物，並沒有直接否定心；但否定心時，便斷然得
不到物。……所以，梅岩的心，不像朱子學派或陽明學派的心那樣，
即不是與形色脫離的、抽象的一般者，而是在形色中顯現的、具體
的、普遍的，同時又是作為特殊的東西來把握的。這就是梅岩心學
獨特的理解。」❸石川謙博士的意思是說，梅岩思想中的心，是寓於
形色之中，與形色有著密切關係。至於「心」與「形」的密切關係，
用梅岩自己的話來說，即為：

　　　　形直接就是心。
　　　　心由形。
　　　　寒暑直接是心。

　　這些話都出自梅岩的精典著作──《都鄙問答》。梅岩在《性理
問答段》裡講：

　　　　本來，有形者直接就是心。如晚上睡覺時，睡姿亂七八糟的，
　　　　沒有形。

這是說，形直接就是心。又講：

　　　　又如孑孓在水中不能叮人，但變成蚊子就會咬人。可見，心
　　　　由形。

---

❸　石川謙：《石門心學史的研究》，見《石田梅岩的思想》，頁165。

這是說，有蚊子的形，便有蚊子的心，就要叮人、咬人。所以，心
由形。還講：

> 我是萬物之一，萬物由天所生，是天之子。你不根據萬物，
> 又根據什麼生心呢？所以，萬物是心。寒來時，身便屈；暑
> 來時，身便伸，寒暑直接是心。❺

這是講寒暑直接是心。

以上三段引文表明，梅岩認為有什麼樣的「形」，就具有什麼
樣的「心」。「心」與「形」是相即相一的。如具有武士形的人，一
定有武士的心；具有町人形的人，一定有町人的心。梅岩心形關係
的這種思想，一方面是梅岩哲學體系中「心→性→形」的範疇邏輯
發展的必然，另一方面也是受莊子思想的影響。如第二章所述，在
《莊子·秋水》中有「夔憐蚿，蚿憐蛇，蛇憐風，風憐目，目憐心」
的喻言。梅岩引伸其義，用來說明「形直接就是心」的思想。「夔
有一隻腳，因此有夔之心；蚿有百隻腳，因此有蚿之心；蛇無足，
因此有蛇之心……」❺。

既然「形直接就是心」，那麼梅岩思想中的「形」也一定具有
其特別意義。梅岩認為對自然界中的物來說，其物存在的形式、方
式，就是「形」。如鳥在空中飛、魚在水中躍、柳綠、花紅……這
些鳥、魚、樹、花存在的各種方式，就是各種各樣的「形」。自然
界中的這種「形」，也適用於人間社會。石田梅岩認為，人間社會
的「形」主要有四類，即：士、農、工、商。這是來自天命的「職

---

❺　《都鄙問答·性理問答段》，《石田梅岩全集》上卷，頁105、113。

❺　《石田先生語錄》第96條，見《石門心學》，頁469。

分」。　同時，在德川封建等級社會中，每一個人又在封建階層秩序中佔有一個位置，這也是「形」。而這種「形」，又可以稱為「身分」。所以，按照相良亨教授的觀點，石田梅岩所謂的人間社會中的「形」，應分為兩類：一類「形」是職業的形，即「職分」；另一類「形」是身分的形，即「身分」。

其中，關於「身分」──身分的形，梅岩這樣解釋：

> 雖說天賦萬物之理相同，但形有貴賤。貴食賤乃天之道（中略）。以此證明君貴臣賤。只聽說過賤臣替貴君死，未聞貴君替賤臣死。故賤替貴，乃天地之道，不是私心。**❺⑦**

這說明，石田梅岩認為身分的「形」有貴賤之分，貴上賤下、貴食賤、賤替貴是貴賤身分等級秩序的規律。這是梅岩對德川封建社會階級秩序現實的肯定。由於梅岩出身於農村，少年和青年時代去商家奉公，因此對社會中存在的明確的身分秩序持肯定態度。這是石田梅岩關於「形」思想的一個方面。

石田梅岩關於「形」思想的另一個更重要、更具有石門心學特色的方面，就是職業的形──職分。

日本德川社會結構的框架是四民等級社會。商人排列在武士、農民、工匠之下，為四民等級社會的最下等級。石田梅岩作為商人哲學家，為了確立商人的主體地位，他強調職業的「形」沒有貴賤的區別。如他說：

> 士農工商，皆天下之治相。治理四民是君之職，相君是四民

──────────
❺⑦　《都鄙問答‧禪僧俗家殺生段》，《石田梅岩全集》上卷，頁54。

的職分。士本來就是臣，農民是草莽之臣，商工是市井之臣。
臣相君，是臣之道。商人的買賣是天下的相。**❸**

這是石田梅岩以四民作為「臣」的平等主張。這一「四民平等」的
主張，表示梅岩強調職分是沒有貴賤區別的，是等價性的。這就意
味著以前被人們視為最低下的商人，在職業的「形」上，與處於最
高位置的武士是等價的，是平等的。商人與武士的等價性，其實質
是對商人主體性的高揚，是對商人價值的確認。

　　梅岩之所以高揚商人的主體性，確認商人的價值，也是針對德
川時代一些著名學者如荻生徂徠、林子平、高野昌碩等人散佈的「町
人無用」論而發。梅岩批評這種論點說：

　　　如果無買賣的話，那麼賣的人無事可作，買的人也無東西可
　　　買。這樣，商人都變成了農夫和工匠。如果商人都成為農夫
　　　和工匠，社會就沒有流通財寶的人。那樣的話，將會為萬民
　　　帶來困難。**❺**

　　雖然梅岩認為身分的「形」有貴賤之別，但貴與賤的價值標準
並不是以人的價值的優劣為其標準。梅岩所謂的貴賤，只是指官位
的有無上下而言。這點與同時代的町人學者西川如見的貴賤觀基本
相同。如西川如見在《町人囊》（此書於亨保四年即1719年出版，
與元文三年即 1738 年出版的《都鄙問答》為同一時代著作）中寫
道：「貴，只是官位高」，「畢竟人在根本上無尊卑之理」，「人在本

---

❸　《都鄙問答・學者商人的學問段》，《石田梅岩全集》上卷，頁83。

❺　同上書，頁81–82。

心上無貴賤之別」。 石田梅岩也是這樣，認為身分「形」的貴賤是
「命運」，但這不能否定人的本來的平等性。因為人在本心上是平等
的，是沒有貴賤區別的。這就是說，從人的本心角度來看，士農工
商四民是平等的。所以，梅岩認為職業的「形」，是無貴賤區別的，
是平等的。這是石門心學的要點之一。

　進一步，梅岩為了在理論上確立商人的主體地位，高倡「立
我」， 強調人的「自我」價值。梅岩是通過強調人的道德修養，以
突出人「自我」的價值。如他說：

> 所謂「立我」，就是侍奉先君以忠，像唐（指中國）的比干、
> 我朝的楠那樣，就是立我。侍奉父母以孝，像舜、曾子那樣，
> 就是立我。對待學問，像子游、子夏那樣，就是立我。……
> 我以忠為主，世上的善事都集於我一身，這就是立我。並且，
> 我與天地為一體，這就是立我。通過立我，可以信心堅固地
> 恪守我這個自我。⑩

可見，梅岩的「立我」思想是對「自我」主體性的確立，是對「自
我」價值的確認。對石田梅岩來說，最大的權威者就是「自我」，即
他把自我主體性的確立，作為最大的目標。梅岩的意圖是通過對「自
我」主體性的確立，來確立商人在社會中的主體性；通過對「自我」
價值的確認，來確認商人在社會中的價值。這就是石田梅岩的價值
觀。石田梅岩這種對「自我」的積極主張，對「自我」價值的強烈
要求的價值觀，不論在日本還是東亞社會，都是非常罕見，非常珍
貴的。

---
⑩　《石田梅岩全集》上卷，頁335–337。

石田梅岩的「四民平等」觀，不僅是對商人主體性的確立，商人價值的確認，也是對商業倫理的宏揚。

石田梅岩的商業倫理思想的要點，可以用三個字加以概括。這就是「仁」、「利」、「立」。

第一，仁。

在德川封建社會中，對商人有一種偏見，即「商性性惡論」。這種偏見也是對商人社會地位低下的卑視。為此，梅岩主張商人之道為仁。他說：

> 不知商人之道者，則貪婪亡家。若知商人之道者，則應離欲心，勉仁心。此乃是學問之德。[61]

梅岩提倡商人要離「欲心」，行「仁心」，把「仁」作為商人必備之德。這種思想還是對職業的「形」無貴賤觀點的發揮。梅岩把商人作為「市井之臣」來輔助君治理天下，商人在社會機能運轉中，具有士農工不可替代的重要作用。而商人要充分發揮出自己的作用，就要以行「仁」為道。為了宏揚商人的仁道，梅岩特意在「月會」上，以「行仁為本」這一題目，教導他的門人弟子說：

> 我儒以仁愛萬物，不殺無益之物。二十年來，或洗浴、或洗足，待熱水冷卻後再倒掉。這樣做，只是耽心熱水將土中或溝中的蟲子燙死。區區小事，不足為舉。一家有仁，則一國興仁。一人貪戾，則一國作亂。堯舜率天下以仁，則民從之。……做人處事應以仁為本。[62]

[61] 《都鄙問答·學者商人的學問段》，《石田梅岩全集》上卷，頁77。

梅岩從儒家觀點出發，認為只有行「仁」道，才能治家、治國。商人作為「市井之臣」，對社會起到應有的作用，也必須以行仁為本。

第二，利。

商人從事商業的目的，就是為了獲取「利」。梅岩首先從「四民平等」的角度，為商人營利的正當行為呼籲。由於職業的「形」是不分貴賤，是平等的，所以，商人在為社會盡職責的同時，取得利益是天經地義的。這就如同武士為主君奉公，從主君那領取俸祿是同樣性質的事情。「獲取利益是商人之道。……商人的賣利與武士的俸祿一樣。無賣利也就如同武士無俸祿」⓰。這說明，商人獲取「利」，是商人倫理道德的實現。

其次，梅岩又指出，商人獲取的「利」，必須是正當的利，而不能是不正當的利。用梅岩自己的話來說，就是取「直利」，而不取「曲利」。石田梅岩把通過正當的商業活動而獲取的利，稱為「直利」。如梅岩認為賣主與買主的心是相通的。推及我愛惜錢財之心，考慮買主之心。這樣，買賣場上就會少一些勾心鬥角。這種情況下取得的利，就是「直利」。否則，便是「曲利」。梅岩又把通過不正當手段獲取的利，例如商人通過缺斤短兩的買賣取得的利，叫作「曲利」。

其三，梅岩進一步肯定了商人在自由經濟中獲大利是不違背商業倫理的。如他說：

> 買賣東西根據市場行情。一百元錢的東西以九十元錢賣出，是虧；一百元錢的東西以一百二十或一百三十元錢賣出，是

⓰　《石田先生語錄》第23條，見《石門心學》，頁46。

⓰　《都鄙問答‧學者商人的學問段》，《石田梅岩全集》上卷，頁78。

賺。賣的行情好，是強；行情不好，是弱。這是天之所為，
而非商人之私。㉔

梅岩指出，市場行情的變動是天意所為、是「公」，所以，商人在
買賣中若得到很多、很大的利，這也是自然正直的利，而不是商人
的欲心。這表明梅岩一方面肯定了市場經濟的作用，另一方面也肯
定了商人通過市場經濟得到的「自然正直」的利，是公、不是私，
是符合商業倫理道德的。

第三，立。

石田梅岩作為中小企業町人的代表者，堂堂正正地主張商人與
武士和農民一樣，都是輔佐君主的「臣」。為了確立商人在社會中
的信用，梅岩強調商業倫理的核心是：

真正的商人讓別人先立，自己也立。㉕

所謂「立」，是指站得住，相互講信用。梅岩從商人的買賣活動中悟
到，商人同顧客的關係如同武士同主君的關係。但是，商人的主君
——顧客是普天下之人，商人活動的場所——市場是普天之下。於
是，商人與天下之人的關係成了商業活動的關鍵。石田梅岩遵循儒
家以「行仁為本」的原則，提出只有讓天下之人先「立」，即獲得
利益、活得好，商人自己也才能「立」，即也才能獲利、活得好。
這種倫理原則不僅適合於商人之道，而且也適用於為人之道。石田
梅岩提出的「你先立、我也立」這一倫理思想具有非常深刻的意義。

㉔ 《都鄙問答·學者商人的學問段》，《石田梅岩全集》上卷，頁81。
㉕ 同上書，頁87。

為此，相良亨教授指出：「我要特別指出這一點。梅岩為日本人開啟了一嶄新的倫理觀。我要高度評價他的這種自覺。」❻❻

石田梅岩的商業倫理思想通過論證商人的獲利如同武士的俸祿一樣合理，表明了商人的獲利是商業倫理道德的實現。商業倫理道德即商人之道是以取「直利」為基礎，以「你先立，我也立」為核心，這是一種仁義之道。梅岩以此仁義之道修正了德川時代所謂的「町人無用論」和「商社性惡論」等偏見。正因為如此，石門心學在江戶後期，對町人社會產生了巨大的影響作用。

進而，石田梅岩以商業倫理為理論基礎，又提出了「踐形」說。

「踐形」一詞來源於《孟子・盡心上》。

孟子曰：「形色，天性也；惟聖人然後可以踐形。」這是說，人的身體容貌是天生的，外表的美要靠內在的美來充實。只有聖人才能做到表裡一致，不愧於這一天賦。可見，孟子「踐形」的本意是強調表裡相符。梅岩吸取了孟子「踐形」的這一思想，強調商人要以商人之道踐商人之形。除商人而外，士、農、工、君臣都要「踐形」，也就是說萬物要各踐其形。「所謂踐形，就是明五倫之道。不能踐形者，為小人。禽獸鳥類無私心，反而能踐形。此乃自然之理。惟聖人明此理」❻❼。石田梅岩之所以如此強調「踐形」的重要性，是因為他認為物的各種各樣的「形」，其實質代表的是物所應遵守的「法」。「凡天地之形昭然。因此，代替此物之形為法」❻❽。由此看來，「踐形」與「守法」是同義語。這是石田梅岩對孟子「踐形」思想的發展。

---

❻❻　相良亨：《石田梅岩的思想》，見《石田梅岩的思想》，頁160。

❻❼　《都鄙問答・性理問答段》，《石田梅岩全集》上卷，頁114。

❻❽　同上書，頁56。

「法」在石田梅岩的哲學思想中，也是一個具有特殊意義的範疇。據今井淳教授所說：「與其他的心學者相比較，梅岩十分重視『法』這一概念，並多次使用。在《都鄙問答》中，『法』的用語例有五十次之多。」❻今井淳教授將《都鄙問答》中「法」的意義，歸納為五種。即：

「法」是人倫的根本原理，也是宇宙的根本原理。

「法」是規範，是模範。

「法」是社會遵循的習俗。

「法」是法令，即德川幕府規定的法度。

「法」是即物變化的準則，依據。❼

筆者以為，以上五種意義中的第一種，即「法」是人倫的根本原理，也是宇宙的根本原理。這乃是梅岩哲學思想中「法」的基本內涵。

關於「法」的這一基本內涵，梅岩說：

知此心後，見聖人之行而取法。君之道如堯，孝之道如舜，臣之道如周公，學問之道如大聖孔子。這就是孟子所謂依性而作。與上下天地合流，聖人是人倫之至。如此認識，發現君子之大德的行跡，以此為法，行五倫之教，知天命職分，力行時，則修身、齊家、治國、平天下。孟子曰：「遵先王之法，而過者未之有也」。又曰：「天下言性故而已，故以利為本。」云云。如堯舜乃世之法，是率性而已。❼

❻ 今井淳：《近世日本庶民社會的倫理思想》，理想社1975年版，頁121。

❼ 同上書，第三章第五節。

法是聖人而立，出自本天。⑫

梅岩的意思是說，知性的聖人與天地渾然一體，遵從心之所欲，卻不越矩。這表明聖人的「行蹟」是天地之心，即天道、天理行為方式的客體化。所以，聖人的「行蹟」就是「法」。因此，行君之法，依照堯那樣做即可；行孝之法，依照舜那樣即可；行臣之法，依照周公那樣即可；行學之法，依照孔子那樣即可。這就叫「見聖人之行而取法」。當人們以聖人的「行蹟」為「法」勉行時，就不僅僅是知性，而是還原為與性為體的天地之心的本體，達到了聖人安樂的境界。梅岩認為要想達到這種境界，人們就應該以「五倫之道」為法，即為人們行為的準則和標準。

同時，梅岩也指出，之所以把聖人的「行蹟」視為「法」，是因為聖人的行蹟乃是天道、天理的客體化。這就是說，「法」是出自於「天」，是「率性而已」。所以，在天地生生之間，如鳥在空中飛、魚在水中躍、松綠、花紅，這都是依「法」而行的必然。與物同然，士、農、工、商依照士、農、工、商之「法」，處在士、農、工、商應具有的位置上，這是他們在人間社會生生中，應具有的生存方式。所以，宇宙中的萬物，都按照「法」而生存著、運轉著。這就是「法」的普遍主義價值之所在。

「心→性→形→法」範疇系列的展開，展現了石田梅岩由人的本質、人的本性外化為人的價值、人的行為方面的思想。梅岩認為當人在知性、知天，即認識到人的本性之後，應該以聖人的行蹟為法，並以法為模範、為準則，來規矩自己的行為。具體講，就是以

---

⑪　《都鄙問答・都鄙問答段》，《石田梅岩全集》上卷，頁4–5。

⑫　《石田先生語錄》第105條，見《石田梅岩全集》下，頁84。

法踐形，因形守法。這一因果系列鏈條標示著，在石田梅岩的哲學思想中，心性的內涵是「天地萬物之親」，是「孝悌忠信」。當人們感悟到這一點時，也就會悟到聖人的行蹟就是「天地萬物之親」、「孝悌忠信」這一天道的客體化。因此，人們應追隨、效法聖人，以聖人的行為規矩自己本應具有的形。法為形之法。具有商人之形的商人，應該遵守商人之法。這就是商人的倫理道德。這種以法踐形的「形」，亦是符合天道、天理的形。這種形是無貴賤之別，是平等的。作為商人職分的形，就屬於這種形。因此，在日本四民等級社會中，商人的社會地位不是低下的。商人以商業活動對社會不可缺少的功能和貢獻，顯示了商人的價值。這就是石田梅岩大聲疾呼的「立我」、「自我」的價值實現。這也是作為商人哲學家的石田梅岩創建的石門心學的價值所在。

(三)關於「心→性→行→知」範疇系列

如果說「心→性→天」範疇系列和「心→性→形→法」範疇系列是對人的內在諸方面問題的展示的話，那麼，「心→性→行→知」範疇系列則是對人的外在諸方面問題的揭示。具體講，核心範疇「心」向「性」、「行」、「知」方面開顯的過程，就是人的行為方式和認知方式的展現過程。

在石田梅岩的哲學思想中，「行」與「知」的關係問題是與「心」和「性」緊密聯繫在一起的。這一思想反映在他同行藤志摩守的辯論中。在《石田先生語錄》中有這樣一段記載：

> 行藤氏曰：義和格物致知不相同。致知是盡一物一物之理，義是行之用。我認為致知和行的途徑也不一樣。如下圖所示：

通過格物致知，而返歸於性。行由心發。

先生（梅岩）曰：與此圖有異。應該是：

這是說，盡心知性，則至性。循其性而行，並非由心而行。因為最終心是依從於性，所以，行依據的是遵從於性的心。如此，盡其心則知性，行依性而發。此之謂道也。性和行是體用如一的關係。❼❸

　　日本研究石門心學的著名學者竹中靖一教授評論石田梅岩和行藤氏的這場辯論時說：「行藤氏所說，是根據朱子的思想。努力致知，然後回歸於性。所謂致知，就是窮一物一物中的理。由於義的行，才有心之用。積義和致知，是個別的。而梅岩有自己獨特的見解。他的論述很難理解。盡心知性，根據性而行，致知和積義是一樣的。」❼❹竹中教授認為行藤氏和梅岩關於「心」、「性」、「行」關係的表示圖即：行／性／心 和 行─性│心 所依據的理論和基本內容是不同的。其中，行藤氏的 行／性／心 是依據朱熹的「致知」思想，而梅岩的 行─性│心

---

❼❸　《石田先生語錄》第81條，見《石門心學》，頁70–72。

❼❹　竹中靖一：《石門心學的經濟思想》，頁189。

是自己的獨創，「心→性→行」的直接連接，是以體用關係來解析「性行」關係。

而要了解梅岩與行藤氏辯論的焦點及梅岩思想的獨特性之所在，就有必要了解朱熹這方面的基本思想。

格物致知論是朱熹對求知的基本方法和明善的根本途徑的探討。其中，關於「格物」，朱熹的基本論述有：

> 格物之說，程子論之詳矣。而其所謂「格，至也，格物而至於物則物理盡」者，意句俱到，不可移易。……夫天生蒸民，有物有則。物者形也，則者理也，形者所謂形而下者也，理者所謂形而上者也。人之生也，固不能無是物矣，而不明其物之理，則無以順性命之正而處事物之當。故必即是物以求之。知求其理矣，而不至夫物之極，則物之理有未窮，而吾之知亦未盡，故必至其極而後已。此謂格物而至於物則物理盡者也。
>
> 格，至也。物，猶事也。窮至事物之理，欲其極處無不到也。所謂致知在格物者，言欲致吾之知，在即物而窮其理也。……是以《大學》始教，必使學者即凡天下之物，莫不因其已知之理而益窮之，以求至乎其極。
>
> 致知之道在乎即事觀理以格夫物。格者，極至之謂，如格於文祖之格，言窮而至其極也。
>
> 及其進乎《大學》，則又使之即夫事物之中，因其所知之理推而究之，以各行乎其極。❼❺

---

❼❺ 《答江德功二》，見《朱文公文集》卷四四；《釋經一章》、《補傳五章》，見《大學章句》；《大學或問》卷一；《大學或問》卷二。

這些論述表明，在朱熹看來，所謂「格物」包含有三個要點，第一是「即物」，第二是「窮理」，第三是「至極」。格物思想的核心是窮理，但窮理不能離開具體事物，所以，朱熹十分強調即事即物去窮究物理。如他說：「人多把這道德作一個懸空底物，《大學》不說窮理，只說個格物，便是要人就事物上理會。」「格物，不說窮理，卻言格物，蓋言理則無可捉摸，物有時而離，言物則理自在，自是離不得。」「《大學》所以說格物，卻不說窮理，蓋說窮理則似懸空無捉摸處，只說格物，則只就那形而下之器上便尋那形而上之道，便見得這個元不相離。」❼由此可見，朱熹是十分強調即事即物去窮究物理的。

關於「致知」，朱熹的主要論述有：

> 格物只是就一物上窮盡一物之理，致知便只是窮得物理盡後我之知識亦無不盡處，若推此知識而致之也。此其文義只是如此，才認得定，便請以此用功，但能格物則知自至，不是別一事也。
>
> 問：致知是欲於事理無所不知，格物是格其所以然之故，此意通否？曰：不須如此說，只是推及我所知，須要就那事物上理會。致知是自我而言，格物是就物而言，若不格物，何緣得知？而今人也有推極其知者，卻只泛泛然竭其心思，都不就事物上窮究，如此終無所止。義剛曰：只是說所以致知必在格物？曰：正是如此。若是極其所知，去推究那事物，則我方能有所知。❼

---

❼　《朱子語類》卷一五；《朱子語類》卷六二。

❼　《答黃子耕五》，《朱文公文集》卷五一；《朱子語類》卷一五。

可見，朱熹所說的「致知」，是指主體通過考究物理在主觀上得到的知識擴充的結果。致知是格物的目的和結果。這就是說，致知是指人的認識實踐在主體方面獲得的知識成果。

關於格物與致知的關係，朱熹常常概括為「格物所以致知」。這是指，一方面格物以致知為目的，另一方面致知是在格物過程中自然實現的。他說：「格物所以致知，於這一物上窮得一分之理，即我之知亦知得一分；於物上窮理二分，即我之知亦知得二分；於物窮得愈多，則我之知愈廣。」「夫格物可以致知，猶食而所以為飽也。」❼❽朱熹把格物與致知的關係通俗地比喻為吃飯與食飽。這就表明，格物致知只是認識過程的不同方面。格物是就主體作用於對象而言，致知則就認識過程在主體方面引起的結果而言。

按照理學家的觀點來看，格物致知的最終目的是為了明明德。但「明德」在朱熹的哲學思想中，卻是一個含糊不清的概念。如《大學章句》注云：「明德者，人之所得乎天，而虛靈不昧，以具眾理而應萬事者也。但為氣稟所拘，人欲所蔽，則有時而昏，然其本體之明，則有未嘗息者。」這裡的「虛靈不昧，以具眾理而應萬事」應當是指「心」而言。即明德為心。但按照所謂「氣稟所拘，人欲所蔽」來看，又似指「性」。即明德又為性。又如《大學或問》說：「唯人之生乃得其氣之正且通者，而其性為最貴，故其方寸之間，虛靈洞徹，萬理咸備，其所以異於禽獸者正在於此。」從「方寸之間，虛靈洞徹，萬理咸備」來看，明德似當指「心」。但朱熹又說，人一旦做到格物致知，「則吾之所得於天而未嘗不明者，豈不超然無有氣質物欲之累而復得其本體之全哉！是則所謂明明德者，而非有所作為於性分之外也。然其所謂明德者，又人人之所同得，而非

❼❽　《朱子語類》卷一八；《答江德功二》，《朱文公文集》卷四四。

有我之得私也」。 按照這些對明德的講法，明德是指本體而言。但
是指心本體還是指性本體，似難肯定。但《朱子語類》中所說明德，
大都是指「性」。《朱子語類》卷一四曰：「或問：明德便是仁義禮
智之性否？曰：便是」。《朱子語類》卷一六曰：「蓋天之所以與我
便是明命，我之所得以為性者便是明德」等。總之，在朱熹哲學思
想中，關於「明德」有兩種說法，即以明德為性和為心之本體❼。

　　通過以上論述可以看到，朱熹「格物致知」論的基本路數是：
「格物」→「致知」→「明德」。 由於「格物」主要是指「即事即
物去窮究物理」， 所以可以視之為「行」的工夫。又由於「格物」
與「致知」在朱熹哲學思想中，是認識過程的兩個方面，而不是相
互平行的兩種不同功夫，所以用虛線聯結。關於「明德」， 在朱熹
那裡既有「心」之意，又有「性」之意，所以明德既指「心」， 又
指「性」。由此，「格物」→「致知」→「明德」這一圖示，就可以
寫成：　 行 ↗ 心

　　　　　　　 ↘ 性

　　上述行藤氏的 心 ⟨ 性／行 的思想路數在吸取朱熹「致知」思
想基礎上，又與朱熹的 行 ⟨ 心／性 的思想路數不太一樣。如果說朱熹
的思想路數強調的是在對「事」、 對「物」窮格的基礎上，對心或
性的體認的話，那麼，行藤氏則與一般心學者的基本觀點一樣，他
強調的是「心」的重要性。他認為努力致知的結果，即體認心的結
果，是對性的回歸；行則直接發於心。而石田梅岩的 心→性 ↓ 行 的思
想路數與朱熹和行藤氏又有所區別。這一區別主要表現在：

❼　以上參閱陳來：《朱熹哲學研究》，中國社會科學出版社1988年版，第
　　三部分《格物致知論》。

　　第一，梅岩的「心→性→行」範疇系列是對孟子「盡心知性」
思想和「集義」思想的吸取及發揮。

　　「不忍人之心」是孟子思想的哲學基礎之一。他說：「人皆有
不忍人之心。……今人見孺子將入井，皆有怵惕惻隱之心，非所以
內交於孺子之父母也，非所以要譽於鄉黨朋友也，非惡其聲而然也。
由是觀之：無惻隱之心，非人也；無羞惡之心，非人也；無辭讓之
心，非人也；無是非之心，非人也。惻隱之心，仁之端也；羞惡之
心，義之端也；辭讓之心，禮之端也；是非之心，智之端也。人之
有是四端也，猶其有四體也。……凡有四端於我者，知皆擴而充之
矣，若火之始燃，泉之始達。苟能充之，足以保四海；苟不充之，
不足以事父母。」⑧所謂「不忍人之心」，便是仁、義、禮、智四種
道德觀念的萌芽，即「四端」。　孟子認為人有四端如同人有四肢一
樣，是自然而然的。而仁、義、禮、智四端，實際上就是性。陳淳
在《性理字義》中說：「性字從生從心，是人生來具是理於心，方
名之曰性。其大目只是仁義禮智四者而已。得天命之元，在我謂之
仁；得天命之亨，在我謂之禮；得天命之利，在我謂之義；得天命
之貞，在我謂之智」。這表明性是與生俱有的。孟子主張人們要「知
性」，並進而強調要努力擴充「性」。這就是「凡有四端於我者，知
皆擴而充之矣」。孟子把擴充性的手段和方法，叫作「集義」，把擴
而充之的性，叫作「浩然之氣」。

　　公孫丑：「敢問夫子惡長乎？」

　　孟子曰：「我知言，我善養吾浩然之氣。」

　　「敢問何謂浩然之氣？」

⑧　《孟子・公孫丑上》。

曰：「難言也。其為氣也，至大至剛，以直養而無害，則塞於
天地之間。其為氣也，配義與道；無是，餒也。是集義所生
者，非義襲而取之也。行有不慊於心，則餒矣。」**❽**

孟子認為，最偉大、最剛強的浩然之氣是由正義培養成的，即是由
正義的經常積累所產生的。而人通過善養浩然之氣，可使自己正氣
凜然，成為「威武不能屈，富貴不能淫，貧賤不能移」的行為端正
的大丈夫。

梅岩吸取了孟子的這種「知性」和「集義」的思想，並有所發
揮。梅岩的發揮主要表現為以下兩點。

第一點，在孟子上述思想中，他強調的是對性的擴充存養，並
把擴充存養的手段和方法，叫作「集義」。按著孟子的這一思想，
梅岩在解釋「心→性→行」的直接連接時，也說：「盡心知性，則
至性。循其性，行其所」。這裡值得注意的是，梅岩不僅講「知性」，
而且強調「至性」，即到達性。筆者以為所謂「至性」，就是孟子所
說的對性的擴充存養。所以，「至性」的實質就是「性至」。「性至」
如同是朱熹的「知至」，即經過反覆的格物、不斷積累之後，達到
對萬物之理脫然貫通的程度。「性至」也就是對性的善養後，使性
達到最大限度的擴充的程度。因此，「性至」也就是梅岩經常提到
的「自性」。自性是「天地萬物之親」，是「孝悌忠信」。這就是說，
當人達到「性至」、體悟到「自性」時，人就會像鳥在空中飛、魚
在水中游一樣，自覺地以人應有的行為方式去行動。具體講，就是
按著「孝悌忠信」的原則去行。這就是梅岩十分強調「行」由「性」
來的原因所在。同時，他還特別指出，「行」不能由「心」而發。

❽　《孟子・公孫丑上》。

這是因為人們常常有「放其心而不知求」的時候，即心被欲所遮蔽的時候。倘如由這種心支配的行，便會違背孝悌忠信的原則。所以，梅岩十分強調「行」由「性」發。因為這種性能使人按照他在社會中應有的生存方式去行動。

第二點，孟子的「集義」思想只是講了要日積月累地積正義的行為，才能養浩然之氣，才可以有正義的行動，但並沒有把「性」與「行」直接連接起來進行論述。石田梅岩則將「性」與「行」視為「體」與「用」的一體關係。如他說：「性和行是體用一源」。由於行要遵循性而發，所以，性為體、行為用。性行的體用一源關係，表明在梅岩思想中，「知性」、「至性」、「性至」就是「集義」。

第二，梅岩的「心→性→行」範疇系列，突出了「性」的重要地位，表示梅岩對「性」的作用的重視。

石田梅岩創立的學派，被稱之為「石門心學」，但筆者以為確切地說，應叫作「石門心性學」。這是因為「性」是梅岩哲學思想中一個十分重要的核心範疇。梅岩四十歲以前，經常冥思苦想的一個問題，就是「性」是什麼？他在小栗了雲老師的指導下，經過兩次開悟，才悟到了什麼是「性」。梅岩四十五歲開講後，向學生講授的也是關於「性」的問題。可以說，對「性」的重視，這是石田梅岩的心學與其他心學者的一個主要區別。

遵循梅岩的這一思想，在「心→性→行」範疇系列中，梅岩將「性」放在「心」和「行」中間，他的意思一方面是要強調「行」由「性」發，另一方面是想說明即使「行」出於「心」的話，這個「心」也離不開「性」。這誠如他自己所說「通過以服從於性的心而行」。於是，這就涉及到了「致知」問題。梅岩關於「致知」問題的論述，主要記載在《石田先生語錄》中。

行藤氏曰：《都鄙問答》裡也談到了格物致知的事。可以談談嗎？

先生曰：《問答》裡說的都是致知。……是從自我談致知。

行藤氏曰：先生之言高矣。我所聽說的致知格物，如聖人所說，是極盡一物一物中的理，就像登梯子一樣，一梯一梯地向上攀登，最終到達頂點。我這樣理解聖人的格物致知。向先生請教。

先生曰：所受自性，聖賢與我無異。然而在行上卻有異。其異處就是如何思（體驗）？即是否勤思？譬如行路，走了三里路，聖賢一往如前繼續走。苦苦體認自性的過程，就如同走了三里路，繼續往前走一樣。……這就如同孟子的集義，這就是格物致知。❽❷

上述引文表明，梅岩認為整部《都鄙問答》說的都是「格物致知」。不過，梅岩的格物致知與朱熹的格物致知的區別在於，朱熹主張即事即物的格，然後可以致知。而梅岩以為致知是對自我體驗的自知的結果，即通過格性，達到至性，就是致知。這個過程，被梅岩視為孟子的「集義」。這就是說，在梅岩思想中，「至性」就是「致知」，也就是「集義」。它們是同等程度的概念。梅岩的「格性致知」與朱熹的「格物致知」相比較，說明梅岩的哲學是一種強調主體性的哲學。這是石田梅岩思想的基本特色。

以上是對石田梅岩「心→性→行→知」範疇系列中心、性、行關係的論述；而關於梅岩的實踐哲學和認知哲學思想，則主要集中在「行→知」的關係中。

---

❽❷　《石田先生語錄》第81條，見《石門心學》，頁70–71。

關於「行」與「知」的關係，石田梅岩概括為「行重」、「知貴」。

> 行藤氏曰：程子重行。先生之意如何？
>
> 先生曰：然，行重矣。只知不行，何益之有？然而，如眾人不知行的路，就不能行，故知為先。⑧

行之所以重，是因為梅岩哲學的最終目標是要實踐人倫之大道，即聖賢之道。而實踐聖賢之道的途徑有二：一是道德實踐，二是力行實踐。關於道德實踐，梅岩認為孔子講「仁」，孟子講「善」，孔孟的學問就是道德實踐。為此，梅岩主張存心養性，實行仁義的道德踐履，以知聖人之心。關於力行實踐，梅岩認為只知聖人的心，而身不力行，也不能成為聖人。石田梅岩根據《中庸》「或生而知之，或學而知之，或困而知之，及其知一也。或安而行之，或利而行之，或勉強而行之，及其成功一也」這一思想，認為安而行者（生知安行）是聖人，利而行者（學知利行）是賢人。而凡人力弱，通過一般的努力，是達不到聖賢境界的。所以，必須「勉強而行之」，即努力實行，才可以逐漸地變為賢人、聖人。梅岩樂觀地確信，凡人與聖賢絕不是緣遠，只要通過身體力行的實踐，就可以超凡入聖。這表明，石田梅岩哲學思想中的「行」， 具有兩重意義，一是主體道德的實踐，二是客體行為的實踐。

知之所以貴，一個理由是知在行先。梅岩講要行路，首先要知路，然後才能去行。這就是說，行要循知而行。知而行比較，是知先行後。所以，以知為貴。另一個理由是聖知是聖人之知。梅岩將

---

⑧ 《石田先生語錄》第81條，見《石門心學》，頁72。

知分為兩類，一類是私知，一類是聖知。所謂私知，就是人心被七情六欲所遮掩時，對事物不能得到完整的認識，而只能得到支離破碎的知識，這是私知。所謂聖知，就是知心、知性，性理大明時獲得的對事物完整的認識。私知如同白晝裡無光的日輪，黑夜裡一支微弱的燭光，看不到事物的全貌，即看不到人倫的根本。聖知如晴空中的驕陽，將一切照得明亮通徹，可以辨析事物的細部，即明人倫之大道。聖知與私知，有如天地雲泥之差。這一差別也就是聖人與凡人的區別。梅岩認為只有將私知完全變成聖知時，才能由凡人變成聖人。聖知是聖人的一個重要標誌，所以，知為貴。

　　石田梅岩「心→性→行→知」範疇系列是梅岩哲學思想中的核心範疇「心」第二層次外化的結果（「心→性→形→法」範疇系列可視為「心」範疇第一層次的外化）。這第二層次的外化，標示著梅岩將人的價值、人的道德實現的方法和途徑，即人行為的方式，歸結於實踐和認知。梅岩視性為體，行為用；知為貴，行為重。這些思想淵源於中國的孟子和朱子，但梅岩賦予性以本體性，賦予行以主體性，賦予知以道德性，由此，以強烈的主體性色彩又有別於孟子和朱子。而主體性也正是石門心學最顯著的一個特點。

㈣關於「心→性→儉約→正直」範疇系列

　　在石田梅岩的心性學思想體系中，沿著「心→性→行→知」範疇系列進一步外化途徑的發展，便進入到「心→性→儉約→正直」範疇系列。這是因為「儉約」和「正直」範疇在梅岩思想中是關於經濟倫理和經濟行為的專有概念，所以，「儉約」和「正直」成為「行」和「知」實踐的方向。

　　在梅岩的心性學思想中，「儉約」與「心」、「性」範疇有著密

切關聯。如他在《儉約・齊家論》中說：

> 你說町家事瑣細，不行大道。但請作如下考慮。從上至下，
> 職分相異但理卻只是一個。儉約就是得心之事，也就是齊家、
> 治國、平天下。這不就是行大道嗎？所謂儉約，究其實就是
> 修身。《大學》云：「從天子至庶人，皆以修身為本。」修身
> 對於士農工商皆無例外。修身又以何為主？這就是心。以身
> 之微來比喻，心如大海中一粟。但是，成就天地人三才唯有
> 心。古今誰又能無此心呢？由此可見心的重要。知此理者，
> 暢通無阻。君子存誠，克念克敬。天君泰然，百體從令。然
> 不知者，使見聞之欲擴充，喪失固有仁心而不知求，這叫作
> 不仁。不仁就是放心。
>
> 所謂儉約沒有其它的意思，只是要活得正直。由天生民，萬
> 民是天之子。因此，天是一個小天地，所以，本應沒有私
> 欲。**❽❹**

這兩段話包含了兩重意思。一重意思是說「儉約」的實質是修身，
而修身的要點又是修心，修仁心。所以，修心的過程，就是儉約。
這是「儉約」與「心」的關係。另一重意思是說「儉約」就是「正
直」，而「正直」的基礎就是回歸無私欲的狀態。這是「儉約」與
「性」的關係。可見，在梅岩的心性學思想中，只有知「心」、知
「性」，才能知「儉約」為何物。這表明，「儉約」是梅岩思想中一
個極為重要的範疇。日本學者也把梅岩的哲學思想，稱之為「儉約
哲學」。

---

❽❹ 《儉約・齊家論》，見《石門心學》，頁26–27。

「儉約哲學」可以說是作為商人哲學家的石田梅岩在日本享保改革特殊時期，為確保商人的自主性和主體地位而創建的經濟哲學。

德川時代的日本是封建體制社會，農本商末思想佔主導地位。當時的儒者也紛紛論證以農為本、以商為末，發展農業，壓抑商業的正確性。如貝原益軒說：「古代的明王重農抑商，貴五穀而賤金玉，行儉約而禁華美，重本抑末之道乃治國安民之政。」❽主張貴穀賤金，抑制工商。熊澤蕃山也認為：「農為本，工商只能助農。」並且還指出：「商人有心取得天下的財富，得天下之利。於是與武士漸漸疏遠。財富逐漸集中到權商之手中，故此，商日日富而士日日貧。」❻荻生徂徠也認為「掌有流通」的商人憑藉「諸侯的力量」，使武家「被商人所箝制」❼。而享保改革也就是在這種「農本商末」思想指導下產生的。其結果，町人在強權壓抑下，迎來了自己的受難期。

作為商人哲學家的石田梅岩頂著「農本商末」思想潮流而上，於享保十四年以町人為對象，開席講座；於享保改革末期，出版主著《都鄙問答》。不論是講座，還是主著，他都竭力闡明的一個中心思想就是指出町人存在的社會意義，強調商工為市井之臣，商人的「取利」與武士的「俸祿」在本質上是一樣的，町人並不比武家低劣。梅岩在對外抗議的同時，也在反覆思考：商人生存的道路應是什麼樣的？作為一個商人，在社會中的存在方式應是怎樣的？最終，梅岩的思考集中在與日常生活物質消費和日常生活實踐的物質要素都有密切關係的「儉約」這一概念。

---

❽ 《君子訓》，《貝原益軒全集》卷三。

❻ 《集義和書》卷一三，《日本倫理匯編》冊一，頁509。

❼ 《徂徠先生問答書》中卷，《日本倫理匯編》冊六，頁169。

關於「儉約」的內涵，在石田梅岩的思想中，有這樣三層意義。

第一層意義，儉約是一種愛的實踐。

所謂儉約是一種愛的實踐，是講梅岩從「性理」的形而上學體認觀出發，視「儉約」為「仁」。「通過儉約，使性理達仁」**[88]**。在梅岩的思想中，「儉約」與「仁」基本上是同義語。眾所周知，「仁」是儒教道德的核心範疇。但在梅岩的思想中，則是從經濟合理主義角度來發揮作為儉約的仁的意義。

梅岩明確指出，他所說的儉約，不是為了自我、自家的儉約，而是為了「天下公的儉約」，為了「世界的儉約」。

> 我所說的儉約與世俗所說有異。不是為了自我而吝嗇物，而是為了世界，需用三物而用兩物。這就是儉約。**[89]**

梅岩認為「儉約」與「吝嗇」有本質的不同。「儉約」的基礎是仁心，「吝嗇」的基礎是「欲心」，即不仁心。正是從仁心出發，梅岩主張作為人君，每年應將三石年貢減少為二石，節約自己的費用，為天下人所用。作為每一個普通的人，應珍惜生活物品，不隨便浪費，使天下的財物愈聚愈豐厚，以「助世界之用」。所以，在「聚集財富，儉約一事中，具有愛人的道理」**[90]**。對於儉約中的愛人道理，梅岩努力貫徹於日常生活實踐之中。如他三十年來，出門旅行大小便時，總是到廁所，實在找不到廁所，就到田地裡。他這樣做，是為了不浪費糞便。莊稼生長離不開糞便，這樣做可以節約肥料，

---

[88] 《石田先生語錄》第52條，見《石門心學》，頁50。

[89] 《石田先生語錄》第1條，見《石門心學》，頁34。

[90] 《儉約·齊家論》，《石門心學》，頁23。

有利於莊稼豐收。梅岩二十歲時因脾胃不適，每日食兩餐。以後，他一直堅持日食兩餐的習慣。他講，每天節約一餐，可以救濟天下挨餓的人。

從儉約中的愛人道理出發，梅岩主張對於需要救濟的貧窮困難者，要不惜財物，給以援助。他講，財物固然很寶貴，但正確地使用財物更重要。這就是說，對世界上那些因缺乏財產而貧窮困難的人，給予財產的援助，以幫他們解脫貧困，這不是浪費，而是儉約。因此，儉約是慈悲的行為。從儉約這一慈悲的行為中，即從仁心中，可以看到梅岩的經濟合理主義思想。他認為世上的財產，該聚則聚，該散則散。財產的聚（儉約）是為了散（為了天下，為了世界的需要），而散（資助需要幫助的事或人）還會帶來更大的聚（生物、生人）。所以，從仁心出發的儉約，是對財富的合理使用和積累。

第二層意義，儉約是「自性是天地萬物之親」的一種具體生存方式。

如上所述，「自性是天地萬物之親」是石田梅岩心性學的一個中心命題。它的主旨是說當人覺悟到「自性是天地萬物之親」時，就自覺到了人應具有的生存方式。具體講，就是士有士的生存方式，農有農的生存方式，工有工的生存方式，商有商的生存方式。梅岩認為，士農工商要與各自的身份相適應。這也就是說，士農工商在生活水準上不能超越與其身份相適應的水平。這就是「儉約」。如人君在生活上不能奢侈，盡量減少年貢，使民逐漸富有，過與人君身份相應的生活。這就是作為人君的儉約。又如商人如果守法不奢，可能買賣利潤會下降，但自覺到「自性是天下萬物之親」，那麼為了「天下之公」，為了「世界」，會安心地過與商人身份相應的生活。這就是作為商人的儉約。梅岩把這種與身份相應的儉約，又叫作「守

約」。

關於「守約」的意思，梅岩講：「約，就是重要的意思，即物的肝腰。」**⑨** 他的這一思想來自於《孟子・公孫丑上》：「孟施舍似曾子，北宮黝似子夏。夫二子之勇，未知其孰賢，然而孟施舍守約也。昔者曾子謂子襄曰：『子好勇乎？吾嘗聞大勇於夫子矣：自反而不縮，雖褐寬博，吾不惴焉；自反而縮，雖千萬人，吾往矣。』孟施舍之守氣，又不如曾子之守約。」其意是，孟施舍的養勇像曾子，北宮黝的養勇像子夏。這兩個人的勇氣，我也不知道誰強誰弱，但從培養方法而論，孟施舍更加簡要。從前曾子對子襄說：「你喜歡勇敢嗎？我曾經從孔老師那裡聽到關於大勇的理論。反躬自問，正義不在我，對方就是卑賤的小人，我也不去恐嚇他；反躬自問，正義確在我，對方就是千軍萬馬，我也要勇往直前。」孟施舍的養勇，只是保持一股無所畏懼的盛氣，曾子卻以理的曲直為斷，孟施舍自然不如曾子這一方法簡要。《孟子》所謂的「守約」，就是簡要，即重要之意。梅岩把「儉約」看作「守約」，其意是教導人們認識自己在社會中本應具有的存在方式，並過與自己身分相適應的生活，這是最重要的。

為了使人們能夠做到「守約」，梅岩又提出「分限」這一概念。「儉約……要與分限相適應，既不是過也不是不及」**⑫**。這裡的「分限」就是適度的意思。體悟了「性是天地萬物之親」的梅岩，強調人們要過與自己身份相適應的生活，既不要過，也不要不及。這樣做，就是「儉約」。

「分限」的實質就是「法」。所以，當別人問：「儉約的大意如

---

⑨　《石田先生語錄》第52條，見《石門心學》，頁50。

⑫　《儉約・齊家論》，《石門心學》，頁24。

何?」梅岩回答說:「隨萬物之法。」❾❸所謂「隨法」,就是說世上的萬事萬物(包括人)都有自己固有的一定存在方式,服從這種客觀的存在方式,就不會被人的主觀意願所左右。這就是說人們的消費行為是與應消費的事物性質相適應的消費。這樣,可以充分發揮物的效用,不使物有一絲一毫的浪費。從經濟學觀點來看,這無疑是一種經濟合理主義思想。

第三層意義,儉約是以正直為本。

梅岩所謂的與身份相應的儉約,其實質就是在尋找正直。他說:「儉約沒有別的什麼意思,就是活得正直。」❾❹可見,真實的儉約根植於正直基礎之上。如同柳綠花紅一樣,梅岩認為凡是天生之物,都應處於自己固有的絕對的位置上。這就是正直。「凡貴則應貴,賤則應賤。町家應有與町家相應的名,稱呼相應的名,則為正直」❾❺與自己應有的身份、名稱相適應的儉約,就是真實的儉約,或叫作正直的儉約。與這種正直的儉約相對立的,是欲心的儉約。正直的儉約根植於正直心之上,是梅岩所提倡的真正的儉約;而欲心的儉約,是建立在私欲基礎之上,是梅岩所反對的吝嗇。對此,梅岩說:

> 士作為主政的農工商的頭,應清潔正直。如果有私欲,其所行則常闇。農工商作為一家之首,如果有私欲,則家內常闇。……所以,十五年來,我常講去私欲之事,因為私欲實在害世。如不懂這個道理,那麼所謂的儉約,不過是吝嗇而已,

❾❸　《問答集》卷二,《儉約大意如何條》,《石田梅岩全集》下,頁381。

❾❹　《儉約‧齊家論》,《石門心學》,頁27。

❾❺　同上書,頁17。

其害甚大。我所說的儉約，是來自於正直的儉約。正直的儉
約可以助人。**⑯**

可見，梅岩所提倡的根於正直心的儉約，其實質是無私心私欲。

梅岩作為商人哲學家，竭力提倡無私心私欲的正直的儉約，其
目的也是在為商人、為商業的本義正名。世俗的看法認為商人的買
賣，就是私心；商業的利潤，就是私欲。對此，梅岩糾正說，正直
的儉約就是處在自己生來俱有的位置上，做與自己應有身份相應的
事情。商人的買賣行為，對利潤的追求，是要取得理所應當屬於商
人自己的那份利。這是商人的正直，應當與一般的私欲區別開。所
以，「真正的商人是，你先立，我也立」， 商人「得福而使萬民心
安」，「使天下太平」。可見，商業社會中正直的儉約，可以助人，
可以樂世，具有重要的社會意義。誠然，梅岩也反對商場中那些營
私舞弊、不正當競爭的行為，指出這全是出自私心私欲。為此，石
田梅岩在《儉約・齊家論》的末尾，反覆強調說：

我所說的儉約，不是只指衣服財器之類事，而是告誡世人要
立去私正心之志。**⑰**

由此可見，石田梅岩重視儉約的本意，是視其為去私心私欲，立正
直之心的道德修養功夫。他這一思想也表明了「正直」範疇是比「儉
約」更深一層次的範疇，即「儉約」→「正直」。

「正直」範疇在日本神道教中佔有重要地位，是神道教的主德。

---

⑯　《儉約・齊家論》，《石門心學》，頁28。

⑰　同上書，頁32。

如《神道五部書》講：「神垂以祈禱為先，冥加以正直為本。」這是
把正直作為神道教的一種最基本的道德。近世以唯一神道說為基盤
的吉川神道，把「正直」解釋為像儒教中的「性」、「理」一樣的發
揮心的本性狀態時的一種「清淨心」。另外，度會神道將「正直」
與「誠」相結合，視「正直」為「神明」。……總之，在神道教中，
「正直」是一種傳統的美德，常常被看作是「清明心」、「清白
心」、「淨明心」、「明淨正直之心」等一種否定私心私欲的高尚的德
行。

　　如第一章所述，梅岩年輕時渴望成為一位神道家。因此，神道
教的有關書籍，他都有所涉獵。關於「正直」的論述，梅岩也是清
楚的。因此，他吸取神道教中的「正直」這一概念，作為自己心性
學中的一個重要範疇。不過，梅岩心性學思想中「正直」的內容已
經超越了神道教對於「正直」的解釋，而具有石門心學的獨特性。
剖析梅岩思想中「正直」範疇的構造，可以清楚地看到這種獨特性
的具體表現。

　　獨特性之一：梅岩從經濟主義角度詮釋「正直」。

　　石田梅岩具有多年的商人生活的實踐體驗，很清楚所有關係和
契約關係是商業社會的基礎。因此，他很重視所有關係和契約關係，
並認為這兩個關係中寓有「正直」的德行。關於這一點，梅岩說：

　　　我物是我物，人物是人物。貸物要收，借物要還……為正直
　　　也。❾❽

這裡，誠如和辻哲郎博士所指出的那樣，梅岩所說「我物是我物，

❾❽　《儉約‧齊家論》，《石門心學》，頁27。

人物是人物」，這是對所有關係的尊重；梅岩所說「貸物要收，借物要還」是對契約關係的重視。而對所有關係的尊重和對契約關係的重視，才是「正直」。這種正直可以說是反映商業社會經濟觀的一種經濟倫理思想。

進一步，梅岩還將這種經濟倫理思想規定為「商人的正直」。他強調指出，對商人來說，最重要的商業道德是以「正直」為本。梅岩舉問屋買賣為例，說明商人的正直。所謂問屋，原本就是依託販賣。原價明示，不論是買方還是賣方，都一清二楚。作為賣方的問屋，不隱密正直。這才是堂堂正正的營利行為。梅岩說，世上的商人如果都這樣營利的話，「去掉欲心，行正直」，那麼，不正當的買賣就會逐漸根絕。所以，商人的正直是促使商業社會正常發展的因素之一。

獨特性之二：梅岩從人道主義角度解釋「正直」。

石田梅岩思想的基本特點，是一種內向型思想，即注重對主體心性的研究和內面道德的修養。他這一特點也貫徹於「正直」範疇。如梅岩在《儉約·齊家論》中，關於「正直」的論述有：

由天生民，萬民是天之子。因此，人是一個小天地，本無私欲。……如此，為正直。行此正直，世間一同和合，四海之內皆兄弟也。

子曰：「人之生也直，罔之生也幸而免」。可見，不正直地生，猶如死人。

關於祝事，無其他儀式，只是要守正直。所謂正直，就是遠離利欲。

惻隱之心的發動，就是正直。❾

從上述論述中可以看到石田梅岩把「正直」作為道德的根本。他主張人活在世人，要像孔子所說的「生也直」，即正直地做人，這才有意義。否則，「罔之生」，即不正直地生活，即使僥倖活下來，也猶如死人一般，沒有任何價值。而作為道德之本的正直，其核心就是無私欲的真心。梅岩認為，人來自於天，天是一個大人，人是一個小天地。這就是說，人得天地之心為心，因此沒有私心私欲。無私，才能呈現出人本來應該具有的樣子，也就是達到行仁義的境界。所謂行仁義，就是從人固有的不忍人之心的惻隱、憐憫出發，施愛於天地萬物，構成了天地萬物一體之仁的系統。在這天地萬物一體之仁的系統中，世界和合，四海之內皆兄弟。這就是惻隱之心的發動，也就是「正直」。從內面道德修養的角度來看，「正直」的實現過程就是對「自性是天地萬物之親」體悟的過程，也就是對真心即仁心修養的過程。

石田梅岩的「心→性→儉約→正直」範疇系列所表述的經濟哲學思想在日本近世社會經濟思想史上，具有重要意義。

眾所周知，馬克斯・韋伯是從新教出發，即以宗教精神來解釋和理解資本主義社會物質生產基礎的根源。而石田梅岩作為一位東方哲學家，把儒教作為關於日常生活物質消費的「儉約」這一範疇的哲學根據，視「儉約」為儒教的「仁」德，從儒教角度解釋日本德川時代的商業社會。可以說，這也是東方哲學家的共性。如中國南宋哲學家朱熹經濟思想中的消費觀念，就與梅岩的「儉約哲學」頗為相似。

朱熹的消費觀念，主張儉、奢都要合乎「中」，儉、奢都要以「禮」為標準。《論語集註》中說：「禮貴得中，奢易則過於文，儉

---

❾❾　《儉約・齊家論》，《石門心學》，頁27、28、29、31。

戚則不及而質，二者皆未合禮。然凡物之理，必先有質而後有文，則質乃禮之本也。」 奢侈則過於華麗，儉節就會不及而顯得簡樸。「過於」和「不及」都失掉「中」，「奢儉俱失中」。失「中」，就是不合「禮」。反之，合「禮」就是奢不「過於」，儉不「不及」。這就是說，朱熹的消費標準是「奢不違禮」，「儉不失中」。所謂「奢不違禮」， 說明這種消費不是適合自然經濟的要求，而是按照封建等級（禮）的規定來消費。朱熹鑒於南宋貴族的窮奢極欲，企圖以等級的規定加以限制，既不超過規定的消費也不過儉而不及。但他認為「質」相對於「文」來說，「質」是禮之本，而「奢之害大」，反對尚奢。《語類》記載：「問：饑食渴飲，冬裘夏葛，何以謂之天職？曰：這是天教我如此。饑便食，渴便飲，只得順他，窮口腹之欲便不是。蓋天只教我饑則食，渴則飲，何曾教我窮口腹之欲。」 饑則食，渴則飲是「天職」，「窮口腹之欲」便是奢。

根據朱熹奢不違禮、儉不失中的消費標準，他主張崇儉。他在《論語集註》中對於管仲的奢和僭禮作了評論：「愚謂孔子譏管仲之器小，其旨深矣。或人不知而疑其儉，故斥其奢以明其非儉；或疑其知禮，故又斥其僭，以明其不知禮。」

對於個人的生活消費，朱熹主張「安貧」。他在註釋顏回的「一簞食，一瓢飲，在陋巷，人不堪其憂，回也不改其樂」時說：「顏子之貧如此，而處之泰然，不以害其樂，故夫子再言賢哉回也，以深嘆美之。」 處貧泰然，才不會知不足，以不足為足，就會「樂不足」。朱熹說：「顏子之樂，非是自家有個道至富至貴，只管把弄來後見得這道理後自然樂，故曰：見其大則心泰，心泰則無不足，無不足則富貴貧賤處之一也。」這就是「安貧」 ⑩。

---

⑩　參閱張立文：《朱熹思想研究》，中國社會科學出版社1981年版，頁

可見，梅岩的「儉約」、「分限」與朱熹的「安貧」、「中」等概念都很相似，不過，梅岩這方面的論述，在廣度和深度上都大大超過朱熹。石田梅岩從務商的實踐出發，把與人們的物質生活具有密切關係的「儉約」作為其經濟哲學的基本概念，並將儒學的核心概念「仁」與「儉約」相結合，從中推衍出商業社會中商人根本道德的所在，所有關係和契約關係的模式，作為人的消費觀念的準則，人與人之間的人際關係的構想等。這些構成了梅岩的「儉約哲學」。從梅岩的「儉約哲學」中可以透視日本德川時代新興町人階級的活躍，幕藩體制下人道主義思想的活潑以及日本四民等級社會的矛盾等。由此可以說，石田梅岩憑藉著他所構築的「儉約哲學」而成為東亞近世哲學家中最具有經濟思想特色的一位哲人。

審視石田梅岩的心性學思想體系，是一個完整的有機構造。以「心」、「性」為中核範疇，向外開顯出四個範疇系列。這四個範疇系列按著由內面主體向外面客體演進的程式，依次遞進發展。最後，「心→性→儉約→正直」範疇系列的「正直」範疇又演繹為「心」、「性」範疇，構成了心性學思想體系的圓弧。在這個由哲學範疇構成的圓弧中，主體性哲學得到了充份的展現。這是石田梅岩思想的基本色彩。之所以說主體性哲學得到了充份的展現，是講「心」、「性」範疇既是梅岩的心性學思想體系圓弧的中軸，也是這個圓弧的起點和終點。以「心」、「性」範疇為軸心，向四個不同方位開顯出四個哲學範疇系列。其中，「心→性→天」範疇系列是從人的本性談主體性問題；「心→性→行→知」範疇系列是從人的行為方式涉及主體性問題；「心→性→儉約→正直」範疇系列是從商業社會人與經濟的關係中展現出主體性問題。於是，以主體性哲學為基本色彩，

109-111。

形成了生生哲學、價值哲學、道德哲學、實踐哲學和經濟哲學等斑斕的色彩。斑斕的色彩是基本色彩的變異，生生哲學、價值哲學、道德哲學、實踐哲學和經濟哲學都是主體哲學的深入展開和深化發展，都具有主體性意義。

梅岩思想體系的圓弧從「心」、「性」範疇開始，不斷向外開顯出「天」、「形」、「法」、「行」、「知」、「儉約」、「正直」等範疇，經過三百六十度旋轉，又回歸於「心」和「性」。在這三百六十度旋轉過程中，由主體性範疇「心」、「性」開顯出的其他諸範疇，也都從自身不同的角度論述了主體性問題，並返歸於主體性範疇「心」、「性」。

這種主體性哲學就是石田梅岩的心性學。石田梅岩的心性學的實質是關於人的哲學。關於人的哲學問題，是石田梅岩一生都在思考的嚴肅問題。最終，石田梅岩以自己精心構築的石門心學和自己的一生德行，完成了關於人的哲學思考。石田梅岩也因此而彪炳於日本德川思想史和東亞哲學史，成為了一名有獨特思想的商人哲學家。

第四章　石田梅岩的後學

　　石田梅岩的心性學思想由其後學門人不斷繼承、宏揚、流傳近一個半世紀（十八世紀初葉至十九世紀中葉），成為日本德川時代以「心性學」為宗旨的一門獨特的學術思想，被世人稱為「石門心學」。

　　石門心學的發展史大致經歷了五個階段，即創始時代、興隆時代前期、興隆時代後期、教勢分裂時代和衰退時代。

　　第一期：創始時代(1729-1763)三十五年。

　　石門心學的創始時代自1729年，石田梅岩四十五歲時在車屋町御池上町開席講座算起。初創期，梅岩的門人弟子有二、三十人，常常聚在一起，以切磋琢磨學問為主要事業。除在京都有專門講舍外，梅岩和弟子們還到大和、攝津、河內、和泉等地去講演，但石門心學還沒有得到極大的普及。1744年梅岩去世後，他的弟子齋藤全門、杉浦止齋、富岡以直、木村重光、小森賣布等人立志宏揚老師梅岩的心性學思想，各自在自宅開始講席。於是，石田梅岩的思想在京都、大阪、江戶縈下了堅實的根基。

　　第二期：興隆時代前期(1764-1786)二十三年。

　　興隆時代前期是指以石田梅岩的得意弟子手島堵庵的學術活動為中心的時代。1765年手島堵庵在京都開設了講授心學的場所

「五樂舍」，1773 年又將講授心學的五條東院命名為「修正舍」，
1779年建「時習舍」，1782年又開設「明倫舍」。其中，「修正舍」、
「時習舍」和「明倫舍」成為心學教化運動的總本山。這以後，他
又在其他地方開設講舍二十二個，為宏佈石門心學奠定了基礎。除
此而外，堵庵為了使心學教化活動深入普及至婦女和兒童，專門編
寫了適合婦女和兒童學習心學的教化──《兒童修身要語》和《前
訓》。這一時期，從心學道統來看，除手島堵庵門下人材濟濟外，
齋藤全門門下出現了大橋自門和鐮田一窗，富岡以直門下出現了布
施松翁等諸多英材。

第三期：興隆時代後期(1786-1803)十七年。

興隆時代後期是以京都明倫舍第二世舍主手島和庵、第三世舍
主上河淇水為首，統率全國心學活動的時期。這個時期是心學教化
的高揚時期。心學教化活動由庶民階層浸潤到上流武士階層，並在
為政當局的保護政策下，向全國各個地方滲透。如中澤道二在江戶
創立了參前舍，將心學教化活動開拓到關東、奧羽一帶。當時，全
國共有心學講舍八十一個，遍佈各地各方。隨著心學教化的普及，
心學的思想體系也在不斷地改造、修正、完善。其中最具代表的是
以朱子學為基調的上河淇水，神道色彩濃厚的大島有鄰，將老莊、
朱王、佛教融為一體的鐮田柳泓三人。總之，這個時期是心學發展
史上的黃金時代。

第四期：教勢分裂時代(1804-1829)二十六年。

教勢分裂時代是指代表京都派的上河淇水和代表江戶派的大
島有鄰之間的對立拮抗時代。他們之間不論是在學說、學風上，還
是在教化勢力上，都呈現出絕然對立的狀況。而在這對立的兩派中
間，又出現了代表第三派勢力的鐮田柳泓一派。於是，這個時期的

心學呈現出三足鼎立之勢。隨著學派的分化，被廢棄的心學講舍越來越多。僅文化年間，被廢棄的心學講舍就有二十三舍，文政年間為三十一舍。

第五期：衰退時代(1830-1867)三十八年。

隨著心學教勢的分裂，石門心學進入了衰退期。由於教化統治力的解體和崩潰，心學重心由京都、江戶地區向東北地區、四國、九州等邊遠地區轉移。這時，雖然廣島心學憑藉著堅實的學風依然挺立著，但仍挽救不了心學衰退的大趨勢。

石門心學的發展經歷了五個階段，每一個階段都湧現出了優秀的心學者。他們作為石田梅岩的後學，稟承石田梅岩的心性學思想，代代相傳，構成了石門心學道脈。心學道脈如次頁圖所示❶。

圖中的手島堵庵、中澤道二、布施松翁、鐮田柳泓、上河淇水、柴田鳩翁等六人的學術思想代表了石門心學發展的各個不同階段，故下文重點介紹他們的學術思想。

第一節　手島堵庵和中澤道二

手島堵庵，通稱近江屋源右衛門，生於享保三年(1718)，至天明六年(1786)去世，享年六十九歲。堵庵出生於京都一家祖祖輩輩的商人家庭。他的父親曾撰寫《商人夜話草》等教訓書，教導自己的子孫。在這樣的家庭教育氣氛中成長起來的手島堵庵，具有溫厚篤實、寬仁長者的風格。

手島堵庵進入梅岩師門時，剛剛十八歲，但師事梅岩不到三年時間，對於心性問題就開悟了。堵庵四十四、五歲時，將家務交給

---

❶　參閱石川謙：《石門心學史的研究》緒論和第一編第二章。

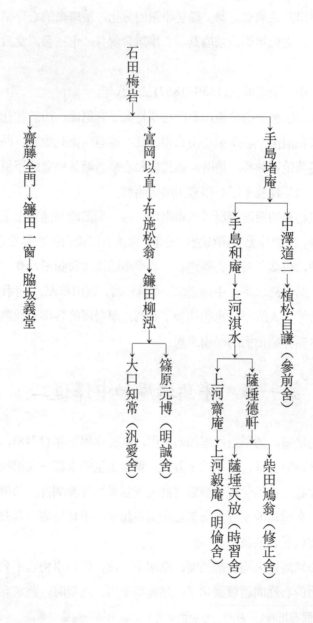

長男和庵，一心一意宣傳、普及梅岩老師的學問至死。二十年間，他擴建、新建了心學講舍四所，並撰寫心學圖書二十餘種。為了將梅岩的學問普及、擴大到婦女、兒童之中，堵庵將梅岩深奧的心學精義，以通俗易懂的格言和喜聞樂見的詩歌形式撰寫成書，成為家喻戶曉的讀本。由此，吸引了眾多的心學門人和信徒。手島堵庵為石門心學的深入普及，作出了貢獻。

在石田梅岩的幾位大弟子中，手島堵庵的學術地位相當於中國儒學史上孔子之後的孟子。把堵庵比喻為孟子，一方面是表明他學術思想的重要性，另一方面也標示著在人性論思想方面，他與孟子思想的相近性。

作為石田梅岩的大弟子，手島堵庵在繼承梅岩關於「心」和「性」哲學思想基礎上，提出了「本心」思想。這是他對石門心學的最大建樹。

誠如第三章所述，石田梅岩的學問以「知心見性」四字標宗。「心」、「性」範疇是梅岩心性學思想的基礎範疇和核心範疇。但對「心」和「性」的體悟，即開悟的過程，卻比較複雜、艱難。梅岩自己經過兩次開悟，才體悟到「自性是天地萬物之親」這一至理。為此，手島堵庵以簡易化和實行化為宗旨，以深入普及石門心學為目的，在梅岩提出的「心」、「性」範疇基礎上，提出了「本心」這一重要範疇，代替「心」與「性」。

「本心」的思想在梅岩那裡已有端倪。他在強調「心」與「性」的相一性時，曾指出過：「本心」＝「自性」。但綜觀梅岩的整個思想體系，他又強調「性」從「心」中開顯出來，由「心」開出「性」，「心」與「性」是有區別的。這正如石川謙博士所指出的那樣：「梅岩思想的中核根植於心和性二者。這二者好像又同一，又不同一；

好像既有內部的關聯，又好像沒有關聯。」❷對於先師思想中「心」與「性」的這種微妙的思辨關係，手島堵庵有所察覺，並從使心學簡明化、實踐化出發，他提倡「心與性二者渾然融合的『本心』說」❸。堵庵的「本心」說是對先師心性思想的簡易化和通俗化。

　　手島堵庵關於「本心」的論述，主要集中於《坐談隨筆》和《知心辨疑》兩部著作中。關於「本心」的基本觀點，主要有：

> 人的本心虛靈，如果起名的話，明確地說，可以叫「明德」。
>
> 孟子曰：「心之官則思，思則得之，不思則不得也。」人要很好地思慮，發揮心的善的功能，不違背本心。這樣，思慮與惡的思案就明確分開了。
>
> 遵循我師在《都鄙問答》中所云孟子的盡心者知性之說，知本心與知性同。
>
> 《大學》云：「知止而後有定」。古人強調知止。現在，知本心就是知止。
>
> 本心全是善，一毫不善也沒有。❹

　　根據堵庵以上基本觀點，可以看到他的「本心」說是對先師梅岩心性思想的發展。這種發展表現在以下兩個方面。

　　第一方面，「本心」說指出了人性善惡的來源。

　　在人性善、惡的問題上，堵庵的先師梅岩稟承孟子的「性善」

---

❷　石川謙：《石門心學史的研究》，頁90。

❸　同上。

❹　手島堵庵：《坐談隨筆》和《知心辨疑》，見《石門心學》，頁118、123、131、132、135。

說，認為「性善」指的是「天地之性」， 即是「天地人渾然一體貫穿」的境界。至於「性善」的來源問題，即為什麼人性善的問題，梅岩沒有回答。因為梅岩強調「元性善」。所謂「元性善」，就是在梅岩思想中，視生命原初為「性善」。 這就是說，梅岩認為人在本質和本性上，就是「性善」。 也正是因為石田梅岩強調「性善」是人天經地義的本性所在，所以，他不談人性惡。

但是，面對社會中有善人，也有惡人的現實，手島堵庵為了弘揚石門心學，就必須從心性學理論上解釋人性善、惡的來源問題。對這一問題的解釋，堵庵吸取了孟子和宋代理學家的理論。

孟子對於人性善的解釋，強調每個人一生下來，在其本性裡面，就自然而然地具有「善」的因素，或者說原則。這些因素或原則，孟子稱為「端」，就是苗頭的意思。據他說，每個人生下來都有「惻隱之心」、「羞惡之心」、「辭讓之心」、「是非之心」，這些他稱為「四端」。「四端」如果能發展起來，就成為「仁」、「義」、「禮」、「智」的「四德」。他認為「四德」是「四端」的發展，「惻隱之心，仁之端也；羞惡之心，義之端也；辭讓之心，禮之端也；是非之心，智之端也」。所以，這「四德」都是「我固有之」❺。這表明，孟子認為人性善是人固有之的。與此同時，另一方面孟子又主張「心」的作用，強調只有通過「心之思」，才能體認到人性善。孟子說：「耳目之官不思，而蔽於物。物交物，則引之而已矣。心之官則思，思則得之，不思則不得也。此天之所與我者。」❻人有耳、目、心等不同的器官。但是，耳目之類的器官同普通物體一樣，不具有思維的

---

❺ 參閱馮友蘭：《中國哲學史新編》第十二章六節，人民出版社1984年版。

❻ 《孟子·告子上》。

能力，不能認識事物的本質，一旦與外物接觸，便為外物所蔽誘。心與耳目不同，它能思維，因而既可以認識外物及其道理，又可以認識人自身的內在善性。關於「心之思」的這兩個方面的認識能力，孟子更重視心對內，對主體自身善性的認識。他認為，人只有認識自身內在的善性，才能通過善性的擴充而實現道德修養的目標。人最基本、最重要的道德準則是仁義禮智。「仁義禮智根於心」❼。而「心之思」的作用，就是認識、擴充和發揚自己內心本已存在的仁義禮智之端，使之確立於心，作為做人、持家、治國的準則，達到高度的道德自覺，從而通達天人之道，成為聖賢。由此可見，「心之思」的意義就在於它能發現自己內心的善性，並保存、培養、擴大之，達到修身的目的。

　　手島堵庵緊緊把握住了孟子「心之思」的思想，把「思」區分為「思慮」和「思案」。 關於「思慮」和「思案」的區別，堵庵在《坐談隨筆》中說：

> 思慮和思案有很大的區別。人活著就要思慮（思考）。打個比喻的話，本心如同五體。首、手足、人身很少有不動的時候。就如同人身的活動一樣，心也是活動的場所。其中，與本心相通的活動（即思慮）是善，即使有灰塵，也不能對本心有傷害。所謂思案，就是對思慮的歪曲。從前並沒有人把思案看成是惡。不知從誰開始，認為思案就是惡，思案就是惡的原因。❽

---

❼　《孟子・盡心上》。

❽　《坐談隨筆》，見《石門心學》，頁121。

可見，堵庵的意思是說，「思慮」與「本心」相通，是人性善的根源。而「思案」是對「思慮」的歪曲、曲解，是人性惡的來源。

再進一步分析堵庵的思想，可以看到，他視「本心」為「明德」。所謂「明德」，就是一種完美的德性。《禮記・大學》講：「大學之道，在明明德」。這表明，「明德」主要是指「性」。宋大儒朱熹在《大學章句》中解釋「明德」為「明德者，人之所得乎天，而虛靈不昧，以具眾理而應萬事者也」。按照朱熹的解釋，「明德者，人之所得乎天」是指「性」；「虛靈不昧，以具眾理而應萬事者」是指「心」，所以，「明德」可理解為是最完美、最盡善的「心」與「性」的融洽體。手島堵庵正是在這重意義上，將他的「本心」視為「明德」。為此，堵庵又把「本心」定義為「本心全是善，一毫不善也沒有」。這樣，與「善」的「本心」相通的「思慮」，也就成為了人性善的來源。

比起對人性善來源的解釋，堵庵更重要的貢獻和特色，是提出「思案」是人性惡的來源問題。石川謙博士說：「『思案』就是『我』。安永六年二月(1777)以後，堵庵將『思案』改稱為『私案』。」❾所以，堵庵又常常將「本心」叫作「無我」、「無私案」。如他說：

> 聖人之道，只是知無私案的明德。除此而外，任何事也不過問。
>
> 無思案的時候，就是無我的時候。……無我的時候，就是無惡之時，也就是與性善共存的時候。❿

---

❾　石川謙：《石門心學史的研究》，頁92。

❿　手島堵庵：《坐談隨筆》，見《石門心學》，頁119、120。

至於「思案」與「惡」的關聯，即「思案」之所以成為人性惡來源
的理由，手島堵庵解釋有：

> 思案與本心相違背。
>
> 思案就是出來心。
>
> 惡的思案出現時，本心善的思慮就會隱藏起來。
>
> 有欲念的各種煩惱就是思案。**⓫**
>
> 所謂私案，就是安排佈置的事。可以說任何事都是由此發起
> 的。……思慮與私案不同，沒有一絲停滯。把思慮與私案作
> 一比喻的話，思慮如同是流水，而私案就好像是那水凝成的
> 冰，凝滯不動。**⓬**
>
> 本心完全是善，一毫不善也沒有。人的不善是先把本心遮蔽
> 起來，然後才產生不善（惡）。**⓭**

從上述引文中可以看到，在手島堵庵的思想中，與「本心」相通的
「思慮」如同永不停息的流水一樣，在永遠活動。而一旦「思慮」
的活動被沖斷、停滯，那麼，「思慮」對物的接觸，也就會中斷、
停滯，其結果是與物本來面貌相對抗的「出來心」即「我」的產生。
伴隨「出來心」的產生，各種各樣的欲念、煩惱也就會產生。「色
欲、利欲、名欲，此三者，不管是老年人、中年人，還是青年人，
都要嚴戒之」**⓮**。因為色欲、利欲、名欲這些「邪思」就是「思案」

⓫　手島堵庵：《坐談隨筆》，見《石門心學》，頁120、122、123。

⓬　手島堵庵：《朝倉新話》，見《手島堵庵全集》，昭和六年(1931)版，頁
　　249。

⓭　手島堵庵：《知心辨疑》，見《石門心學》，頁135。

（私案），也就是人性惡。所以，「思案與本心相違背」，惡的產生是「先將本心遮蔽起來，然後才產生不善」。

　　對於堵庵的這一解釋，石川謙博士有一個生動的比喻。他說：「在堵庵那裡不太講心，而只講本心。本心的功能不是消極的，是永不停止的『思慮』活動。『思慮』是不停息的自發自動的活物。『思慮』也就是永遠流淌的意識流。……而如果本心自身的活動即『思慮』被中斷、停滯，那麼，惡就會逸脫出來，這就是作為人的『我』，就是『思案』。」❺這個比喻的意思是說，「善」來源於與本心相通的永遠的「思慮」。強調「思慮」的活動，就是強調人們要多思多慮，辨別善惡，強化本心，使本心的善性充分發揮出來。手島堵庵本人也曾舉季文子例子，強調「三思」的重要意義。

　　　古代聖人孔子也誇獎季文子的「三思而後行」。季文子這個人，做一切事情都要經過反覆思考。這樣，就與思案分辨開了。❻

正是因為手島堵庵視「思案」為人性「惡」的來源，所以，他積極主張「無我」、「無思案」。「無思案」（無私案）成為堵庵發前人所未發的創說。「無我」成為後世心學者的口頭禪。

　　「思案」是人性惡的來源，堵庵這一思想是對孟子「心之思」的發展。如上所述，在人性來源問題上，堵庵除吸取孟子思想外，還吸收了宋代理學家的思想。

---

❹　手島堵庵：《坐談隨筆》，見《石門心學》，頁120。
❺　石川謙：《石門心學史的研究》，頁91、92。
❻　手島堵庵：《坐談隨筆》，見《石門心學》，頁122–123。

　　宋儒張載在人性問題上主張「立本」。此「本」，當是明人之性。為解決「立本」問題，他提出「天地之性」與「氣質之性」的兩重人性論。他說：「形而後有氣質之性，善反之則天地之性存焉。故氣質之性，君子有弗性者焉」。「氣質之性」是人形成以後，由於稟受陰陽二氣，各人的身體條件、特殊形體也各不相同，這種各人的具體的本性就叫作「氣質之性」。它既有善的一面，也是惡的來源。「天地之性」就是「太虛」本性，它是純一無缺、是善的。由於人生來就具有這兩重「性」，因此，人們只要善於反省自己，就能夠保存其善的「天地之性」。作為君子來講，是不應該存有「氣質之性」的。

　　程顥和程頤繼張載的「氣質之性」提出了「生之謂性」，以為這樣便解決了自孟子、荀子以來關於「性善」、「性惡」之爭。所謂「生之謂性」，二程說：「生之謂性，性即氣，氣即性，生之謂也。人生氣稟，理有善惡，然不是性中原有此兩物相對而生也。有自幼而善，有自幼而惡。是氣稟有然也。善固性也，然惡亦不可不謂之性也」。「生之謂性」是告子的話，見於《孟子・告子上》，孟子不同意告子的觀點，然而二程借以說明「氣質之性」。因而，二程既繼承了孟子的「性善論」，又改造了告子的「生之謂性」說，並將其結合起來，而構成了「天命之性」和「氣質之性」的人性二元論。

　　朱熹進一步完善了張載和二程的思想，把人性區分為「天命之性」和「氣質之性」，並認為這就妥善地解決了中國哲學史上從春秋戰國以來長期爭論不休的人性善惡問題。朱熹說：孟子講「性善」，是從本原上說的，但只知有「天命之性」，而不講有「氣質之性」，因此不完備，不能從理論上說明「惡」從哪裡來的問題。荀況講「性惡」，揚雄講「善惡混」。他們只講「氣質之性」，而不知有「至善」

的「天命之性」，所以就講不清楚人性問題。秦漢以來，關於「性善」、「性惡」的爭論，只是「說夢」。唐代韓愈提出「性三品」說，企圖綜合以前關於「性善」、「性惡」的爭論，但實際上還是講「氣質之性」。所以，朱熹認為張程的「天命之性」和「氣質之性」這個說法一提出來，上接孟子，接得有首有尾，使人性善惡問題一起完備了❼。

宋代理學家的基本觀點就是人性善來源於至善的「天命之性」，而「氣質之性」由於稟氣的情況不同，亦「善」亦「惡」。這一基本理論亦被手島堵庵所吸取。

《知心辨疑》有這樣一段記載：

> 問：假如極惡的人知本心，那麼，也有益處嗎？
> 答：即使善人捨棄，惡人也不能存在。人皆性善也。知本心是趨善的根本。不知趨聖門之善者為下愚。若知本心的話，還有什麼惡人之事呢。應該趨善。即使奸曲深刻的氣質，殺了人的人，當他知本心時就趨善了。而他知本心後，就明白以前害人不對。又如打人的氣質，可以使他變成即使握拳嚙牙也不打人。任何人都可以改變。所以知本心，大有益處。這說明本心的明蔽，決定性善的程度。❽

堵庵這段話的意思是講，性惡之人知本心後，也會有變化。引文中使用的「奸曲深刻氣質的人」和「打人氣質的人」，無疑都是指性

---

❼　參閱張立文：《宋明理學研究》，中國人民大學出版社1985年版，第三章第三節、第四章第三節、第五章第三節。

❽　手島堵庵：《知心辨疑》，《石門心學》，頁135。

惡之人。他們的性惡來源於「氣質」，即中國宋代理學家講的「氣質之性」。堵庵重點講了知本心，人性就會變化。這一思想也是宋儒主張的「改變氣質」說。不過，堵庵的特色在於通過強調「知本心」來改變氣質。

手島堵庵的「本心」說為在理論上解釋人性善、惡的來源問題，作出了一定貢獻。

第二方面，「本心」說指出了「知心」、「知性」的實踐途徑。

「知心」、「知性」是石門心學的要諦。在「知心」、「知性」的方法、途徑方面，石田梅岩遵循孟子的教導，主張「盡心知性」。但在怎樣「盡心」問題上，梅岩並沒有提出具體方案。手島堵庵從「善導須知」出發，圍繞著「知本心」，提出了一系列實踐方法。這為石門心學的普及和弘化，奠定了基礎。這也成為堵庵對心學運動的一項重要業績。為此，柴田實教授評價堵庵的這一業績時說：「與其說他是心學的求道者、探求者，不如說他是心學的指導者、教育者更為恰當。」❶

「本心」說是手島堵庵心學思想的中核。圍繞這一中核，堵庵強調的是怎樣知「本心」? 即他的先師梅岩所說的怎樣「知心」、「知性」? 對這一問題，如上文所述，堵庵曾說過：「知本心就是知止。」

「知止」一詞來源於中國儒家經典《大學》。《大學》說：

　　大學之道，在明明德、在親民、在止於至善。知止而後有定，定而後能靜，靜而後能安，安而後能慮，慮而後能得。物有本末，事有終始，知所先後，則近道矣。古之欲明明德於天下者，先治其國。欲治其國者，先齊其家。欲齊其家者，先

❶　柴田實：《關於石門心學》，《石門心學》，頁478。

修其身。欲修其身者，先正其心。欲正其心者，先誠其意。欲誠其意者，先致其知。致知在格物。物格而後知至，知至而後意誠。意誠而後心正，心正而後身修，身修而後家齊，家齊而後國治，國治而後天下平。自天子以至庶人，壹是皆以修身為本。其本亂，而末治者，否矣。其所厚者薄，而其所薄者厚，未之有也。此謂知本，此謂知之至也。

馮友蘭先生解釋《大學》這段話時認為，此段所說是《大學》的主要思想，後來稱為《大學》的「三綱領」（明德、親民、止至善）和「八條目」（格物、致知、誠意、正心、修身、齊家、治國、平天下）。其中，「修身」是「齊家」、「治國」、「平天下」的根本。而「修身」的下手處是「修心」。所以，《大學》認為，心必須有所誠求，方能不亂而正。此所以「欲正其心者，先誠其意」。 誠意係由「知止」得來。這就是「知止而後有定」云云之義❷。

　　按照馮友蘭先生的解釋，「知止」的「止」是「標準」的意思。他指出，每一個人總在人倫中佔有一種地位，在哪一種地位，就照著那一種地位的標準去做，這就是「修身」。「修身」的實質是「修心」，「修心」的要害是「誠」，而「誠」又來自於「知止」。 所以，歸根結蒂，「知止」也就是《大學》中所說的「止於至善」，即將事情做到最完全的地步。這種「止於至善」的地步也就是堵庵所強調的「知本心」。如他說：

　　以知本心為入德之初。因此，知很難。知後以養本心為重。涵養是學者終身期待、學習的大事。❷

----

❷　參閱馮友蘭：《中國哲學史新編》第三冊，頁129。

堵庵這裡所說的「知本心」、「涵養本心」就是「修身」的過程。關於「修身」的具體方法和途徑，他特意寫了《兒童修身要語》和《前訓》兩本啟蒙書。其中，《兒童修身要語》將修身要語以歌謠形式表述出來，既深入淺出，又生動活潑，很便於實行。此書的要旨是教導人們從善去惡，培養「赤子之心」，立足於「無思案」的立場。《前訓》分「男子部」和「女子部」，書後附有《司馬溫公家範婦人六德和解》。教育對象是七歲至十五歲的男孩和七歲至十二歲的女孩，實際上這是一部童子規。《前訓》以兒童生活為指導，以德育為中心，施以道德觀、倫理觀、人生觀等方面的教育。這是因為堵庵從心學立場出發，認為最初的良心是人性的本然，從兒童起便應促發「知本心」的自覺性，所以十分重視兒童的修身。

綜觀《兒童修身要語》和《前訓》中關於「修身」的要點，有以下三點內容。

(一)要「正直」

手島堵庵在《兒童修身要語》中，開頭第一句話便是：

性惡不是天生的，而正直卻是與生俱有的。[22]

其意是說，人與生俱有的性是正直。正直是心學的根本信念。這裡的正直也就是儒教中的「性善」。這種正直的善，不是與惡相對的善，而是本質上的善，即石田梅岩所說的「元性善」。堵庵認為正直的廣義，兼有「仁」的意義。關於「正直」的修行方法，堵庵強

[21] 手島堵庵：《知心辨疑》，《石門心學》，頁136。
[22] 手島堵庵：《兒童修身要語》，《石門心學》，頁144。

調要捨去私利私欲，才能進入「無思案」的境地。如他說：

> 正直的心，即使思案想歪曲，但也不能歪曲，那才是我們的心。
>
> 有貪欲的思案，連鬼都感到受折磨。
>
> 有私利私欲的思案，會把人拉入地獄。❷❸

㈡要「忠孝」

堵庵從庶民日常實踐生活出發，認為「忠孝」是庶民修身的一項重要德目。忠孝包括對主人要「忠義」，對父母要「忠順」，對朋友要「忠誠」。 具體實行方法有：早晨沐浴後，要拜御國、御神，然後拜御先祖，即曾祖父、曾祖母、祖父、祖母。外出歸家時，要先拜見父親和母親。孝子不可有私有財寶，要讓父母親知道。

㈢要「行儀」

行儀即是各種道德禮儀和道德行為的規範。堵庵更加強調的是婦女的行儀。在《前訓》的「女子口教」部分中，對於婦女的行儀進行了具體的論述。如婦女要遵守「三從」（未嫁從父、既嫁從夫、夫死從子），「四德」（婦德、婦言、婦容、婦功）， 還要做到「柔順」（對人和物要慈悲），「清潔」（無邪念、守貞節），「不妒」（對丈夫恭順、對丈夫喜愛的人和物，不能忌妒），「儉約」（無奢心、對衣服飲食不能挑剔），「恭謹」（行為端正、不驕不躁），「勤勞」（任勞任怨、不怕吃苦）等等。

❷❸　手島堵庵：《兒童修身要語》，《石門心學》，頁144、145。

手島堵庵認為，通過以上種種實踐方法可以「修身」，即「修心」。通過「修心」，可以達到「知本心」。所謂「知本心」，就是進入到「無我」的境地。這種境地也就是「以天地萬物為我」、「以天地萬物為慈愛」的境地。所以，堵庵的「知本心」也就是儒家的「仁」和「止於至善」。可見，堵庵的「知本心」使先師梅岩的「知心」、「知性」說更加具體化、實踐化和簡易化。

手島堵庵的「本心」說以其對石田梅岩心性思想的通俗化、簡易化、實踐化而開闢了石門心學的一個新紀元。

中澤道二是手島堵庵的嫡傳弟子。

中澤道二 (1725–1803) 諱義道、通稱龜屋久兵衛，出生於京都以機織為業的家庭。由於京都的商家大多信奉日蓮宗，所以道二自幼年起，便受到了肯定現實的具有積極意義的宗風的教化。青年時代，由於疾病和學徒生活的勞苦，使他對社會和人生產生了種種疑問，於是努力學習，以求從中找到答案。四十一歲時，聽了等持院東嶺禪師的法話，其中「四海皆歸妙法之理」這句話對他教益很大，成為他心學的根幹和入手島堵庵學門的契機。之後，借助佛教教義，道二對梅岩的「性」和堵庵的「本心」，有了進一步了解。安永八年(1779)三月，五十五歲的道二迎來了自己建功立業的黃金時代。他在日本橋通鹽町興建了宏揚心學的「參前舍」，並以此為中心，使石門心學在關東一帶廣泛流佈。「參前舍」與手島和庵、上河淇水在關西創建的「明倫舍」東西呼應，成為心學教化運動的兩個重要據點。由此，出現了心學教化史上的極盛期。

據石川謙博士詳細調查的結果，自1779年中澤道二創立「參前舍」到他去世的1803年，在這二十四年間，道二及其門徒新設心學講舍二十一舍，東奔西走宣講石門心學，跑遍除九州之外的五畿七

道二十七個諸侯國。由此，使石門心學遍佈以江戶為中心的關東一帶。並且，使石門心學進入了上層武家社會。這是中澤道二的又一重要貢獻。自梅岩起，石門心學只是作為町人、百姓之學，在市民社會中流傳。而中澤道二則將心學作為一種人間學、萬人共通的道，進行宣傳，由此受到武家社會的重視和歡迎。如播州山崎藩、近江大溝、丹波龜山、同柏原、下野足利、陸奧泉等約十個藩的藩侯及家中、旗本御家人等都聽過道二的《道話》演講並按其內容進行心身的修身和反省。這標示著石門心學的廣泛而深入的傳播。

中澤道二的著作許多都遺失了，現存代表作是由八宮齋編集的《道二翁道話》，共六篇十五卷。其中的初篇於寬政七年(1795)六月，由上河淇水作序、作為大阪恭寬舍的藏版公刊。二篇至六篇，於寬政八年(1796)至文政七年(1824)陸續出版發行。

中澤道二作為手島堵庵的親傳弟子，他把被堵庵更加主觀化了的以「本心」為標幟的心學思想與客觀的自然規律和社會秩序相融合，構築了一個主客合一的獨特觀念——道。

「道」是中澤道二心學思想的核心概念。道二的「道」與石田梅岩心學思想的核心概念「性」相比較，如果說梅岩的「性」是具有普遍性、抽象性、根源性意義的範疇的話，那麼，道二的「道」則是具有個別的、具體的、現實意義的範疇；道二的「道」與手島堵庵心學思想的核心概念「本心」相比較，如果說堵庵的「本心」是主觀的、心理的話，那麼，道二的「道」則是客觀的、倫理的、社會的。所以，中澤道二的「道」，究其實質，是將梅岩的「性」、堵庵的「本心」，融入於大自然與社會秩序之中，融合渾一的心物合一的範疇。

具體剖析中澤道二的「道」，可以看到它分為三個層次，由淺

入深、由表及裡、由部分至整體，遞進構成。

第一層次的「道」。

第一層次的「道」意為「天」，或為「常」，用哲學來解釋，就是「規律之道」或「客體之道」。

《道二翁道話》開篇便說：

> 《近思錄》講：「夫天地之常，其心普萬物而以無心也」。天地之常，即謂道。所謂天心，一切萬物、人類、禽獸、草木等，皆天心所為。黑夜過去是白天，梅樹開梅花、柿樹結柿果，皆天的功用。雖然天是目不能視、無形影、無心，但是，它平等地普及萬物，一切萬物的造化，皆是天的功用。天和萬物一體，不論是釋迦如來還是孔子；不論是千石萬石的大名，還是貧賤之人；不論是蚤，還是鯨；不論是犬，還是貓；不論是雁，還是鴨；皆為天所生。
>
> 道是什麼？麻雀喳喳叫，烏鴉哇哇叫，鳶有鳶之道，鳩有鳩之道，君子行其位，此外無所求。**❷❹**

這段話表明，當道二把「天」、「天地之常」視為「道」時，意為「天之法則」，也就是儒家所說的「天道」。「天道」是指自然界的客觀規律。上述引文中所說的黑夜過去是白天，梅樹開梅花，柿樹結柿果等，都是自然界的客觀規律。所以，道二這裡所說的「道」，就是一種客體之道、規律之道。為此，道二指出：麻雀喳喳叫，烏鴉哇哇叫，這就是「道」。這就是麻雀之道和烏鴉之道。不同的事物遵循著不同的道，鳶有鳶之道，鳩有鳩之道，君子有君子之道。中

---

❷❹ 中澤道二：《道二翁道話》卷上，《石門心學》，頁210。

澤道二的這一思想是深刻的，其深刻性表現在這層意義的「道」是
對客觀事物的本質反映，是對客觀規律的深刻揭示。

第二層次的道。

這一層次的道，意為「心」，或為「形」，用哲學語言來詮釋，
就是「本體之道」或「主體之道」。

關於「道」，道二還說過：

　　道是什麼？就是心事。❿

視「心」為「道」，道二的這一思維路數與中國宋儒二程的思維相
雷同。二程就說過：「心與道，渾然一也。」「心，道之所在。」❿認
為「心」與「道」可合二而一。而在日本石門心學史上，這層意義
的道，就相當於手島堵庵的「本心」。可是，道二並沒有沿襲其先
師堵庵的「本心」說，卻取與中國宋儒二程相似的「道」說，是別
有用意的。這誠如柴田實教授指出的那樣：在中澤道二的著作中，
類似「麻雀喳喳叫，烏鴉哇哇叫」，「柿樹結柿果，栗樹結栗果」這
樣的話很多，並且反覆出現。道二這樣做，決不是一種簡單的比喻。
他是想說明，「道」是一種具體的顯現。而這種顯現，又是通過各
種各樣的「形」來實現的，諸如麻雀、烏鴉、柿樹、栗樹等形。從
這一角度來看，「形」就是「道」。所以，鳶形就是鳶之道，鳩形就
是鳩之道。進一步，道二認為，跨越「形」的表面差異，都是平等
同一的「心」。歸根結蒂，「道」還是「心」。「心」在道二的思想中，
兼有主體和本體兩重屬性。心主要是指人的本性和人的主觀知覺，

❿　石川謙：《石門心學史的研究》，頁95。
❿　《河南程氏遺書》卷二一下。

這是心的主體性。道二又以心為天，講「心是天」❷。這是心的本
體性。因此，當道二把「道」釋為「心」時，這層意義的「道」，就
具有「主體之道」或「本體之道」的意義。正是在這重意義上，道
二也說過：

> 心之外有何物？心外無道。❷

這就是說，「道」在「心」中，離開了心，道就失去了它的所居之
位。這樣，「道」就由第一層次意義上的客體之道轉化為第二層次
意義上的主體之道。

第三層次的「道」。

這一層次的「道」，意為「順應」，用哲學語言來註釋，就是「和
合之道」， 即為主客合一之道、心物合一之道、天地合一之道。關
於這一層次的「道」，道二如是說：

> 把形的功用，叫作天地和合之道。此外無道。柿樹結柿果，
> 栗樹結栗果。總而言之，只有這種素樸的和合之道，除此而
> 外，無道。……聖人與天地同根同性，以一切萬物為心。此
> 外，在別處無心。所謂學問，就是明白這個道理。君子之學，
> 龐然大物，就是順應事物。心虛靈不昧，應萬事而無跡，只
> 是順應。對丈夫要順應之，對雙親要順應之，對花要順應之。
> 心與物無間隔，如同鏡中之物，物離而不留痕跡一樣。心是
> 平等的。不論是孔子、釋迦，還是熊坂長範（日本平安末期

---

❷ 中澤道二：《道二翁道話》卷上，《石門心學》，頁211。

❷ 同上書，頁217。

的大盜），他們都一樣，如同看戲，在悲傷的地方悲傷。其實，那悲傷的地方是不存在的，只是去順應那悲傷。還有，看到高興的事情就高興。其實，那高興的事情也是不存在的，只是去順應那高興。另外，觀賞花，所謂花，誰都見過。在沒有看到花之前，我是不存在的，只是去順應那花。這些道理的共同點，在佛家看來，就是成佛之相。這就是道。所謂道，不過就是順應。㉙

這裡，道二把「道」釋為「順應」。這種「順應」不是簡單的隨順對應，而是強調在虛靈不昧的心，即明德的作用下，永不停滯的一種主客合一的境界。所以，他把這種境界，特別稱之為「天地和合之道」。在道二心學思想中，以天為心、為主，以形為上、為地、為客。「天地和合之道」，指的就是主客合一、心物合一的和合境界。這種境界要求人們順應既存的道德秩序和現存的社會體制，也就是要百姓遵循封建的道德規範，知足安分、勤勉質樸。為此，中澤道二的《道二翁道話》受到封建領主的獎勵，成為教化、善導百姓行為規範的教化。正是由於這個緣故，道二時代的心學，從平民百姓走向了武家上層社會。也正是由於這個原因，在上層社會支持下，心學成為國家和為政當局者的教化方策，並作為倫理運動，向社會各層次強行推行。其結果，出現了心學普及史上的興隆時代後期，又稱為心學的黃金時代。

中澤道二這第三個層次的「道」，涵蓋了第一個層次和第二個層次道的內容，但又高於前二者。第一層次的「道」，強調的是主體之道，物之道；第二層次的「道」，強調的是客體之道，心之道；

㉙　中澤道二：《道二翁道話》卷上，《石門心學》，頁210–211。

第三層次的「道」， 強調的則是主與客、心與物的和合境界。用道
二的話來說，就是主體對客體的順應，心對物的順應。但這種順應，
必須是在心作用之下的永不停滯的和合。這就表明，在道二的心學
思想中，「道」是一種永恆存在著的、起作用的規律。這種規律既
是客觀的，又是主觀的。歸根結蒂，是在心中的主客合一。

由此可見，中澤道二以「道」為主要範疇的心學思想是對石田
梅岩以「性」為主要範疇和手島堵庵以「本心」為主要範疇心學思
想的發展。這種發展表現在：

第一，梅岩和堵庵的心學思維方法，都是直接從主體「性」或
「本心」出發，而道二的思維方法，卻是從客體出發，又回歸於主
體，最後，在心中達到雙方的冥合。這種思維方法具有客觀的合理
性，更易於被人接受。這也是心學在道二時代得以普及的一個原因。

第二，道二的「道」較之梅岩的「性」和堵庵的「本心」，更具
有形象性和實際性，因而也更易於普及和推廣。

第三，道二的「和合之道」是對梅岩和合學思想的具體運用和
發揮。如上所述，梅岩心學思想的精華是「和合學」。 作為石門心
學弟子的道二，繼承並發展了這一傳統，提出了「和合之道」這一
概念，是對梅岩和合學思想的一個深化。

第二節　布施松翁和鐮田柳泓

布施松翁名矩道，通稱松葉屋伊右衛門，出生於京都一家和服
商。松翁生於享保十年(1725)，天明四年(1784)謝世。松翁講學活
動的範圍主要在攝州池田、有馬、大阪、群山、奈良、大津、大溝
等近畿一帶。他的主要著作有《松翁一人言》和《松翁道話》等。

　　由於他的生平事蹟資料較少，所以，關於他入石門的詳細緣由不甚清楚。按時間推算，松翁二十歲時，梅岩去世，所以，石田梅岩生前大概沒有與布施松翁有直接的接觸。從石門心學學脈上講，松翁拜梅岩的弟子富岡以直為師，屬於梅岩的二傳弟子。

　　富岡以直 (1717–1786) 通稱十一屋傳兵衛，是石田梅岩的大弟子之一。梅岩去世後，他以梅岩直門的身份在自宅開設會輔，傳授先師梅岩的思想。在學術思想上，他繼承了梅岩「和合學」中的老莊思想和陽明思想。

　　為此，布施松翁作為富岡以直的弟子，在學術思想上，更傾向於老莊和佛教。他從老莊和佛教思想出發，探討性的根據和性發明的境地問題。如他說：

> 從前有一種說法，說虛空把人吞進，其結果人又吞入虛空。
> 而後來，吞進虛空的人又把虛空吹出，其被吹出的虛空又把
> 人吹出。現在，也有人這樣說，這樣認為。那麼，本真是什
> 麼呢？不知道。所以，色即是空，空即是色。……究竟虛空
> 是本真呢？還是骸是本真呢？到底哪是本真？不知道。❸

松翁的這些話都是發於梅岩《都鄙問答》的筋骨。所以，松翁心學的本領在於進一步探討「性」的依據問題。

　　作為布施松翁同門的有鐮田柳泓。

　　鐮田柳泓，本姓久保，寶曆四年(1754)作為又右衛門的三子出生。柳泓諱鵬、通稱玄珠、號柳泓、紀州湯淺人。他十歲時作為京都醫師鐮田一窗的養子，移居京都。文政四年(1821)三月終焉，享

❸　石川謙：《石門心學史的研究》，頁86。

年六十八歲。

鐮田柳泓是一位學識廣、造詣深的學者。這與他的養父和師友對他的影響，有著密不可分的關係。

養父鐮田一窗，號虛白齋翁，年輕時跟著石田梅岩的大弟子齋藤全門學習心學。柳泓作為其養子後，在向他傳授醫學的同時，又將心學道理傳授給他。但柳泓的心學，主要是富岡以直的傳授。據說，在富岡以直的精心教導下，柳泓十五歲時便發明本心，二十歲時寫《擬水滸傳》十五卷，四十歲左右開始撰寫一系列心學著作，約有三十種之多。布施松翁是柳泓的同門。所以，從石門心學學脈看，鐮田柳泓可稱為是石田梅岩的三傳弟子。

作為三傳弟子的鐮田柳泓，由於時代的變異，與其他石門弟子相比較，他是一位具有深厚漢學功力的心學者。柳泓幼年時便寫漢詩、作漢文，其代表作《朱學辨》，便是用漢文寫成的。同時，柳泓又是一位學識淵博的心學者。他的學問涉及醫學、自然科學、文學、理學四個方面。他的學問觀由五個方面構成，即從以朱子學為中心的性理論、敬說出發，包攝了陸九淵和王陽明的心學理論及佛、老之學，進一步還吸收了西洋的天文學和荷蘭的醫學知識，成為「心理學集大成」者。

為此，鐮田心學有其明顯的特色。這種特色表現為以下三點。

(一)倡明「三教同異」

三教是指儒教、佛教和老莊之學。鐮田柳泓四十三歲時寫《朱學辨》，倡明三教同異，其實質是為了說明三教一致，弘揚先師石田梅岩的三教和合思想。

關於三教的「同」與「異」，柳泓在《朱學辨》中說：

或有問於予曰:「儒與釋老其道同乎異?」予答之曰:「同處
皆同而異處各異。」曰:「何謂之同?」曰:「脩其一心以濟萬
物皆同。」曰:「有說乎?」曰:「有。孔聖之一貫四絕,孟軻
之性善養氣,曾傳之格物致知誠意正心,子思之性命中和未
發已發,與夫釋氏之真空寂滅,老子之窈冥昏然,其言雖異
其意則實同。且如《易》無思也無為也寂然不動,不啻其意
同其語亦直與釋老之言如出於一口,亦可以見其道之同也,
是皆語脩其一心也。己脩其一心以濟萬物則自存其中矣。若
能默而識之則皆符合而節會,但釋老則到底說虛而實在其中,
儒則到底說實而虛在其中,虛與實其名如相反而其言實相
符。」……曰:「何謂之異?」曰:「儒重人倫而釋氏棄之,儒
尚實行而老子忽之則各異。」❸

這表明,鐮田柳泓認為儒教、佛教和老莊之共同點就是「修心濟物」。
從這一共同點出發,柳泓主張儒、釋、老三教和合。「三教和合」
說也是他的直門老師富岡以直和先師石田梅岩的一貫教導,是石門
心學的一大傳統。

　　進而,柳泓為弘揚石門心學「三教和合」的傳統,視藤原惺窩、
林羅山、中江藤樹及雨森芳洲為日本心學史上的重要代表者。他說:

程朱之學實知其心而傳之者,在我邦惟有惺窩先生耳。先生
高見篤學實始祖述道學,可謂我邦之程子也。林家則惺窩適
傳固亡論也,下至中江藤樹雖一變入王學,然其於性理之論
猶有可觀者。……近世惟有雨東陽室直清數人,稍會性命之

---

❸　鐮田柳泓:《朱學辨》,見《石門心學》,頁347-348。

理。雨東陽亦有三教一致之言，吾石田門之學其源蓋出於此乎。❸❷

鐮田柳泓認為藤原惺窩是日本的程子。惺窩既學禪學，又習儒學，還接觸了老子和莊子思想。可見，惺窩是一位兼具儒、佛、老三教思想的學者。以後，在他接觸朝鮮朱子學者李退溪的弟子許筬之之後，逐漸轉向朱子學。惺窩轉向朱子學後，也不是專摯於朱子學，而是採取朱陸兼學的態度。用他自己的話說，就是「我於朱陸並無偏摯」。惺窩並以這種兼收並蓄的態度，教導他的大弟子林羅山：「不要只見朱陸後學之異，而不見朱陸之同」。 為此，鐮田柳泓以藤原惺窩為日本傳播朱子學的重要學者。

中江藤樹的心學思想如第三章所述，柳泓也因他的寬容學風而視他為日本心學史上的代表之一。

鐮田柳泓最欣賞的是明確主張三教和合的雨森芳洲（1668–1755）。他名東、字伯陽、號芳洲，精通漢文和朝鮮文。在學術思想上，主張儒佛老三教一致。具體講，他認為在形而上學方面，儒佛道三家理無二致。如他說：「僕不肖竊立三家斷案曰：天惟一道，理無二致；立教有異，自修不一。一生所得，惟有此十六字耳，未知果然耶否耶？」「上天之載，無聲無臭。無聲也，無形也；無臭者，無體也。佛家謂之虛空，道家謂之自然，儒家謂之理。曰：然則三家同門乎？ 曰：立教有異，自修不一，五官四肢謂之形，湊而名之謂之體。」❸❸芳洲指出，雖然佛家講「虛空」，道家講「自然」，儒家講「理」，但「天惟一道，理無二致」，實質上都是一樣的。而在

---

❸❷　鐮田柳泓：《朱學辨》，見《石門心學》，頁349。

❸❸　雨森芳洲：《橘窗茶話》卷上，頁3；卷下，頁13。

形而下方面，芳洲也承認三教的不一致性。「曰聖人之教，下學而上達。道釋以為既已上達，下學則不屑而自成矣」。「曰釋氏以天地萬物為妄相，所以欲人之去煩惱也。儒者以天地萬物為實理，所以欲人之修彝倫也」❸❹。雨森芳洲指出儒家重實，重人倫；佛家尚妄，尚去煩惱。儒家主張下學上達，而佛道鄙棄下學。這是三教的形而下之異處。

雨森芳洲這種認為儒佛老三教形而上的一致性和形而下的區別性的思維路數，與鎌田柳泓在《朱學辨》中主張的三教「修其一心以濟萬物皆同」和「儒重人倫而釋氏棄之，儒尚實行而老子忽之則各異」的思想是一脈相承的。正是基於這一點，鎌田柳泓才認為「雨東陽亦有三教一致之言，吾石田門之學其源蓋出於此乎」。

㈡倡導「以朱釋陸」

如第三章所述，石田梅岩在吸取孟子「盡心知性」思想基礎上，開創了石門心學。因此，梅岩不僅重視「心」，而且十分重視「性」。故此，梅岩心學的確切稱謂應是「心性學」。 講「心」亦講「性」，是石門心學的一個重要特點。這一特點，在梅岩的三傳弟子鎌田柳泓處得到了極大彰揚。而這又構成了鎌田心學的一大特徵，具體表現為柳泓倡導的「以朱釋陸」說。

所謂「以朱釋陸」， 就是以程朱理學關於認識主體「心」的修養方式來闡釋陸王心學關於「心」的思想。「以朱釋陸」說的實質是在以程朱為宗、程朱為本的旗幟下，視程朱陸王為同道，主張既講「心」，也講「性」的「心性學」。

鎌田柳泓關於「以朱釋陸」的思想，集中表現在《朱學辨・道

---

❸❹　雨森芳洲：《芳洲口授》，頁21–22。

統詩》、《心學五則》和《心苑餘材》之中。

柳泓在《朱學辨・道統詩序》中講：他曾經疑慮過：孔子於《論語》惟說一仁而傍及忠恕孝悌信義恭敬禮樂文質等，至曾子受《大學》又以明德親民至善為三綱，以格物致知誠意正心修身齊家治國平天下為八目，至《中庸》又說性命中和未發已發等，至《孟子》又說性善養氣四端等，其言似各別為一家者。學者將適從於誰呢？至宋儒以致知存養為學道之大端而濟之之方，周子專主靜，程子專主敬，其言似又亦別為一家。於是，柳泓思之良久，明白了一旦豁然知，其眾聖賢之旨前後一貫曾無毫末之異。柳泓為證實自己這一思想的正確性，特作《道統詩》一首。詩云：

孔聖一生說一仁，仁之一字妙無倫。
其體渾然純天理，不雜一毫人欲塵。
孝悌之心不外覓，治國齊家此中真。
曾參嗣聖受大學，三綱八目分明陳。
明德仁體親民用，至善體用一誠辰。
子思續之述中字，未發已發論說新。
未發仁體已發用，本之天命人性真。
鳶飛魚躍無聲臭，語中極致精且純。
聖門心法此書傳，學者潛心須究研。
孟軻次之言性善，仁義禮智此中圓。
仁為性主兼三者，義行禮節智知焉。
其用王政斥霸術，其害功利仁義宣。
遇人說性蓋窮理，盡心知性稱知天。
養氣功成心身一，平旦清明氣常全。

是則仁性長養法，非是性外事別傳。

七篇多由心性說，楊子贊之其信然。

性學千載傳者少，運至宋時稱多賢。

周子通書圖太極，始說天理人性全。

其教主靜立人極，以此長養仁體專。

二程續之唱道學，微言精語滿遺篇。

反恐靜字人誤會，澄清心思以為玄。

守靜厭動坐兀兀，槁木死灰是為賢。

代靜以敬其功大，主一無適仁體圓。

不墮無心與亂想，心體清明性德全。

靜時亦定動亦定，大用圓轉出自然。

孝悌忠信何須數，治國齊家掌上旋。

集而大成是朱子，四書詩經註釋宣。

千言萬語汪不極，古今大儒是為賢。

至仁之道無他方，學者須從事於此。㉟

柳泓的《道統詩》表明，他認為心學道統是孔子→曾參→子思→孟子→周敦頤→二程→朱熹。其中，孔子講「仁」，曾參受《大學》言「明德」，子思撰《中庸》發「天命人性之真」，孟子倡「性善」，周敦頤主「靜」立「人極」，二程「以敬代靜」使「心」明「性」全，朱熹集其大成，倡「致知」以研「心體」。

按照鐮田柳泓《道統詩》的排列次序，就會產生一個疑問：宋儒陸象山和明儒王陽明為什麼不在道統之中？對於這一疑問，柴田實教授認為：「柳泓以朱學為本……對於陸王，他的觀點是最初陸

㉟　鐮田柳泓：《道統詩》，見《石門心學》，頁348–350。

王與朱相背馳，以後又歸於一途。所以，若將陸王及其徒弟王龍溪、羅近溪言語中的偏激之處去掉，取其純粹正當之處，那麼，陸王之學則與朱學之旨不相違背了。」❸❻柴田實教授還指出：為此，鐮田柳泓專門將陸象山和王陽明關於心學方面的要言，編纂、抄出、整理為《陸象山王陽明心學拔萃》。

對於這一疑問，石川謙教授認為：篠山直暉為《心苑餘材》所寫的《序》中的寥寥數語，恐怕道破了柳泓想說而沒有說出的話。其序曰：「周程張朱之書心學之苑也。……而陸王教子之書亦心學之苑也。」❸❼

對於這一疑問，筆者以為恰好表明鐮田柳泓主張以朱學釋陸學，提倡「心性學」。如柳泓在《心學五則》中以「持敬」、「積仁」、「知命」、「致知」、「長養」五則為心學的基本涵養功夫。其中，「積仁」、「知命」和「長養」是以孔子和孟子的思想講心學的修養方法，而「持敬」和「致知」則是以程朱思想解釋心學的涵養功夫。

首先，談「持敬」。

程朱理學一派，認為修養方法有兩條，一個是「涵養主敬」，一個是「進學致知」。其中，涵養以居敬、主敬為主要手段，故涵養又常逕指居敬或主敬。程頤認為「敬」是「主一」。他說：「所謂敬者，主一之謂敬；所謂一者，無適之謂一。」朱熹繼承了程頤的思想，認為「敬」是「動容貌，整思慮」。他說：「持敬之說，不必多言，但熟味整齊嚴肅，嚴威懍恪，動容貌，整思慮，正衣冠，尊瞻視此等數語，而實加功焉。……身心嚴然，表裡如一矣。」動容貌，

---

❸❻ 柴田實：《石門心學解說》，見《石門心學》，頁501。

❸❼ 石川謙：《石門心學史的研究》，頁104。

是講外；整思慮，是講內，從內到外，都要使之嚴肅整齊。這樣，「心」能得其所存，而不流於邪惡。可見，「敬」在程朱思想中是指認識主體「心」的修養方式❸。

陸王心學一派則認為「人心」本來是靈的，無需進行主體修養。又由於受蔽，失去其靈，妨礙了對客體的認識。因而，需要進行「存養」的主體修養。關於主體修養的方式，陸象山主張「剝落」。他說：「人心有病，須是剝落。剝落得一番，即一番清明，後隨起來，又剝落，又清明，須是剝落得淨盡，方是。」而王陽明主張「致良知」。在他看來，道德意識不需要到外面去尋找，人具有先驗的道德知識。因而，所謂「致良知」，就是擴充自己發見於日常意識中的良知，使阻礙良知的私意全部除去，使良知全體得以充塞流行，毫無滯礙❸。

而鐮田柳泓則把程朱關於認識主體「心」的修養方法主敬、居敬的「敬」，視為陸象山的「人心」、王陽明的「良知」，所以，他的「持敬」修養方法實質上是對「心」的發明和擴充。如柳泓的《朱學辨·敬說》，開宗明義第一句話便是：

> 敬之一字，實我道之大頭腦、大綱領，至緊至要之處。實為轉凡為聖、點鐵為金的秘訣。可貴可崇矣。❹

---

❸ 參閱張立文：《朱熹思想研究》，頁435。

❸ 參閱張立文：《走向心學之路——陸象山思想的足跡》，中華書局1992年版，頁189，和陳來：《有無之境——王陽明哲學的精神》，人民出版社1991年版，頁179。

❹ 鐮田柳泓：《朱學辨·敬說》，見《石門心學》，頁331。

柳泓為什麼如此重視「敬」呢？他認為「敬」有兩種，一種是「下學的敬」，另一種是「上達的敬」。「上達的敬」比「下學的敬」更重要、更根本。而《近思錄》和程朱講的只是「下學的敬」，沒有提到「上達的敬」。那麼，什麼是「上達的敬」呢？柳泓認為「上達的敬實是聖人位」[41]。所以，他註釋「敬」為：

> 原來聖人位沒有一個名字，只是用敬教導學者向聖人方向努力。這是名實不符。其實，敬只是指人心的本體。為此，暫命名為敬。由此看來，古人也說過：「敬者心之名也。」[42]

可見，鐮田柳泓認為「敬」就是「心本體」。這個被命名為「敬」的「心本體」，在柳泓的思想中，又常常冠之曰「現在的心」。如他說：

> 所謂敬，只是我現在心的功用。此一句是我多年磨鍊的心得。我現在的心又是什麼呢？即見聞知覺、語默動靜、思慮分別、喜怒哀樂的承擔者。這種心的功用，就是敬。[43]

石川謙教授解釋這句話時認為，柳泓所說的「現在的心」，是指「人身中的理，人體中的天」，也就是「相當於梅岩所謂的性」。他認為這種敬，才是「上達的敬」[44]。可見，在柳泓思想中，「敬」是「心」，

---

[41] 鐮田柳泓：《朱學辨·敬說》，見《石門心學》，頁331。

[42] 同上書，頁333。

[43] 同上書，頁335。

[44] 石川謙：《石門心學史的研究》，頁104。

也是「性」。通過「敬」，溝通了「心」和「性」。這就是鐮田柳泓的「心性學」。

其次，談「致知」。

不論是程朱學派還是陸王學派，都講「致知」。不過，程朱學派常常是「格物致知」並提。格物是指努力窮究事物之理，致知是說在即物窮理基礎上，人的知識也就完備、徹底了。所以，格物與致知的關係，朱熹常常概括為「格物所以致知」。如《朱子語類》卷一五記載：「問：致知是欲於事理無所不知，格物是格其所以然之故，此意通否？曰：不須如此說，只是推極我所知，須要就那事物上理會。致知是自我而言，格物是就物而言，若不格物，何緣得知？而今人也有推極其知者，卻只泛泛然竭其心思，都不就事物上窮究，如此終無所止。義剛曰：只是說所以致知必在格物？曰：正是如此，若是極其所知，去推究那事物，則我方能有所知。」這表明，一方面格物以致知為目的，另一方面致知是在格物過程中自然實現的，也就是說，朱熹認為，若沒有即物窮理，主體自身是無法擴充知識的。可見，程朱學派強調「致知」是「格物」的目的，「致知」以「格物」為前提。

而陸王學派的「致知」，主要是強調「心」的功夫。如陸象山就主張「道不外索」，只在「心」上求。他說：「諸公上殿，多好說格物，且如人主在上，便可就他身上理會，何必別言格物。」既然「格物」可就它身上理會，「致知」也可就身上理會了。詹阜民在《語錄》中記載：「先生舉『公都子問鈞是人也』一章云：『人有五官，官有其職，某因思是便收此心，然惟有照物而已。』他日侍坐，無所問。先生謂曰：『學者能常閉目亦佳。』某因此無事，則安坐眼目，用力操存，夜以繼日。如此者半月，一日下樓，忽覺此心已復

澄瑩中立，竊異之，遂見先生。先生目逆而視之曰：『此理已顯也。』
某問先生：『何以知之?』曰：『占之眸子而已。』」 這說明陸九淵認
為終日靜坐，冥思苦想，收攏此心，便能達到「此心澄瑩中立」的
境界，獲得對萬物之理的認識，進而體認「本心」。 對「本心」的
體認，就是徹悟「本心」。 所以，陸象山的「致知」是一種「一是
即皆是，一明即皆明」的頓悟功夫❹。王陽明則更加明確地提出「致
良知」。

　　鐮田柳泓的「致知」觀沿襲了陸王學派的思想，強調「致知就
是究知心體」，「致知的功夫就是觀心的功夫」。如他說：

> 致知就是盡已知之事和窮天下之理。而欲明天下之理，首先
> 要究知人心之體。如究知人心之體，便知此心即天理。天理
> 為萬物之本，天理明，天下事便無疑慮。所以，聖人之學以
> 致知為始。
> 致知的功夫，即在持敬中的觀心功夫。所謂觀心，就是見心
> 之事。其法是從早到晚，從晚到早，不論是立、是坐，心中
> 浮現的善惡一毛也不捨，一毛也不取，只是觀心而已。如此
> 日積月累，心中便是虛明無著，無一點之累。……此時，善
> 念無益處，惡念無害處，善惡二念在我掌中，都有恰當適宜
> 之用。由此，齊家、治國、平天下之事運於掌上。而這時心
> 中無善無惡，亦能用善用惡。無善無惡即是純善。這就是《易》
> 所說「繼之者為善」，《大學》所謂至善，孟子所言性善，也
> 是老子所說的玄和妙，莊子的「虛室生白，吉祥止止」，佛家

---

❹　參閱陳來：《朱熹哲學研究》，頁213，和張立文：《走向心學之路》,頁
　176。

的真如實相，涅槃佛性。

徹悟是致知之極功。❹

從上述引文中可以看出柳泓對「致知」的理解與陸王學派不無二致。

那麼，在「致知」問題上，柳泓是否只「以陸釋陸」，而不「以朱釋陸」了呢？事實並非如此。如程朱學派講「格物致知」，這一思想亦被柳泓所吸取。不過，在他的《心學五則‧致知》中沒有使用「格物」這一概念，而是用的「六和合」。他認為五行（金、木、水、火、土）之氣根據理形成了人之六根（眼、耳、鼻、舌、身、意），六根與六境（色、聲、香、味、觸、法）相作用，產生了六識，又叫作六和合。不過，柳泓強調六和合的關鍵在於心法。他引臨濟宗的話說：「心法無形，通貫十方，在眼曰見、在耳曰聞、在鼻齅香、在口談論、在手執捉、在足運奔，本是一精明，分為六和合。」❹可見，在柳泓的思想中，六和合即是程朱的「格物」。不過，柳泓不是像程朱學派那樣，將格物作為致知的前提，而是認為六和合就是心上功夫。

在致知觀上，鐮田柳泓基本上承襲了陸王學派思想。這是因為陸王的致知說直接講的就是心體，與鐮田的心學相溝通。但柳泓又要「以朱釋陸」，這是因為程朱的「格物致知」與「性」相貫通。如朱熹說「致知但止於至善」、「明善在格物窮理」❹。所以，柳泓吸取程朱學派「格物致知」在於「至善」的思想，是為了明性。既講心，又講性，這就是鐮田心學。

❹　鐮田柳泓：《心學五則》，見《石門心學》，頁366、367、372。

❹　同上書，頁369。

❹　朱熹：《朱文公遺書》卷一五。

由此可見，鐮田柳泓倡導「以朱釋陸」的目的，就是為了弘揚石田梅岩講心亦講性的心性學思想。

㈢提倡「引洋入儒」

如果說主張講心講性的心性學是石門心學和鐮田心學的共同特點的話，那麼，提倡將西方的自然科學和實證科學引入心學之中，則是鐮田心學的突出特點。

由於鐮田柳泓的義父鐮田一窗是位古醫學家，出於職業的需求，一般古醫學家都具有重視實驗的經驗主義傾向，而且通過學習荷蘭醫學而較早地接觸到了西方的自然科學，所以，受義父影響，柳泓也受到了西方自然科學的洗禮，並用他所理解的西方自然科學知識，解釋儒家的心性學。這就是他所提倡的「引洋入儒」。

鐮田柳泓有關「引洋入儒」的思想，集中反映在《理學秘訣》和《究理緒言》之中。

鐮田思想中的「理學」，主要是自然科學意義上的窮理學的意思。從窮盡物之理這一角度出發，柳泓對於宇宙天體的性質進行了解明，對人身的生理、感覺、知識進行了繹釋，對人生命的本質——人心進行了考察。最後，對鬼神問題進行了分析。這些基本觀點與十八世紀歐洲流行的自然科學極其相似。《理學秘訣》和《究理緒言》集中談了三個問題。這就是：

㈠關於宇宙的性質問題

關於宇宙的性質問題，柳泓與一般儒者一樣，用儒學的理氣、陰陽、五行思想加以解釋。但這種解釋，不是從朱子學理一元立場出發，而是立足於素樸的物理學立場。因此，他不是用理，而是用

物質（氣）來把握宇宙的本質。他認為，由於氣的精粗動靜，才有物體的形狀和變化。這是一種經驗的合理主義。如：

問：天地是何物？

答：天地者，一氣也。天即太虛。……太虛乃一氣之精者也，地乃一氣之粗者。古人云：「清者上為天，濁者下為地」是也。然所謂「下為地」，其實地懸在天中，如雞蛋黃掛在蛋中一樣。天文家如是說。

問：日月是何物？

答：日月由陰陽形成也。天地之間，一氣動而生陽，靜而成陰。陽，暖氣也；陰，冷氣也。暖氣成火，冷氣結冰。天地間唯一氣有陰有陽，由此萬物生生。月，水之精也；日，火之精也。

問：星宿是何物？

答：星亦氣之粗者也。……在西洋天文中，星皆地也，眾星各為一世界。

問：玉石金鐵是何物？

答：石是地氣所凝堅剛者。金銀銅鐵，皆為石之精髓。因石的品殊，而其質各異。玉及水晶、瑪瑙，皆石之精者。又因含土氣和水氣，故皆光明透徹。

問：天地間的成形者，還有什麼？

答：天地間成形者，有水火土三者。氣是產生水火土的本源。儒學認為尚加金木為五行。畢竟天地間只有陰陽。……五行配以元亨利貞四德和仁義禮智信五性。其實，皆是一氣也。[49]

---

❹ 鐮田柳泓：《理學秘訣》，見《石門心學》，頁378-380。

這裡，柳泓用西方的天文學、地理學和物理學關於物質——氣的思想，解釋宇宙的生成和本質問題。由此，使儒學的理氣、陰陽、五行、五性等概念，具有了經驗合理主義色彩。

㈡關於人的本質問題

　　人的本質問題，主要指心、性問題。在心、性問題上，鎌田柳泓一方面努力用西方的自然科學進行解釋，另一方面仍不失儒學的羈絆。如關於人的知識怎樣產生問題，柳泓說：

> 天地之間，陰陽均適和合。由此，產生一個身肉。這個身肉為奇物。其質柔軟、溫和、膩潤、調適，寒暖痛癢與之接觸，即有覺識。佛家所謂身識也。又一種奇肉，懸於耳內細孔中，一切音響與之接觸，即有覺識，名為聽膜。佛家謂之耳識也。又一種奇肉，潛在鼻孔內，一切香臭與之接觸，即有覺識，名為脂膜。佛家謂鼻識也。又一種奇肉，存於口內舌頭之中，眾味與之接觸，即有覺識，佛家謂舌識也。……又一種奇肉，其形玲瓏透徹，內注神水，可映取一切形色，產生覺識。佛家謂眼識也。以上五肉，佛家謂五識，又名五根。
> 問：五根各其知識，各有其用，誰為主宰？
> 曰：物有樞紐處，統其物，為主宰。天有南北極，戶有樞，摺扇有心釘。人身有一個樞紐，即神肉。神肉為統五根之理，如樹有根，果有蒂。此神肉不像五根顯露在外，其處不可知。漢人說在胸膈方寸之間，即心臟也。何蘭大說在頭腦中，即所謂神經也。……神肉在身中，能見腹中之物、聞腹中之聲、辨腹中之色味，知腹中之痛癢。❺⓿

這裡所說的「身肉」，為人身體中的末端神經，「神肉」為人身體中的中樞神經，即心。中樞神經「神肉」統治、主宰末端神經「身肉」。由此，當眼、耳、鼻、舌、身五官與色、聲、嗅、味、冷暖痛癢相接觸時，便會產生感覺。感覺通過「身肉」（末端神經）傳到「神肉」（中樞神經）時，便形成對事物的認識，即知識。對「知識」的這種解釋，是立足於西方經驗科學之上的。同時，柳泓用「心臟」或「中樞神經」來解釋「心」及對「心」在「知識」產生過程中重要作用的說明，也是竭力用西方的自然科學來解釋古老的「心」。

雖然鐮田柳泓努力「引洋入儒」，用西方的自然科學對人的本質問題進行解釋，但仍不能擺脫儒學的束縛。如他認為「心之主者為欲也」。欲生於志。志有名利食色，也有仁義道德。故志有清濁善惡之異。清善之志者，為君子；濁惡之志者，為小人。對於「性」，仍沿襲「孟子的性善為骨髓」，「性之本為善也」的儒家路數。

㈢關於鬼神的有無問題

關於鬼神的有無問題，鐮田柳泓從「氣」的角度出發，進行客觀的解釋，否認了鬼神的存在。如：

> 問：鬼神之理如何？
> 答：人之生也本陰陽之氣凝結為形，理賦予者也。其生，為氣之聚；其死，為氣之散。……人死之後，魂魄神靈長存於世之事，不復存在。❺

---

❺ 鐮田柳泓：《理學秘訣》，見《石門心學》，頁383、384、387。
❺ 鐮田柳泓：《究理緒言》，見《石門心學》，頁437。

柳泓以為人的生死是氣的聚散，如同水結為冰，冰又融為水一般。
人死之後，歸為分散的氣，所以，鬼神的說法是不客觀的。柳泓對
於鬼神的解釋，是唯物論的。

誠如柴田實教授分析的那樣，鐮田柳泓對於鬼神的否認的態
度，只能表明他是一位唯物論者，但絕不是無神論者。因為，在他
的思想中，把「理」作為神之體，認為違背了「理」，就必然要受
到懲罰。

第三節　上河淇水和柴田鳩翁

上河淇水 (1748–1817) 本姓志賀，諱正揚，通稱願藏，出生於
近江神崎郡今田居（現能登川町）。「明倫舍」第三世舍主。

據《事蹟》記載：上河淇水從小就被過繼給手島堵庵母親的生
家，改志賀為上河姓。並且，作為堵庵的養子，由手島堵庵撫養成
人。淇水少年時與僅差一歲的兄長和庵，在養父堵庵心學思想的熏
陶下，學業和修行不斷提高，十九歲時便得到了堵庵的認可。他與
其他心學者的一個重要區別，是最初學漢學、經學和詩文。因此，
他的漢學功底較深。

上河淇水的代表著作是《心學承傳圖·聖賢證語國字解》。此書
刊行於寬政四年(1792)，後成為各地心學講舍的教科書。

上河淇水之所以要寫《心學承傳圖》，是有其深刻的社會原因
的。

寬政二年(1790)五月，江戶幕府給日本朱子學派的大學頭林信
敬頒佈一文書。其內容如下：

關於維持學派之儀的頒佈

朱子之儀者，自慶長以來，代代信用，且得林家學風維持，以正學相勤自勉，不敢有一絲怠倦。然近來種種新說異學流行於世，使風俗破壞、正學衰弱。為純正學術，望林氏門人共禁異學，講究正學。

　　　五月❷

這就是世人所說的「寬政異學之禁」。

　　「寬政異學之禁」的目的是要禁止除朱子學之外的種種異端學問的流行，重振一直受幕府保護的日本朱子學——林家學風的雄威。由於「寬政異學之禁」只把朱子學視為「正學」，　其他學派都在被禁之列，所以，以古學派和折衷學派為首的各種學派都受到了極大的衝擊。面對這一嚴峻的社會現實，身為明倫舍舍主的上河淇水作《心學承傳圖》，以明石門心學與朱子學的學脈。

　　《心學承傳圖》如下：　❸

---

❷　參閱柴田實：《梅岩及其門流》，頁147。

❸　此圖見《石門心學》，頁202。

〇伏羲 —— 神農 —— 黃帝 —— 帝堯 —— 帝舜

禹王 —— 湯王 —— 文王 —— 武王 —— 周公

孔子 ┬ 顏子
　　 └ 曾子 —— 子思 —— 孟子 —— 周子

程子 —— 楊龜山 —— 羅予章 —— 李延平 —— 朱子

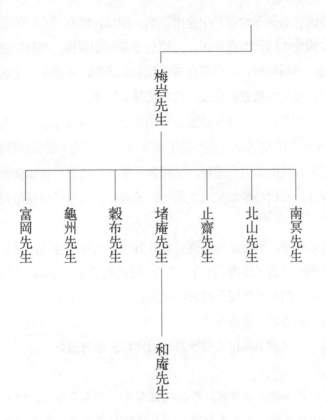

　　此圖上起伏羲、神農、黃帝，中經堯、舜、禹、湯、文王、武王、周公，接孔子、孟子，至周子、程子、朱子。然後，將梅岩、堵庵、和庵這一石門正脈，直接根植於朱子。淇水還在圖中對道統上的每一個人的思想要點，作了簡明扼要的說明。

　　關於這個圖，柴田實教授認為此圖決不是淇水的私見。這個圖反映了淇水對於宋學歷史了解得很精闢、很深刻。尤其是圖中堯讓位給舜時的戒命——「允執其中」一詞，在下面禹時變為「允執厥中」再次出現。而這一詞，在石門心學形成之前，並對石門心學產

生過影響的《心學五倫書》中也出現過。所以，將石門心學的根本
追溯於中國遠古時代的堯和禹，大概這也是一個根據。但柴田實先
生又指出，將石田梅岩的學問直接根植於朱子學，不論是從主觀方
面來說，還是從客觀方面來說，都有種種疑問❺。

　　關於這個圖，石川謙教授認為，梅岩思想的要諦「以知性為先
務」，與朱子學的基調相吻合。從這點來看，淇水的主張未必錯誤。
然而，梅岩知性的工夫和途徑，又與朱子學大相逕庭。正如梅岩自
己講的那樣，石門心學越來越主觀化、簡易化，與朱子學風離得越
來越遠。

　　關於這個圖，筆者以為此圖固然有其重要的社會背景，但又不
能完全說淇水是為了順應「寬政異學之禁」而杜撰了《心學承傳圖》。
上河淇水將石門心學學脈上溯於中國的孔孟儒學和朱子學，是有一
定道理的。筆者以為理由有二。

　　理由一，上河淇水在《聖賢證語國字解》中寫道：

　　書曰：無稽之言勿聽，弗詢之謀勿庸，凡事不師古，則不能
　　免流俗之弊。言不本聖賢，則或將陷於異端也。粵吾先覺，
　　石田梅岩先生，以天資卓越之才，生於斯日域，學本程朱，
　　而發於性理之蘊奧，教要識時，以知性為先務。於是，海內
　　靡然而嚮其風者，不可枚舉也。先生既逝矣。先考堵庵先生，
　　承傳而設於五樂書齋，倡道於京攝之間。於此，負笈投剌之
　　生徒，日日月月以蝟集。既以萬數，而未上其堂，不入其室
　　者，不曉其旨趣。而或曰石田、手島二子，學本釋氏，或曰
　　教依老莊，此無他。以數仞牆內不易窺也。因茲，余頃日，

❺　參閱柴田實：《石門心學》，頁488。

著於心學承傳之小圖，加旃，上自堯舜，下至於朱文公，暨
吾梅岩先生，悉附聖經賢傳之要語，且為此拙解，名曰聖賢
證語國字解。一以明學本程朱，而遠證前聖執中之金言，通
外後賢盡心知性之語，以知性為先務之教。一以開不見彼牆
內而疑釋氏老莊之學者非也。雖然，都鄙遠近，數萬之社友，
於如其說話坐談，間亦有雜神釋老莊，及百家之言者。皆以
急於知性之務，而不遑擇其言也。素雖不免援據博雜之譏，
其要唯不出於知固有之性，而允執厥中之外。云爾。**⑮**

這段話表明，上河淇水之所以要作《心學承傳圖》，除了上述社會
原因外，還有一個重要原因，就是有人誤認石門心學根植於釋氏或
老莊。為了訂正這一誤解，淇水作此圖，強調梅岩、手島之學本於
程朱，遠溯孔孟。

　　世上之所以會有石門心學根植於釋氏或老莊的誤認，是因為梅
岩的學問觀是「和合學」（如第二章所述）。這就是說，儒釋道的思
想，梅岩都有所吸收。但他不是均衡吸收，而是以孔孟儒學和程朱
理學為基調、為核心。誠如上文所說，梅岩心學的核心範疇是「性」，
「發性理之蘊奧」，「以知性為先務」。這與程朱理學的基脈——性理
學是一脈相承的。另外，梅岩的基本命題「知心、知性、知天」，堵
庵的核心概念「本心」，也都與孟子的「知心、知性則知天」思想
脈脈相接。

　　理由二，淇水在《無私案說》中還講過這樣的話：

　　　所謂無私案，就是程朱所謂的無私心。《近思錄》中有人說無

---

⑮　上河淇水：《聖賢證語國字解》，見《石門心學》，頁204。

心。伊川說無心便不是，應當說無私心。若說無心，則心絕滅一切思慮，槁木死灰。故聖賢未嘗無心，只是心之所用者，無非本天理之公而絕乎人欲之私耳。故無私案，就是主一無適，就是持敬，也就是本心。本心也就是天理。❺❻

如上所述，「思案」是手島堵庵使用的一個術語，意為對思慮的歪曲就是「思案」，「思案」是人性惡的根源。而在這裡，上河淇水用「私案」代替「思案」，廢棄「無思案」，而主張使用「無私案」。他之所以這樣做，是想說明堵庵的「無思案」就是「無私案」。而這種「無私案」的思脈淵於程朱的「無私心」。所以，石門心學的第二代代表人物手島堵庵的心學思想，同程子、朱子思想也是血肉相連的。筆者對上河淇水的這一見解，是贊賞的。

為此，筆者以為上河淇水的《心學承傳圖》的學術價值就是在理論上說明了石門心學的理論基礎是孔孟儒學和程朱理學。而這一學術價值又決定了上河淇水對石門心學的理論貢獻和在石門心學史上的重要地位。

柴田鳩翁是上河淇水的弟子薩埵德軒的學生。

柴田鳩翁 (1783–1839) 為京都人，六歲時因遭遇天明大火，家計逐年貧苦，先在京都市內的商家奉公，後為求職又輾轉到江戶等地。從幼年到中年，他一直過著艱苦生活，飽嚐辛酸。

柴田鳩翁從未受過正規教育，但他生性聰慧，從小喜好讀書，遍讀稗史小說之類書籍。三十歲時，他接觸到石田梅岩的《都鄙問答》，愛不釋手。之後，進「時習舍」拜上河淇水的弟子——薩埵德軒為師，潛心學習心學。三十九歲時，本心開悟，出師。隨後，又

❺❻ 石川謙：《石門心學史的研究》，頁100。

到泉谷法藏寺，參禪。在連峰和尚指導下，他悟出了「禪」與「心學」是名異而實同的。從此，柴田鳩翁便以「石門心學」為自己的唯一信仰。

1825年，四十二歲的鳩翁作為老師德軒的代講，到丹後田邊(今舞鶴)一帶巡講，大約五十餘日。第二年，又到越前大野、勝山、播州三木、攝津兵庫、池田、江州水口、大和、伊勢龜山、作州津山等地的町町、村村巡講。過度的勞累和緊張，使他四十五歲時雙目失明。但為了宣傳石門心學，鳩翁仍然手扶盲杖，拖著行動不便的身體，到各地宣講心學。他的足跡踏遍十二國（即地區）。

鳩翁講演的對象大多是普通百姓和町人，其中也有目不識丁的女子。隨著講演的普遍化，鳩翁的名聲也越來越高。於是，作為統治層的一些有識之士，也頻頻召鳩翁進講心學道話。如京都所司代松平伊豆守和京都町奉行小田切土佐守，大阪町奉行久世伊勢守等都曾召鳩翁進講心學。又如越前大野、福井、作州津山、伊勢津等藩的藩主，為了對領民進行心學教化，不僅各藩主自己要聆聽鳩翁道話，進行心學修養，而且家中的武士也要認真聽講，進行心學修煉。再如公家的仁和寺宮一品法親王和土御門晴親也都親自聞聽鳩翁講演心學。為石門心學的進一步傳播和普及，柴田鳩翁作出了自己重要的貢獻。

柴田鳩翁的主要著作是《鳩翁道話》。《鳩翁道話》不是柴田鳩翁自己寫成的，而是由他的養嗣子武修（遊翁）記錄整理成書。《鳩翁道話》分正篇、續篇、續續篇三篇，分別於天保六年(1835)、天保七年(1836)、天保十年(1839)出版面世。

其中，正篇是對《孟子》的「仁，人心也；義，人路也」思想的發揮。續篇以《大學》為其主題。續續篇又是對《中庸・首章》

內容的闡釋。而這三篇的基本內容又都因循梅岩時代心學者的思維路數。所以，柴田鳩翁是一名忠實、正統的石門弟子。

作為一名忠實、正直的石門弟子，柴田鳩翁在學問觀上，也以恪守石門心學的心性學為主旨。這可以《鳩翁道話》的正篇內容為佐證。

《鳩翁道話》正篇分為壹、貳、參三部分，每一部分又分上、下兩段。每一部分各以《孟子・告子上》一段為其主眼進行論述，三部分內容又相互呼應，集中於一個主題，即心性學。

《鳩翁道話》正篇中引用的《孟子・告子上》的三段話為：

> 孟子曰：「仁，人心也；義，人路也。舍其路而弗由，放其心而不知求，哀哉！人有雞犬放，則知求之；有放心而不知求。學問之道無他，求其放心而已矣。」
>
> 孟子曰：「今有無名之指屈而不信，非疾痛害事也，如有能信之者，則不遠秦楚之路，為指之不若人也。指不若人，則知惡之；心不若人，則不知惡，此之謂不知類也。」
>
> 孟子曰：「拱把之桐梓，人苟欲生之，皆知所以養之者。至於身，而不知所以養之者，豈愛身不若桐梓哉？弗思甚也。」❺❼

孟子這三段話的意思是講，「良心」、「本性」對於人來說，是至關重要的。為此，學問之道沒有別的，就是把那喪失了的「良心」和「本性」尋找回來。由此，孟子打比喻說，若手指不如人，則知厭惡；而「心性」不及別人，卻不知羞惡，這就叫作不懂得輕重。進一步，孟子指出只有自愛，認真修養，才能悟到「良心」和「本性」。

---

❺❼　柴田鳩翁：《鳩翁道話》，見《石門心學》，頁235、245、255、274。

　　依據孟子這一思想，柴田鳩翁首先作了簡明而生動的註釋，然後又闡發了自己的心學思想。

　　鳩翁指出，孟子所謂的「仁心」，就是石門心學者所講的「本心」；孟子所謂的道德修養，就是石門心學者所說的「知心、知性」的涵養功夫。鳩翁指出，天下的學問，歸根到底是一個「心」字。

　　「八千餘卷的經論也好，諸史百家的書物也好，總之，所書的都是心學」。而這「心學」，又都是「先師石田先生、手島先生相傳下來的」❸。所以，鳩翁的心學思想基本上是對先師心學思想的繼承和宣講。

---

❸　柴田鳩翁：《鳩翁道話》，見《石門心學》，頁246、291。

第五章　石門心學與陽明心學的比較

第一節　陽明心學

所謂陽明心學，即指陽明哲學。

王陽明，名守仁、字伯安、號陽明，浙江餘姚人。生於明憲宗成化八年(1472)，卒於世宗嘉靖七年(1528)。

曾名譟一時，爾後又左右中國思想界達一百年之久的陽明心學，是與王陽明「學凡三變」的學術歷程聯繫在一起的。其「學凡三變」是指泛濫於詞章、出入於佛老、悟道於龍場的前三變和知行合一、致良知說、得操圓熟的後三變。

王陽明從小立志做聖人，二十一歲中舉人後便遵朱熹格物之說，做窮理功夫。但他逐漸發覺朱子之說有把事物之理與吾之本心終分為二的弊處。因為他認為事物之理與吾心或為一或為二，關係到能否成聖的大問題。如果理在心外不在吾心，縱然將一草一木之理格得清楚明白，又與我做聖成賢有何關係呢？對朱子學產生了疑問。於是，轉念留心仙道，講究佛學。陽明三十七歲時，因上疏觸怒太監劉瑾，被遠謫到貴州龍場做驛丞。龍場在今貴州修文縣境內，地處萬山叢棘之中，蠱毒瘴癘、蛇虺侵人，苦不堪言。再加劉瑾懷

恨不已，隨時有被暗害的可能。面對如此艱難的環境，陽明心想：
倘若古代聖人處於此逆境，當如何處之呢？於是，他日夜端居靜默，
以求靜一。久之，胸中灑然。一天半夜裡，彷彿寤寐中有人告訴他
似的，忽然大悟，呼喚而起。據《年譜》記載：陽明悟到了格物致
知的真諦，即「聖人之道，悟性自足。嚮之求理於事物者，誤也」。
「心」與「理」合而為一。這就是陽明的「心即理」說。陽明十年
困惑，至此遂告解決❶。以上是王陽明學術思想的「前三變」。

　　陽明在瀕臨生死、百折千難的龍場悟道之後，第二年應聘主講
貴陽書院，首次提出他的立學宗旨──知行合一說。四十五歲至五
十歲，是陽明學問與事業的鼎盛時期。五十歲時，正式揭示「致良
知」口訣。陽明自稱這是「聖人教人第一義」，「孔門正法眼藏」。自
此以後，陽明言必稱良知，開口即得本心。一切是非、善惡、誠偽、
得失等，都在良知的朗照之中而無微不顯。這就是陽明學的「簡易
直截」。 至此，陽明的學說終於得到了明王朝的認可和揄揚。晉封
他「新建伯，奉天翊位、推誠宣力、守正文臣，特進光祿大夫柱國，
還兼南京兵部尚書，照舊參贊機務」。學術上，「從學者如雲」，以至
於「宮剎卑隘不能容，環坐而聽者三百餘人」。 這是陽明講學的黃
金時代，亦即所謂「居越以後，所操益熟，所得益化」的學成之後
第三變❷。以上是陽明學術思想的「後三變」。

　　經過「前三變」， 王陽明放棄了朱子學，走上了另闢蹊徑的學
術道路；通過「後三變」， 王陽明完成了陽明哲學體系的創立。其
中，「心即理」、「知行合一」、「致良知」是陽明哲學的三個重要命
題。而貫穿這三個命題的中心思想是「心學」。

---

❶　參閱蔡仁厚：《王陽明哲學》，三民文庫1983年版，頁10。
❷　參閱侯外廬主編：《宋明理學史》下卷，人民出版社1987年版，頁205。

首先，檢討「心即理」說。

「心即理」說不是王陽明的首創和發明。這是因為心與理之間的關係是整個宋明理學的基本哲學問題之一，每個被稱作理學家的學者，幾乎都對這一問題進行過研究和探討。

如程顥說：「曾子易簣之意，心是理，理是心。」「理與心一，而人不能會之為一。」❸

朱熹也在《大學或問》卷一中說過：「人之所以為學，心與理而已矣。心雖主乎一身，而其體之虛靈足以管乎天下之理。理雖散在萬事，而其用之微妙實不外乎一人之心。」

按照宋代理學的看法，人生及修養的終極目的和理想境界是「心與理一」，如朱子認為，心本來包含眾理，但理在心中是作為「性」存在的。「心」在這裡則是一個含有經驗意識意義的範疇。人的意識因受內在氣質及外部環境的影響，並不能與道德法則完滿合一。因而，雖然就倫理學的心性論而言，理內在於主體之中，但由於理對於人心來說只是先驗的本質結構，而不是現成的意識事實，則道德原理的究竟根源是宇宙普遍法則本身。從而，就認識論而言，就意味著要使意識對於作為道德法則的理有一種自覺，使道德法則呈現或進入全部意識和動機。這樣，體系中作為本質結構的理必須轉化為認識對象的理，這個認識過程，用朱子哲學的語言，就是付諸格物窮理的途徑和方法。在這個認識過程中，還須要躬行踐履，嚴肅地進行道德修養。根據以上立場，朱子哲學嚴於心性之辨，只承認「性即是理」，不承認「心即是理」是可以普遍有效的命題❹。

---

❸　《二程集》，頁76、139。

❹　參閱陳來：《有無之境——王陽明哲學的精神》，人民出版社1991年版，頁20–21。

朱子學的這種只講心具眾理，而不承認心即是理的思維是構成「理本體論理學」的一個基本要素。

　　與朱熹同時但與朱學對立的陸九淵，以「發明本心」為宗旨，發展了孟子「本心」的思想，並進而提出了「心即理」命題。陸九淵在《與李宰二》書中說：

　　　　人皆有是心，心皆具是理，心即理也。故曰：「理義之悅我心，
　　　　猶芻豢之悅我口。」所貴乎學者，為其欲窮此理，盡此心也。

他在《與曾宅之》書中又說：

　　　　蓋心，一心也；理，一理也。至當歸一，精義無二，此心此
　　　　理，實不容有二。故夫子曰：「吾道一以貫之。」孟子曰：「夫
　　　　道一而已矣。」又曰：「道二，仁與不仁而已矣。」如是則為
　　　　仁，反是則為不仁。仁即此心也，此理也。❺

陸九淵強調「心」與「理」的合一、一致，而反對朱熹析「心」與「理」為二。在哲學思維上，陸九淵強調本體理與主體心的合而為一，突出主體心的主導作用。由此，構成了「心主體論理學」。

　　王陽明繼承了陸九淵的思想方向，並進一步發展、完善了「心主體論理學」。

　　王陽明關於「心即理」思想的提出，是在龍場悟道之後。《年譜》是這樣記載的：

---

❺　《陸九淵集》卷一，頁415；卷一一，頁149。

（先生）自計得失榮辱皆能超脫，惟生死一念尚覺未化，乃
為石槨自誓曰：吾惟俟命而已！日夜端居澄默，以求靜一。
……因念聖人此處更有何道，忽中夜大悟格物致知之旨，從
者皆驚，始知聖人之道，吾性自足，向之求理於事理者，誤
也。❻

這就是說，如果按照宋儒的指示，到事事物物中去求理，實際上是
求不到的。因為理本來不是來自外部事物，而完全地內在於我們心
中。關於這一思想，更明確、更具體的表述是在《傳習錄》上徐愛
所錄。

愛問：知止而後有定，朱子以為事事物物皆有定理，何與先
生之說相戾。先生曰：於事事物物上求至善，卻是義外也，
至善者心之本體，只是明明德到至精至一處便是。然亦未嘗
離卻事物。❼

剖析王陽明關於「心即理」說的內涵，可以看到，他所謂的「心」
具有三種意義。

第一，心為主宰。

陽明以心為宇宙的本體，天地萬物的主宰，天地萬物皆以心為
存在的根據。「心者，天地萬物之主也。心即天，言心則天地萬物
皆舉之矣」❽。心為天地萬物之主宰，它把天地萬物皆囊括在內。

❻　《王文成公全書》卷三三。
❼　《傳習錄》上，《王文成公全書》卷一。
❽　《答季明德》，《王文成公全書》卷六。

王陽明心學與朱熹理學的區分，主要在於是否把「心」與「理」等同，理是主觀精神實體的形式，還是客觀精神實體的形式。王陽明從主體心的形式，引申出「心外無物，心外無事，心外無理」❾，認為理存在於主體心之中，整個宇宙與吾心為一體。

第二，心為知覺。

心是具有意識活動的精神實體。「心不是一塊血肉，凡知覺處便是心。如耳目之知視聽，手足之知痛癢，此知覺便是心」❿。心對於耳目感官的感覺具有支配、主宰作用。心能視聽言動，但視聽言動不依賴於感官，只依賴於心。「這視聽言動皆是汝心。汝心之視發竅於目，汝心之聽發竅於耳，汝心之言發竅於口，汝心之動發竅於四肢。若無汝心，便無耳目口鼻。所謂汝心亦不專是那一團血肉，若是那一塊血肉，如今已死的人那一塊血肉還在，緣何不能視聽言動？」⓫王陽明以人死之後，血肉尚存而人已無知覺為根據，強調知覺之心不是血肉。

第三，心為道德。

王陽明哲學的心，還具有仁義道德的內涵。「心一而已，以其全體惻怛而言，謂之仁；以其得宜而言，謂之義；以其條理而言，謂之理。不可外心以求仁」⓬。心以仁義為其內容。「仁義禮智也，是表德，……主於身也，謂之心。心之發也，遇父便謂之孝；遇君便謂之忠」⓭。心先驗地具有仁義禮智之德，這是心之德自然而然

❾　《與王純甫二》，《王文成公全書》卷四。

❿　《傳習錄》下，《王文成公全書》卷三。

⓫　《傳習錄》上，《王文成公全書》卷一。

⓬　《傳習錄》中，《王文成公全書》卷二。

⓭　《傳習錄》上，《王文成公全書》卷一。

的表現。所以，心先天至善。「至善者，心之本體也。心之本體，那有不善?」❶ 人之有惡，是違背了本心❶。

　　將「心」視為主宰、知覺、道德的思想，來源於中國傳統哲學的定義，不是王陽明思想的特色。王陽明「心即理」思想的特色表現在強調心與其他範疇的合一，而合一的基礎又是「心」。這可以從「心」與「理」、「性」、「物」的關係中看出來。例如：

　　「心」與「理」。

　　在心與理的關係上，王陽明繼承了陸九淵的思想，強調心即理、心理合一，反對心理分二，並將此作其心學的立言宗旨。他說:「諸君要識得我立言宗旨，我如今說個心即理是如何? 只為世人分心與理為二，故便有許多病痛。」❶ 所謂理，指「心之條理」，為心之所發，亦是心的表現。「心之本體即天理也。理是心中之理，外心求理則無理，遺理求心則無心」❶。王陽明認為心理合一，不可分離，離心便無理，離理便無心。

　　王陽明批評朱熹心理分二思想時說:「理豈外於吾心耶? 晦庵謂人之所以為學者，心與理而已。心雖主乎一身，而實管乎天下之理；理雖散在萬事，而實不外乎一人之心。是其一分一合之間而未免已啟學者心理為二之弊。」❶ 朱熹關於心理一分一合的說法，開啟了心理分二之說。而陽明強調心理合一無間。「或問: 晦庵先生曰:『人之所以為學者，心與理而已。』此語如何? 曰: 心即性，性即

----

❶　《傳習錄》下，《王文成公全書》卷三。

❶　以上參閱張立文主編《心》，中國人民大學出版社1993年版，頁247–249。

❶　《傳習錄》下，《王文成公全書》卷三。

❶　《傳習錄》中，《王文成公全書》卷二。

❶　同上。

理，下一「與」字，恐未免為二。此在學者善觀之。」[19] 他主張把「心與理」改為「心即理」，這樣才能避免分心理為二。

「心」與「性」。

王陽明對心性關係的論述與對心理關係的論述有相同之處。「心即性，性即理」[20]。心、性、理三者相通為一，皆具有主觀精神的形式。王陽明認為，性是心之體，心性合一，性不在心之外，不可離心以求性。「心之體，性也，性即理也。天下寧有心外之性，寧有性外之理乎?」[21] 所謂性，即仁義禮智之性。陽明把仁義禮智既作為心的內涵，又作為性的內涵，是心性合一的內在根據。其心為善，性也為善，心性皆具有天賦的善良本質。

在心性關係上，王陽明「心即性」的思想與朱熹心性既相聯繫又相區別的觀點存在著差異。朱熹認為，心性相通，不可分離，但心性又有區別，不可視為一物，強調把有知覺的虛靈之心和無知覺的實有之性相區別。這與陽明的思想是不同的。朱王的不同還在於陽明認為心至善，惡是人心失其本體而致，與心無關；而朱熹則認為「心有善惡，性無不善」。心有善惡的根源在於心性有別。

「心」與「物」。

陽明思想中的所謂「物」，即指由心所顯現的或被心所感知的事物。如「事親」、「事君」的道德踐履，就是物。「意在於事親，即事親便是一物；意在於事君，即事君便是一物」[22]。

在心物關係上，王陽明認為「心」是「物」賴以存在的基礎，

---

[19]　《傳習錄》上，《王文成公全書》卷一。

[20]　同上。

[21]　《書諸陽卷》，《王文成公全書》卷八。

[22]　《傳習錄》上，《王文成公全書》卷一。

天地萬物統一於心。「位天地，育萬物，未有出於吾心之外也」❷。
心物關係表現為心體物用，心是主宰、本體，物是派生、顯現。「身
之主宰便是心，心之所發便是意，意之本體便是知，意之所在便是
物」❷。他認為意念是心的發動處，意念必有所指，其所指就是事
物。事物是心的產物。儘管王陽明把心作為本體，把物作為派生和
顯現，但他並不著意去擴大心與物的區別，而是把心與天地萬物視
為一體，強調「人心與天地一體」❷。

其次，研討「知行合一」說。

筆者以為，最能代表王陽明心學思想特色的命題有兩個：一是
「知行合一」說，一是「致良知」說。而王陽明創建的「知行合一」
說在中國思想史上是獨一無二的。其獨一無二處就在於陽明從心學
角度釋解「知」與「行」。他強調「知」是心之體，「行」是心之用。
「知」和「行」統一於「心」。

其中，關於知是心之體的思想，王陽明說過：「知是心之本體，
心自然會知。見父自然知孝，見兄自然知悌，見孺子入井自然知惻
隱。」「知，是理之靈處，就其主宰處說，便謂之心；就其秉賦處說，
便謂之性。」❷這裡的知，是心的本體、主宰。對於這種知的認識，
無須在實踐中得到，只須作心上功夫，便可體悟到。

如果說知是心之體的話，那麼行則是心之用。陽明認為，行不
一定要有主觀見之於客觀的活動，知的向外發動、顯露，就是行。
這就是說，人的主觀意念、感情、動機，都可以視為行。正如王陽

❷　《紫陶書院集序》，《王文成公全書》卷七。
❷　《傳習錄》上，《王文成公全書》卷一。
❷　參閱張立文主編的《心》，頁249–251。
❷　《傳習錄》上，《王文成公全書》卷一。

明所說：「我今說個知行合一，正要人曉得一念發動處，便即是行了。」❷知是心之體，知的一念發動便是行。因此，行是心的作用和表現。可見，在陽明心學體系中，知與行是「心」的體與用。

所以，從知行本體合一的角度來看，知行合一處就是心。知是知此心，行是心的發動和外露。王陽明的「知行合一」說，是從心的體用範疇出發，通過以知代行、銷行歸知、知而必行、知行並進等論述，又返歸於心，以此論證心的主宰性和本體性。這就是王陽明的心一元論哲學。

王陽明「知行合一」說的實質，是強調「心」的主體性和能動性。知是心之體，行是心之用。知、行發端於心，又統一於心，是心的本質和作用。作為明代心學泰斗的王陽明，以「知行」範疇來闡釋「心」，這是他哲學思辨的獨到處。

再次，探討「致良知」說。

「致良知」說是陽明心學發展的最後形態，也是王陽明晚年論學的宗旨。例如從庚辰年起，陽明的談話和文字中，充滿了對良知的贊嘆。在虔州時他說：「人若知這良知訣竅，隨他多少邪思妄念，這裡一覺，都自消融，真個是靈丹一粒，點鐵成金！」辛巳以後，他更常以「正法眼藏」稱道良知宗旨。《辛巳與楊仕鳴書》：「區區所謂致知二字，乃是孔門正法眼藏！於此見得真偽，真是建諸天地而不悖，質諸鬼神而無疑，考諸三王而不謬，百世以俟聖人而不惑」。又說：「致知二字是千古聖學之秘，此是孔門正法眼藏，從前儒者多不曾悟到。」嘉靖改元後，居越講學，專提「致良知」三字宗旨，並不斷身體力行，而且在實踐中確認了致良知為聖門之傳。晚年征思田途中，王陽明在給兒子的信中，強調說：「吾平生所學，只是

❷　《傳習錄》下，《王文成公全書》卷三。

致良知三字。」「致良知」說的提出，標示著陽明思想在心學方向上的發展，臻於成熟和完善。

「良知」出自《孟子》。「人之所不學而能者，其良能也。所不慮而知者，其良知也。孩提之童無不愛其親者，及其長也，無不知敬其兄也」。 根據這個說法，良知是指人的不依賴於環境、教育而自然具有的道德意識和道德情感。「不學」表示其先驗性，「不慮」表示其直覺性，「良」即兼此二者而言。王陽明繼承了孟子這一思想，具體為以下三個方面：

第一，良知是是非之心。

陽明明確指出，良知是每個人先驗的是非準則。他對陳九川說：「爾那一點良知，是爾自家底準則。爾意念著處，他是便知是，非便知非，更瞞他一些不得。」 在陽明看來，良知是人的內在的道德判斷與道德評價的體系，良知作為意識結構中的一個獨立的部分，具有指導、監督、評價、判斷的作用。陽明所說的「良知」無疑就是倫理學的「良心」範疇，所以他強調良知就是是非之心。他說：「孟子之是非之心，知也，是非之心人皆有之，即所謂良知也。」又說：「良知只是個是非之心。是非只是個好惡，只好惡就盡了是非，只是非就盡了萬變。」還說：「夫良知者即所謂是非之心，人皆有之，不待學而有，不待慮而得者也。」 由此可見，良知作為先天原則，不僅表現為「知是知非」或「知善知惡」， 還表現為「好善好惡」，既是道德理性原則，又是道德情感原則。良知不僅指示我們何者為是，何者為非，而且使我們「好」所是而「惡」所不是，它是道德意識與道德情感的統一。

陽明不僅強調良知的內在性，也強調良知的普遍性，認為良知對於每個人都是相同的。他說：「自聖人以至凡人，自一人之心以

達四海之遠，自千古之前以至於萬代之後，無有不同，是良知者，是所謂天下之大本也。」 因此，人並不需要到外部去尋找善惡是非的準則，這個準則是每個人所固有的，完全相同的。

第二，良知是謂聖。

陽明詠良知詩第一首說「個個心中有仲尼」。 這是指每個人，就其本心而言都是聖人。這個說法，從良知方面來看，是指良知是每個人成聖的內在根據。這個根據是完全充分的，沒有欠缺的。《傳習錄》下載九川江西所錄曰：

> 在虔與于中、謙之同侍先生，曰：「人胸中各有個聖人，只自信不及，都自埋倒了。」因顧于中曰：「爾胸中原是個聖人。」于中起：「不敢當。」先生曰：「此是爾自家有的，如何要推？」于中又曰：「不敢。」先生曰：「眾人皆有之，況在于中！卻何故謙起來，謙亦不得。」于中乃笑受。又說：「良知在人，隨你如何，不能泯滅，雖盜賊，亦自知不當為盜，喚他作賊他還扭怩。」

這裡說的「良知」比起「人皆可以為堯舜」，「人人胸中有聖人」的提法，更加突出了人的道德主體性和道德主體的內在完滿性。聖人是中國文化理想人格的典範，承認人可臻於聖人的完滿境界是儒家固有的性善論的必然結論。而王陽明不僅承認人可以「成為」聖人，而且還提出人「本來」就是聖人。這對常人而言，不啻是一聲驚雷。人從「不敢」確信自己內在的完滿性，到確信胸中本來有個聖人，必然是一個主體意識大大提高的過程。用「滿街都是聖人」喚醒每個人對良知的信任，成為陽明居越以後教人的常法之一。如晚年陽

明有「心之良知是謂聖」的提法。他說：「心之良知是謂聖，聖人之學，惟是致此良知而已。自然而致之者，聖人也。」而陽明「心之良知是謂聖」的提法，實出於孟子立場。

第三，良知是天理。

王陽明說：「明道云：『吾學雖有授受，然天理二字卻是自家體認出來』。良知即是天理，體認者，實有諸己之謂耳。」這裡，陽明以良知為是非準則。「鄙夫自知的是非便是他本來天則」。「天則」也就是「天理」。換個說法，「天則」、「天理」也就是「道」。故陽明又有「良知即是道」的提法。他曾說：「道即是良知。良知原是完完全全，是的還他是，非的還他非，是非只依著他，更無有不是處，這良知還是你的明師。」可見，陽明心學中的「良知即是天理」思想，主要是指人類社會的普遍道德法則。

「致知」概念源於《大學》。不過，在陽明心學中對此又有所發展。

陽明在《大學問》中說：「致者，至也。如云『喪致乎哀』之致，《易》言『知至至之』，知至者知也，至之者致也。致知云者，非若後儒所謂充廣其知識之謂也，致吾心之良知焉耳。」以「至」訓致，這裡的「至」是指至乎極，「至」字既有極點之義，又有向極點運動之義。因而，致知是一個過程，正如格物的目的是達到「物格」，致知的目的是達到「知至」。《大學問》釋知至說：「吾良知之所知者無有虧缺障蔽，而得以極其至矣。」可見，致與極相通，是指經過一個過程而達到頂點。用於良知，是指擴充良知至其全體。陽明說：「某近來卻見得良知兩字日益親切簡易……緣此兩字人人自有，故雖至愚下品，一提便省覺。若致其極，雖聖人天地不能無憾。」這也是說，良知人人自有，但能擴充至極，便是聖人。

使良知致其極，就是「充拓」至其極。陽明說：「孩提之童無不知愛其親，無不知敬其兄，只是這個靈能不為私欲遮隔，充拓得盡，便完全是他本體。」從這個說法來看，良知有本體，有發用。孩提之童的愛與知，都是良知本體的自然表現，但不是良知本體的全體。只有從這些發見的良知進一步充擴至極，良知本體才能全體呈露。從反面來說，良知本體不能全體呈露，是由於私欲障蔽了良知。因而，致良知功夫，從積極方面來說是充拓良知到極至，從消極方面來說是去除私欲障蔽。人無不有良知發現，但此發現還不是良知完完全全的本體，須要有一個致知的過程。陽明指出：「誠意之本又在於致知也，所謂人雖不知而己所獨知者，此正吾心之良知處。然知得善卻不依這個良知便做去，知得不善卻不依這個良知便不做去，則這個良知便遮蔽了，是不能致知也。吾心之良知既不能擴充到底，則善雖知好，不能著實好了。惡雖知惡不能著實惡了，如何得意誠！」這是強調致知是誠意之本，同時也說明了致良知就是把心之良知「擴充到底」❷。

以上論述表明在陽明心學體系中，「心即理」說是其理論基礎。從「心」與「理」、「性」、「物」相統一的觀點出發，必然導致陽明心學的「知行合一」說。而「知行合一」說的深層發展，便是「致良知」說。「良知」為知，「致」有力行之義，所以，「致良知」體現了「知行合一」的精神。同時，又因「良知」是集認識論（良知是是非之心）、道德論（良知是謂聖）、本體論（良知是天理）為一的範疇，所以，良知終究為心之本體。

王陽明於1528年病逝後，陽明的心學思想由其學生門人繼承、傳播、發展，遂演為陽明學派。按照黃宗羲的觀點，王門後學分為

---

❷ 以上參閱陳來：《有無之境——王陽明哲學的精神》第七章。

七家，即「浙中王門」、「江右王門」、「南中王門」、「楚中王門」、「北方王門」、「閩粵王門」和「泰州學派」。在學術觀點上，他們都將焦點集中於「致良知」說。

第二節　石門心學與陽明心學的理論比較

石門心學是崛起於日本德川時代中期的一個重要學派，陽明心學是盛行於中國明代的一個重要學派。由於它們都是心學，都是以「心」範疇為其思想體系的核心，所以有其稱為心學的共性。又因為石門心學和陽明心學形成的歷史條件、社會背景有異，這就決定了這兩種心學在理論體系建構、重要範疇理解等方面的相異性。研究、探討石門心學與陽明心學的共性和異性，即通過石門心學與陽明心學的比較研究，可以透視日本和中國傳統文化的特殊性及其對各自國家歷史發展的作用。

關於石門心學與陽明心學的理論比較研究，可以分疏為以下四個方面進行分析。

㈠心學理論基礎的比較

如本書第二章和第三章所述，石田梅岩在創建石門心學的過程中，主要依據的理論是孟學和朱子學。梅岩自己就說過：

> 我之所依，即孟子的盡心、知性、知天之說。此說與吾心合，
> 故以此為立教之本。觀求聖人之道者，必自孟子始。
> 我的學問修行，以論（語）孟（子）為基礎，又依據程朱之
> 註解其意。㉙

　　如第二章第二節所述，《孟子》幾乎每一篇都被梅岩引用過，而且有的篇章被引用達十次之多。孟學的許多基本理論觀點如「性善」論、「盡心知性知天」論、「求放心」論等都成為石門心學的基本理論。

　　除《孟子》而外，梅岩受朱子學影響亦頗多。如朱子學的「格物致知」論、「性理」論等思想都被梅岩所攝取。

　　梅岩以孟學和朱子學為其學派的理論基礎，這從梅岩後學上河淇水所作的《心學承傳圖》也可以看出來。此圖除孔學的孔子、顏子和曾子外，便是孟學和朱子學系統的學者。其中引了子思的「天命之謂性，率性之謂道，脩道之謂教」，孟子的「萬物皆備於我」，周子（敦頤）的「聖人之道仁義中正而已矣，守之貴，行之利，廓之配天地」，程子（程頤、程顥）的「沖漠無朕，萬象森然已具，未應不是先，已應不是後」，楊龜山的「學者以致知格物為先，知之未至，雖欲擇善而固執，未必當於道也」，羅予章的「周孔之心使人明道，學者果能明道，則周孔之心深自得之」，李延平的「學問之道不在多言，但默坐澄心，體認天理，若真有所見，雖一毫私欲之發亦退聽矣」，朱子（朱熹）的「心之全德莫非天理而亦不能不壞於人欲，故為仁者必有以勝私欲而後復於禮，則事皆天理而本心之德復全於我矣」。從上述引文中可以看出，孟學的「心性」思想和朱子學的「性理」思想是石門心學者認為最重要的思想。而這些思想又成為石門心學的理論基礎。

　　作為石門心學的理論基礎，除孟學和朱子學之外，石田梅岩從「和合學」哲學思維出發，還廣泛吸取了佛教、神道教和道家思想，作為其心學理論思想。

---

❷⁹　參閱竹中靖一：《石門心學的經濟思想》，頁96、97。

　　但是，有一個重要的現象應引起注意，如第二章所述，雖然石田梅岩在思想上對中國的陽明心學理論有所認同，但是，在其著作中卻從未引用過王陽明的典籍。上河淇水在其《心學承傳圖》中，也是將石田梅岩直接承襲朱熹。而且，此圖根本未列陸（九淵）王心學系統。據筆者分析，這種現象的客觀原因是由於「寬政異學之禁」，　使朱子學成為日本德川時代的唯一正統思想。因此，上河淇水將石田梅岩直接稟承朱熹，以表示石門心學的正統地位。其主觀原因，是因為梅岩及其後學在思想上確實認為孟學和朱子學與石門心學相吻合。

　　上述分析表明了石門心學以孟學和朱子學為其主要的基本理論思想，又從和合思維角度廣泛攝取其他教派、學派與心學相合的思想，作為其理論思想的一部分。這種現象就決定了石門心學在理論上的基本特色。例如，由於孟學和朱子學，尤其是朱子學不僅講「心」，而且講「性」，所以，石田梅岩也不僅重視「心」範疇，而且更重視「性」範疇。這表現在他對於「性」範疇所下的精闢的定義──「自性是天地萬物之親」。這一定義一針見血地道明了「性」的實質就是人以孝悌忠信這種人理所應有的生存方式，生活於天地萬物之中。由此，人心、物心、天心，人性、物性、天性相通、相融。人與萬物、天地和合為一個圓融無礙的整體。筆者也正是從梅岩講「心」、　講「性」這一特點出發，在本書第三章第二節中指出「石門心學，更確切地說，應當稱為石門心性學」。

　　石田梅岩以孟學和朱子學為其理論的基礎，又兼收並蓄其他學派思想，由此建構了一個以「心」、「性」範疇為核心的從內向外的開放的立體思維體系（詳見本書第三章第二節）。這種理論體系，從哲學意義加以判斷，屬於主體性哲學思維。所以，主體性是石門

心學的基本屬性。

　按照馮友蘭先生的觀點，儒家經典《大學》是王陽明心學思想的理論根據。王陽明對《大學》提出了一個通盤全新的解釋，以作為他的哲學在經典上的理論根據。這部著作就是《大學問》。他的大弟子錢德洪說：「大學問者，師門之教典也。學者初及門，必先以此意授。……門人有請錄成書者，曰：『此須諸君口口相傳，若筆之於書，使人作一文字看過，無益矣。』嘉靖丁亥八月，師起征思田，將發，門人復請，師許之。」

　《大學問》說：「『《大學》者，昔儒以為大人之學矣。敢問大人之學何以在於明明德乎?』陽明子曰：『大人者，以天地萬物為一體者也。其視天下猶一家，中國猶一人焉。若夫間形骸而分爾我者，小人矣。大人之能以天地萬物為一體也，非意之也，其心之仁本若是，其與天地萬物而為一也。豈唯大人，雖小人之心，亦其不然。彼顧自小之耳。是故見孺子之入井，而必有怵惕惻隱之心，是其仁與孺子而為一體也，孺子猶同類者也。見鳥獸之哀鳴觳觫而必有不忍之心焉，是其仁之與鳥獸而為一體也，鳥獸猶有知覺者也。見草木之摧折，而必有憫恤之心焉，是其仁之與草木而為一體也，草木猶有生意也。見瓦石之毀壞，而必有顧惜之心焉，是仁之與瓦石而為一體也。是其一體之仁也，雖小人之心，亦必有之，是乃根於天命之性，而自然靈昭不昧者也。是故謂之明德。……是故苟無私欲之蔽，則雖小人之心，而其一體之仁，猶大人也。一有私欲之蔽，則雖大人之心，而其分隔隘陋，猶小人矣。故夫為大人之學者，亦唯去其私欲之蔽，以自明其明德，復其天地萬物一體之本然而已耳。非能於本體之外，而有所增益也。』曰：『然則何以在親民乎?』曰：『明明德者，立其天地萬物一體之體也；親民者，達其天地萬

物一體之用也。故明明德必在於親民，而親民乃所以明其明德也。……君臣也，夫婦也，朋友也，以及於山川、鬼神、鳥獸、草木也，莫不實有以親之，以達吾一體之仁，然後吾之明德始無不明，而真能以天地萬物為一體矣。……是以謂盡性。」曰：「然則又烏在其為止至善乎？」曰：「至善者，明德親民之極則也。」天命之性，粹然至善，其靈昭不昧者，此其至善之發見，……是而是焉，非而非焉，輕重厚薄，隨感隨應，變動不居，而亦莫不自有天然之中。是乃民彝物則之極，而不容少有議擬增損於其間也。少有擬議增損於其間，則是私意小智，而非至善之謂矣。」

這是講《大學》的「三綱領」。三綱領其實只有二綱領，那就是「明德」和「親民」。「至善」不過是「明德」和「親民」的極至。再進一步說只有一綱領，因「親民」不過是「所以明其明德也」。所謂「明德」，就是陸九淵所說的「此心」，不過他們只提出「此心」，並沒有說出「此心」的主要內容。王陽明認為「明德」的主要內容就是「以萬物為一體」之「仁」。

而《大學》的「八條目」就是講達到「以萬物為一體」之「仁」的「明德」境界的功夫程序。所以，王陽明在《大學問》中又說：「故致知必在於格物。物，事也。凡意之所發，必有其事，意所在之事謂之物。格者，正也。正其不正以歸於正之謂也；正其不正者去惡之謂也，歸於正者為善之謂也。夫是之謂格。《書》言格於上下，格於文祖，格其非心，格物之格，實兼其意也。良知所知之善所誠欲好之矣，苟不即其意之所在之物而實有以為之，則是物有未格，而好之之意猶有未誠也。良知所知之惡雖誠欲惡之矣，苟不即其意之所在之物而實有以去之，則是物有未格而惡之之意猶為未誠也。今焉於其良知所知之善者，即其意之所在之物而實為之，無有

乎不盡，於其良知所知之惡者，即其意之所在之物而實去之，無有乎不盡，然後物無不格，而吾良知之所知者無有虧缺障蔽，而得以極其至矣。夫然後吾心快然，無復餘憾而慊矣。夫然後意之所發者，始無自欺而可以謂之誠矣。故曰：物格而後知至，知至而後意誠，意誠而後心正，心正而後身修，蓋其功夫條理，雖有先後次序之可言，而其體之唯一，實無先後次序之可分。其條理功夫，雖無先後次序之可分，而其用之唯精，固有纖毫不可得而缺焉者。此格、致、誠、正之說，所以闡堯舜之正傳而為孔氏之心也。」

上文中的「意所在之事謂之物」，所謂物就是「意」的對象，並不是客觀世界中任何一件東西。因此，物就有善惡或正與不正可言了。格物就是為善去惡，「正其不正以歸於正」，這就是格物。而善惡或正與不正以什麼為標準呢？王陽明說，不必向外邊去找標準和判斷者，每一個人的「心」就是標準，它自己就是判斷者，這就是他的「良知」。所謂「致知」的那個「知」，就是每個人的「良知」，每個人都發揮他的「良知」，就是「致良知」。「致良知」就是照「良知」辦事，這就是「格物」。認真地照著自己的「良知」做事，沒有一點虛假，就是「誠意」。這一套功夫，可以用三個字概括起來，就是「致良知」❸。

根據馮友蘭先生的觀點，由於陽明心學以《大學》為其理論基礎，所以，這就決定了陽明心學最基本的特點有以下兩點。一點是主張「以天地萬物一體」為「仁」，另一點是強調陽明心學的核心思想是「致良知」。

關於「致良知」，如上所述，陽明心學的理論體系由三部分構成。「心即理」、「知行合一」、「致良知」。其中，「心即理」雖然不

---

❸　參閱馮友蘭：《中國哲學史新編》第五十五章第四節。

是王陽明的獨創，但這一命題卻是王陽明龍場悟道的真心所得。所以，它具有陽明心學的特色。這種特色就是王陽明強調心與理、與性、與物的統一性。這種統一性的深化發展，其結果便是指向「良知」本體的「致良知」。而「知行合一」說的思想實質就是「致良知」。這又誠如馮友蘭先生所云：王陽明講「知行合一」，並不是一般地講認識和行為的關係，也不是一般地講理論和實踐的關係。「知行合一」是王陽明哲學思想中的一個重要部分，他所講的「知行合一」也就是「致良知」❸。由此可見，陽明心學的本質特點是其主體性。

通過以上比較分析，可以看到石門心學與陽明心學都屬於主體哲學範圍。但陽明心學強調的是「致良知」，即心本體。而石門心學講「心」，也講「性」和「物」，主張心在物中（這點在心與性比較中詳述）。所以，確切地說，陽明心學的本質是主體的主體性，而石門心學的本質是普遍的主體性。

此外，石門心學與陽明心學都主張人與天地萬物為一體，以天地萬物一體為仁。這是東亞儒學的共性，也是東亞心學的共同特點。

(二)心、性範疇的比較

「心」範疇和「性」範疇是心學的基本範疇。對此，石門心學的基本觀點有如下三點。

第一點，石田梅岩注意到了「心」與「性」的區別。如他說「心兼性情，有動靜體用。性為體為靜，心為動為用。……心屬氣，性屬理」。這種理論思維路數顯然是對程朱學派的繼承。

第二點，關於「心」範疇，研究石門心學的專家石川謙博士曾

---

❸　參閱馮友蘭：《中國哲學史新編》第五冊，頁215。

說過：梅岩的「心不是與物相對立的存在。……換言之，否定物，並沒有直接否定心，但否定心時，便斷然得不到物。……所以，梅岩的心，不像朱子學派或陽明學派的心那樣，即不是與形色脫離的、抽象的一般者，而是在形色中顯現的、具體的、普遍的，同時又是作為特殊的東西來把握的。這就是梅岩心學獨特的理解。」 石川謙先生的這段話包含了兩重意思。其中一重意思是說梅岩思想中的「心」是寓於「物」（形色）之中，「心」與「物」不能分離。有什麼樣的「物」，「物」之中就寓有什麼樣的「心」，這是「心」的特殊性。「物」是普遍存在的，寓於物之中的「心」也是普遍的，這是「心」的普遍性。正是在這重意義上，筆者將石田梅岩的「心」規定為普遍的主體性。

其中另一重意思是說，有什麼樣的「形」，就有什麼樣的「心」。「心」與「形」是相即相一的。譬如梅岩經常說：「形直接就是心」、「心由形」、「寒暑直接是心」等。梅岩之所以強調有什麼樣的「形」，就有什麼樣的「心」， 其目的如本書第三章第二節所述，是為了高揚商人的主體性，對商人價值的確認。因為梅岩認為在四民等級的德川時代，作為最低層的商人與處於最高層的武士，從職業的「形」來看，是無貴賤、無高低區別的，都是平等的，即從價值觀來看，是等價值的。這也就是說，梅岩思想中的「形」具有價值屬性，而與「形」相即相一的「心」也就具有價值屬性。由此可見，梅岩思想中的「心」範疇含有價值的意義。這是石門心學的一個重要特色。

另外，關於「心」範疇，梅岩的大弟子手島堵庵將梅岩的「心」進一步發展為「本心」。堵庵給「本心」下的定義是「明德」。「明德」出自儒家經典《大學》。它最初的意思主要是指「性」，但自朱熹在《大學章句》中將「明德」釋為「心」與「性」的融合體後，後人

便多以此為「明德」的內涵。手島堵庵吸取了朱熹的這一思想，將梅岩的「心」與「性」相融合、相統一，發展為「本心」。「本心」概念強調「心」與「性」的統一性、相即性。由堵庵起，石門心學出現了由普遍的主體性向主體的主體性發展的趨勢。

第三點，關於「性」範疇，梅岩有獨特的定義，即「自性是天地萬物之親」。這個「親」，梅岩解釋為「孝悌忠信」。「孝悌忠信」是儒家基本的道德規範，這種道德規範從道德理念上來看，就是「性善」說。梅岩是「元性善」論者。

陽明心學關於「心」與「性」的關係，王陽明認為「心之本體即是性，心即性」。如《傳習錄》上載：「心之本體原自不動，心之本體即是性，性即理，性元不動，理元不動，集義是復其心之本體。」又云：「晦庵先生曰：『人之所以為學者，心與理而已』，此說如何？曰：心即性，性即理，下一與字，未免為二，此在學者善觀之。」陽明這裡說的「心之本體即是性」，「心即性」在表面上似乎與朱學的距離並不大，但實際上卻並不如此。

因為在陽明心學中，心之本體雖然是「本體」，但仍然保有「心」的性格。如心之本體作為「能視聽言動」的，仍有「靈」的性格，就是說本心至少在邏輯上有思維的功能，而「性」的規定無論如何也不包括這一點。心之本體可以是明覺、良知，就是說它可以有知覺的功能，可以直接現實為「見父知孝」和「見兄知悌」。當一切私欲去除淨盡之後，心之本體就朗現為全部意識。用理學的話來說，在這些方面，心之本體是可以為「已發」的，而「性」在傳統的理解中，作為本質範疇，只能是作為自身不呈現的未發，無論如何是不能變為已發的。

所以，從陸象山到王陽明，心學中的「本心」或「心之本體」

概念不能等同於朱子學意義上的「性」概念。當陽明說心之本體即是性的時候，並不表示他把心之本體理解為朱子哲學的性。也就是說，陽明所謂的「性」，就是心之本體，而不是古典的人性觀念或宋儒的性理觀念。比較合乎邏輯地說，在朱子學中，心性為二，而在陽明學中，心性不是二物，二者實際是同一的❷。

由此可以看出，陽明心學的核心範疇就是一個「心」範疇。晚年，陽明發展為「良知」範疇。「良知」的實質，如本章第一節所述，它應歸屬於道德範疇，具有較強的道德屬性。如陽明視良知為是非之心，這實際上是把良知作為道德判斷和道德評價的標準。陽明又把良知作為聖人，認為人人胸中有聖人，這實際上是突出了人的道德主體性和道德主體的內在完滿性。陽明還認為良知就是天理，實際上是指人類社會的普遍道德法則。

王陽明關於「良知」的思想，被其後學發展為更加普遍化和大眾化。

通過以上比較分析，可以看到石門心學由於德川時代的日本以朱子學為正宗、正脈，石門心學要想發展鞏固，就必須沿襲朱子學的思想理路，所以，石門心學注意到了「心」與「性」相殊的一面。並且，在石門心學中，「心」範疇具有價值屬性，而「性」範疇則歸屬於道德範圍。

陽明心學是在批評朱子學中發展起來的，因此，它在一些基本理論觀點上與朱子學相背。這也就決定了陽明心學與石門心學的差異。如陽明心學中的「性」範疇，其實質就是「心」範疇，所以，陽明心學只講「心」。而這個「心」更多地具有道德屬性。

以上是石門心學與陽明心學相異性的一面，而它們的共同性便

❷　以上參閱陳來：《有無之境——王陽明哲學的精神》，頁82、83。

是不論是從「自性是天地萬物之親」出發，還是從良知是謂聖出發，在道德觀上，都是性善論者。

(三)知、行範疇的比較

在知行觀上，石田梅岩主張「行重」、「知貴」。可見，這與程朱的知行觀相似。

如本書第三章第二節所述，石田梅岩認為心、性、行的關係是「盡心、知性，則至性。循其性，行其所」。這表明，梅岩強調「行」從「性」發。其理由有二：一是梅岩認為當人們「盡心」，達到「知性」，體認到「自性」時，便會自然而然地依照「性」的原則，即自覺地以人應有的行為方式去行動。二是梅岩認為「心」有時會被各種各樣的「欲」所遮蔽，假如「行」被這種「心」所支配的話，便會違背「自性」即「孝悌忠信」的原則。所以，從性而發的行，梅岩認為是正確的，因此，講「行重」。而從知行的先後關係來看，他又以知為先，所以說「知貴」。可見，梅岩的這種「行重」、「知貴」其根源在於格性致知。稱其為格性致知，是相對於朱熹的格物致知。梅岩強調致知是窮性、盡性的結果，即對自我體驗的結果。所以，在知行觀上，石田梅岩與程朱相似，但一個主張格性致知，一個主張格物致知。因此，石田梅岩的知行觀屬心學系統，而程朱的知行觀屬理學系統。

同屬於心學系統但又與石田梅岩的格性致知不同的知行觀是王陽明的格心致知的知行觀。

陽明心學最顯著的特徵之一是由他倡導的知行合一說。這種知行觀基於陽明的格心致知思想。如《傳習錄》說：「格物如孟子『大人格君心』之格，是去其心之不正，以全其本體之正。但意念所在，

即要去其不正以全其正，即無時無處不是，存天理即是窮理，天理即是明德，窮理即是明明德。」又說：「然至善者心之本體也，心之本體那有不善？如今要正心，本體上何處用得功？必就心之發動處才可著力也。心之發動不能無不善，故須就此著力，便是誠意。如一念發在好善上，便實實落落去好善。一念發在惡惡上，便實實落落去惡惡。意之所發既無不誠，則其本體如何有不正的。故欲正其心存誠意，工夫到誠意始有著落處。」❸ 王陽明認為格物就是格心。雖然心之本體是全善的，但心之發動處不能無不善，所以，必須以誠意格心。格心而致知。致知即是行。如本章第一節所云，在陽明心學中，知是心之體，行是心之用，體用一源，知行合一。

通過以上比較分析，可以看到石門心學強調「格性致知」，主張「行重」、「知貴」。這表明梅岩不僅重視「心」，也強調「性」，而這一點正是石門心學獨特的風格。陽明心學從格心致知出發，標榜「知行合一」說。這表明王陽明對「心」的重視和強調。

㈣儉約與致良知範疇的比較

「儉約」是石門心學的獨有範疇。石田梅岩作為一名商人哲學家，在他思想中，「儉約」不僅是金錢的使用方法，而且也是「心」的使用方法。這意思是說，「儉約」是精神衛生的一種方式，即按著儉約的原則，可以節省不必要的心力，使心集中於有益、有利的工作和事情，花費少的心力，辦更大的事情。梅岩自己舉例說：小時候，我有一個怪癖，喜好和別人講死理，摳死理。記得十五、十六歲時，常常因為一點小事，就和別人頂撞、糾纏，爭論不休，為此也常常生悶氣。久而久之，成了一個神經質的少年。為了改正這

---

❸　《王文成公全書》卷一，頁39；卷三，頁84。

個怪癖，我以「儉約」的方式修心。在與別人交往的時候，在和別人一起做事時，遇到無意義的風波，盡量使自己煩躁的心淡化、平靜，不去浪費心力想沒意義的事情，而是集中精神考慮應該做的事情。這樣，煩躁的心就會變得像流水一樣自然、平靜。這就是使用心的儉約原理。我用這種儉約的原理修心，一直到五十歲左右，好和別人爭死理的怪癖才得以糾正。

　　石田梅岩舉這個例子，就是想要說明「儉約」是修養心的一個重要方式。梅岩的這一思想，在他的後學手島堵庵和上河淇水思想中都可以尋覓到。如本書第四章所述，堵庵提出「思案」是人性惡的來源，淇水進一步發展為「私案」是人性惡。去惡從善的一個方式就是「儉約」。「儉約」強調人要發揮自己作為人的自主性，積極從事精神衛生活動，即對心進行清掃，除去「思案」或「私案」，也就是私心雜念，這樣，就會看到人本來的善心。這就如同二宮尊德的歌詞所云：「撥開古老道路上的樹葉，就會見到天照大神的足跡」。

　　可見，「儉約」在石門心學中是精神衛生即修養心的一種重要方式。為此，石田梅岩專門寫了《儉約・齊家論》。他認為「齊家」最終要歸結於修心，修心方可正身，正身方可豐衣足食而齊家，齊家才可使社會安定。所以，齊家、治國都與修心緊密關聯。

　　通過以上分析，可以看到「儉約」範疇在石門心學中是一個獨特的範疇。這種獨特性表現在代表商人利益的石門心學者不僅把「儉約」作為節省物質的一種方式，而且也視「儉約」為精神衛生的一種方式。石門心學者之所以強調「儉約」是精神衛生的一種方式，從理論思維上探究，是因為石門心學將「心」與「性」分離開，認為「性」是完美至善的，而「心」有時會被私欲所遮蓋，所以，必須將這些私欲清除掉。而「儉約」便是修養心，達到精神衛生的一

種方式❸。

「致良知」是陽明心學的一個專有範疇。如本章第一節所述，在王陽明思想中，「良知」是至善至美，完好無缺的。為了使良知毫無滯礙地充塞流行，陽明吸收了孟子「擴充四端」的思想，即孟子的「凡有四端於我者，知皆擴而充之矣，若火之始燃，泉之始達，苟能充之，足以保四海；苟不能充之，不足以事父母」。「人能充無欲害人之心，而仁不可勝用也」。如此，陽明以「充」解釋「致」。「致良知」就是努力充拓、擴充自己已有的良知，當良知達到至極時，就可超凡入聖。

王陽明的「致良知」思想來源於他將「心」與「良知」視為一體。如他說「心之本體」即指「良知本體」。這樣，「心」、「良知」在本質上都是至善的。所以，陽明心學的工夫就是努力擴充至善的良知，使其達到至極。

通過「儉約」與「致良知」範疇的比較分析，可以看到石門心學在關於修養「心」的問題上，比較側重於正心，清除蒙在心上的雜念和欲望，也就是重視精神衛生。而陽明心學則側重於擴充至善的心，使之發揚光大。從思想路線來分析，石門心學的「儉約」是對孟學與朱子學的結合。孟學主張人固有善的本性，稱為「四端」；朱子將性分為至善的「天命之性」和可善可惡的「氣質之性」，將心分為至善的「道心」和有善有惡的「人心」，並認為除去私欲，使心呈現本來至善面目，就如同洗去蒙在明珠上的污垢，使明珠呈現原貌一樣。而陽明心學的「致良知」思想則是對孟學充擴良知思想的高度發揮。但是，不論是石門心學的「儉約」，還是陽明心學

❸ 以上參閱石川謙：《心學——江戶的庶民哲學》，日本經濟新聞社1964年版，第四章第三節、第四節。

的「致良知」，　雖然修養心的功夫程序有所不同，但最終目的都是為了超凡成聖，都是為了追求人性的至善至美。

第三節　石門心學與陽明心學的價值比較

本節所論石門心學與陽明心學的價值比較，主要是指其社會價值，即對本國當時社會所起的作用。就此而言，石門心學的社會價值主要表現在三個方面。

㈠石門心學是町人教化的學問

在日本德川思想史上，石門心學又稱為商人哲學。這是因為石門心學是在享保年代，即在商人的受難期，為高揚商人強韌的主體性和維護商人的實利而創立的一門學說。正是在石門心學的教化下，處於日本四民等級社會中最低層的日本商人認識到了自我存在的價值，積極發揮商人對社會不可缺少的作用，促進了日本社會商業經濟的繁榮，對德川時代社會的發展，作出了重要貢獻。也正是在這重意義上，筆者以為石門心學的社會價值，首先就表現在它是對商人進行教化的一門重要學問。這種教化的內容有「儉約」、「正直」和「知足安分」。

其中，「儉約哲學」是教化的中心理念。石門心學強調商人應該按照商人自己的地位、身份進行經營和生活，這就是「儉約」。遵守這種「儉約哲學」，　才能確立和維護商人之道。這是因為商人以買賣為事業，並且通過買賣活動有助於天下太平。這樣，商人活動的舞臺很大，為了活躍經濟交流，必須進行我與你、我國與別國之間的頻繁的「互助互利」的交往。通過這種「互助互利」的交往，

才能使個人生活安定，才能保證世界和平。商人的這種重要社會作用與武士維持治安、農民生產衣食原料的作用，沒有優劣上下的區別。可見，商人是商業社會中的一個重要階層。這就是町人之道。而商人要想確立和維護這一町人之道，商人要想使自己成為商業社會中的一個重要的階層，要想充分發揮商人對社會的作用，就必須遵照「儉約」的原則去生活、去經商。如生活要節儉，工作要勤奮，即使通過正當的辛勤經營活動，成了百萬富翁，也要考慮到天下人的幸福。可見，「儉約」是商人教化的基準。

而「儉約」的中核是「正直」。關於「正直」，石門心學教導商人首先要有一顆正直的心。因為商人社會、經濟社會的一個基本原理就是要尊重所有關係和契約關係。為此，石田梅岩反覆告誡商人說：「我物是我物，人家的物是人家的物。貸物要取，借物要還」。正確地維護「所有」和「契約」這一基本關係，對商人來說，是最基本的正直。石門心學把這種「正直」又叫作「義」。從「義」的觀念出發，石門心學主張商人對待顧客，要「一視同仁」。顧客不論是學者還是軍人，都應採取「一視同仁」的謙恭態度。梅岩認為這是商人思想的基礎。同時，梅岩又指出：取利是商人的正直，但取利必須是正當之利。所以，梅岩有句名言：「真正的商人是別人先立，我也立。」

如果說「正直」是「儉約哲學」的中核，那麼，「知足安分」則是「儉約哲學」的要諦。所謂「知足安分」就是說商人要恪守商人的那個「分」生活，這才是「儉約」。否則，超過商人生活的那個「分」，就是奢侈；而低於商人生活的那個「分」，就是吝嗇。如石田梅岩在《都鄙問答》中強調「心根據形」。妻座是婦人，母座是女人，主人座是店主，僕人座是奉公人……。社會中各種各樣的

人，都應與自己身份相應的那個座相即，並在屬於自己的那個座上
發揮作用，這就叫「知足安分」。這也就如同儒教所說的「在其位，
行其素」。商人應在自己的商業買賣地位上，以無雜念的精進姿態，
盡商人對社會的責任和使命，這就是商人的「知足安分」。

　　石門心學以「儉約」、「正直」、「知足安分」對商人進行教化，
使商人認識到了自己對社會、對國家的重要作用，並以正確的商人
之道從事商業活動，大大促進了日本社會商品經濟的發達。這是石
門心學作為商人哲學的重要社會價值。

㈡石門心學是農民洗心的原理

　　石門心學雖是商人的哲學，但在江戶中期以後，隨著商品經濟
在農村的浸潤和發展，心學也逐漸在農村發展起來，成為農民改變
觀念，更換思想即「洗心」的原理。

　　從江戶中期開始，日本農村結構發生了很大變化。這主要表現
在隨著商業資本勢力在農村的抬頭，農業的商業色彩加強了。比如
農民的生產目的不僅僅是在自己的家、村領地內，為了衣食住行的
需要而生產必要的農作物，而是走出農村，到城市出賣農作物、工
業品和工藝品，或借外貸以便進行擴大再生產。農民以這種新的生
產方式維持、促進農村的繁榮。這就是說，農民逐漸脫離了農村自
給自足的自然經濟，而走向了商品經濟的道路。隨著商品經濟的深
化，農民以前局限於農村和農業的知識、道德、觀念已落後於農村
的這種新結構和新變化，需要吸取基於廣泛而深厚的商品社會之上
的人間觀和社會觀方面的各種各樣新知識和新觀念。例如，在江戶
時代的初期和前期，「正直」一詞被叫作「正路」。所謂「正路」，就
是交納、收取年貢的實在的質和量的意思。江戶中期以後，隨著商

品買賣關係的出現，「正路」一詞以新的包裝出現了，這就是「正直」。 而「正直」主要是指人與人從事金錢交易、支付物價時的正當的手段和正確的心理。這就是農民所謂的「洗心」， 即對農民進行心學修養的教育。農民的這種心學修養，當時被稱為是一場「安穩的革命」。

隨著這場「安穩革命」的深入發展，農民對心學教化的要求越來越迫切。這種迫切性標幟著心學在農村普及時機已經到來。

於是，心學講舍由江戶、京都、大阪等都市向農村發展。這一時期的農村心學講舍數目大約有六十二個之多，從事心學巡講人的講演次數達兩千人次之多。農村心學講舍的基本內容為：報國恩、重國法、求仁立直、更新村風等，總之，以正心治身為主要內容。所以，有的講舍就命名為「洗心舍」、「友直舍」、「求仁舍」、「立誠舍」等。

作為農村的心學教化，與町人的心學教化相比較，有一個重要的特點，這就是農村心學教化在尋求個人自覺的同時，努力培養集團心的自覺意識。由於農民生活的共同體是一個一個的村莊，也就是說生活在具有共同的一種祭祀或一種共同文化的精神結合體之中，所以，農村心學教化的對象，不是像以前那樣面對一個一個孤立的人，而是以類似「社會」、「世中」、「世間」這樣的農村社會集團為心學教化的義務和任務。其結果，使心學教化達到了一個新高度，即通過心學教化，使性理學深入農村，由此使農民的整體自覺性提高了，村風村貌發生了深刻變化。同時，農村的物質生活也發生了變化。總之，心學在農村的社會價值就表現在它成為了近世農村社會精神構造的指導原理。

㈢石門心學是士魂修養的理論

　　作為商人哲學的石門心學在石田梅岩的親授大弟子手島堵庵時代，開始向上流社會武士階層浸透。如近江國大溝的藩主分部左京亮光實為了修行心學，特聘手島堵庵為本藩的儒師，向藩士的子弟講授石門心學。這一現象發展到手島堵庵的嫡傳弟子中澤道二時代，則成為一種普遍的社會現象。如在中澤道二門下修行心學的諸侯就涉及到十九個藩二十九侯，道二的門人大島有鄰 (1755–1836) 門下修行心學的諸侯竟波及到二十五個藩二十七侯。這些武士階層的心學修行者，不僅有諸侯，還有旗本之士。例如僅中澤道二門下就有三十四名旗本之士，道二的門人關口保宣（生年不詳 –1830）門下也有十四名旗本。這些大名和旗本不僅自己修行心學，而且還動員夫人、兒子和女兒全家人一同學習心學。由此，這些熱衷於心學的大名和旗本被稱為心學大名、心學旗本。可見，上層武士階級的心學成為以天明、寬政為中心的道二活動時代心學的主要方面。

　　屬於上層武士階級的大名、旗本之士，修行心學的目的，不是為了尋求商人之道，而是緊緊圍繞著人本來應該具有的樣子，即人本來應該具有的真實的人性這一根本問題而學習心學。也就是說，武士學習心學是為了追尋作為武士的人的本質和真實。在這重意義上，可以說石門心學是士魂修養的理論。

　　之所以說石門心學是士魂修養的理論，是因為這裡所說的士魂不是戰場上經歷生死體驗的士魂，而是通過對透徹的人間哲學——心學的修行，體悟人性的實質而養成的士魂。例如，根據奧州泉的藩主本多忠籌與其長子雄之進忠雄之間的問答編寫成的《忠雄聞書》就有這方面的記載。「至極的立場是怎樣的？答應是盡忠。如何盡

忠? 曰應是至孝。如何至孝? 曰應是謹慎。如此說來,最快的功夫是什麼? 答這就是心上功夫。」 這就是說,所謂最終的「至極」立場,就是返回於「心」,做心上功夫。具體說,就是進行「忠」、「孝」、「慎」的修養功夫,這是武士所具備的品格。這段話的另一要點,就是明確指出:「心學」是士魂快速修煉的惟一重要的途徑。

誠如上述分析,最初以町人、商人為目標創建的石門心學,隨著歷史的流逝,又逐漸浸潤到農村的農民之中,浸透到上層社會的武士階級。這就是說,石門心學的社會價值遍及士、農、工、商各個階級,而成為一種普遍的社會價值。

石門心學之所以具有重要社會價值的歷史原因,就在於它是日本近世社會「三教合一」與「三勢合一」的產物。

日本中世以後,佛教、儒教和神道教成為具有普遍功能性的思想和信仰。隨著歷史發展,需要尋求一種三教一致、三教統一的新的思想和信仰。石門心學以探求人的本質、人性的實質而具有廣泛的普遍性。這就是石門心學「三教合一」的內涵。另一方面,從日本社會構造來看,日本從鎌倉時代至室町時代末,掌有實權的武家,宏揚傳統文化的公家和心處紅塵之外的寺院被稱為社會的三根支柱。這就是說,這一時期的日本社會是三勢分割的社會結構。但進入近世中期以後,武士、公家和寺院都以將日本社會發展為一個經濟社會、產業社會為目標。而這種經濟社會、產業社會必須是一個統一的社會,即武士、公家和寺院的「三勢合一」的社會。適應這種時勢的需要,石門心學得以產生和發展。

正因為石門心學順應了日本近世社會的需求,所以它才能夠具有普遍的社會價值。具體表現為:商人作為商務交易的官吏,需要石門心學;農民作為生產農作物以保證萬民生活安定的官吏,也需

要石門心學；武士作為維護社會秩序，保障社會安穩的官吏，仍然需要石門心學。這就是石門心學重要的社會價值㉟。

由王陽明及其弟子的心學思想構成的中國心學即陽明心學左右中國思想界達一百多年之久，並對中國近現代思想的發展，起到了一定作用。具體表現為以下三點。

第一點，對人的主體作用的肯定。

宋代商品經濟的繁榮，至明代便出現了資本主義因素。這種社會存在，不能不反映到社會意識領域中來。作為社會存在反映的較為敏感的文學領域，不僅擺脫了詩、詞、賦等嚴格的格律的桎梏，而且還湧現出了像《西廂記》、《牡丹亭》、《三國演義》、《水滸傳》、《西遊記》、《金瓶梅》等較為通俗易懂的戲曲、話本、小說。文學的主題，已不是寓情於景，融人物於自然，而是對人的價值的重視和對個人在社會中地位和作用的自覺，以及對於扼殺人的價值的封建倫理綱常的反抗。與文學中的這一主題相應，在哲學思想領域，便出現了陽明心學。陽明心學的出現，就是對於人的價值的日益自覺的反映。

從漢而宋，在中國傳統哲學思想中，「天」、「天命」、「天理」、「理」等哲學範疇不僅具有至上性，而且能主宰、支配自然、社會和人事。人世間的君權、族權，以及三綱五常等都是「天意」的體現，「天理」的流行。「宇宙之間，一理而已。……其張之為三綱，其紀之為五常，蓋皆此理之流行，無所適而不在」。個人在這裡完全是被動的，消極的。也就是說，人被取消了獨立存在的價值。與此相對立，陽明心學把「良知」作為哲學思想體系的最高範疇，並取「天」、「天理」而代之。這就突破了「天理」的一統局面，而使

㉟　以上參閱石川謙：《心學──江戶的庶民哲學》，第五、六、七章。

「良知」確立了最高本體的地位，其實質是對人的主觀能動作用的肯定。

「良知」作為普遍的人性，則是「聖人」與「愚夫愚婦」同一。「良知之在人心，不但聖賢，雖常人亦無不如此」，「人皆可以為堯舜」，「滿街都是聖人」，「人胸中各有個聖人」，「良知之在人心，無間於聖愚，天下古今之所同也」。這種打破人性品級的區別，等級的劃分，主張在「良知」面前人人平等的思想，無疑是對愚夫愚婦的人格的重視。其結果是對人的主體性的高揚。

「良知」作為世界統一性的基礎，已不是具體的、感性的「一塊血肉」，而是人的主體，並且，主體就是本體，即「天地萬物本吾一體」。由此，必然得出「視天下為一家，中國猶一人」。它一方面要人們肩負起維護封建綱常倫理的責任，另一方面強調了「人」的自我道德責任，激發人們在民族危亡的時候挽救天下。所以，陽明心學關於主體「良知」的思想，是與人的價值的自覺相聯繫的。

第二點，對傳統價值觀的否定。

自從漢代「罷黜百家，獨尊儒術」以後，孔子逐漸被歷代封建者和士人學子尊為「聖人」，「大成至聖先師」，成了人們頂禮膜拜的偶像。孔子的言論也成了判斷善惡是非的唯一標準。而陽明心學卻主張「良知」是檢驗真理，判斷是非的標準。如王陽明就說過「這些子（良知）看得透徹，隨他千言萬語，是非誠偽，到前便明。合得的便是，合不得的便非，如佛家說心印相似，真是個試金石、指南針」。人們的善惡是非，只有人人先天具有的「良知」，才能做出判斷，與「良知」合的就是善、就是是，不合的就是惡、就是非，離了「良知」，是無法進行判斷的。王陽明的這種反傳統價值觀的思想，被明代李贄進一步發展。如李贄在《贊劉諧》一文中，借劉

諧之口對孔子戲噓嘲弄：「有一道學……拾紙墨之一二，竊唇吻之三四，自謂真仲尼之徒焉。時遇劉諧。劉諧者，聰明士，見而哂曰：『是未知我仲尼兄也。』其人（道學先生）勃然作色而起曰：『天不生仲尼，萬古長如夜。子何人者，敢呼仲尼而兄之？』劉諧曰：『怪得羲皇以上聖人盡日燃紙燭而行也！』其人默然而止。」陽明心學這種反權威、反偶像崇拜的思想是對傳統價值觀的否定，其否定傳統價值觀念的思想對中國近現代許多進步思想家起了重要的影響作用。

第三點，對「所以然」與「所當然」的解釋。

「所以然」指事物的所以道理，「所當然」指人的行為規範。「所以然」與「所當然」在程朱理學中統一於「理」範疇。如《大學或問》說：「天下之物則必各有所以然之故，與其所當然之則，所謂理也」。這樣，「窮理」就是窮所當然之則與所以然之故。「窮理者，欲知事物之所以然與其所當然者而已。知其所以然故志不惑，知其所當然故行不謬」。按照這一解釋，知孝之所以然，就必定行孝之所當然。但事實上，常常是知孝與行孝相脫節，即「所以然」與「所當然」不統一，知而不行。

針對知而不行這一社會弊端，陽明心學提出了「知行合一」說，強調知與行的統一性。知與行的統一也就是所以然之故（知）與所當然之則（行）的統一，不過這二者是統一於「心」。如王陽明非常重視「一念發動就是行」。這就是說，知孝的念頭就是行孝，知孝就必須要行孝。

陽明心學通過強調把「所以然」與「所當然」即「知」與「行」在「心」中統一起來，而大力主張知而必行，行而必知，知行合一。其結果，使知而不行、知行脫節的不良現象得到了某些糾正，也使文昌實衰的大明王朝得以補救偏弊。

石田梅岩年表 ❶

日本貞享二年(1685)

石田梅岩於九月十五日出生在丹波國桑田郡東懸村（現在的龜岡市東別院町東掛）。

日本元祿五年(1692)

石田梅岩八歲，第一次去京都商家奉公。

日本元祿十二年(1699)

石田梅岩十五歲，辭別商家，回到故鄉。

日本寶永四年(1707)

石田梅岩二十三歲，再次去京都商家黑柳家奉公，並信奉神道教。

日本享保元年(1716)

石田梅岩的父親權右衛門於四月十八日去世。

日本享保四年(1719)

在石田梅岩為人性問題苦惱時，遇到禪師小栗了雲，並拜其為師。

日本享保九年(1724)

石田梅岩因母親病危，返故鄉。他在照顧母親時，突然開悟，認識到「自性是天地萬物之親」。這是梅岩的第一次開悟。

日本享保十二年(1727)

---

❶ 此年表參閱《石田梅岩略年譜》，刊於《石田梅岩的思想》，頁255–262。

石田梅岩在小栗了雲老師教導下，第二次開悟，悟到了「性存在於眼睛看不到的地方」。

是年，石田梅岩辭去了主家奉公。

日本享保十四年(1729)

石田梅岩在車屋町御池上町開設講席，標示著石門心學的創立。

日本元文元年(1736)

石田梅岩的母親去世，享年八十二歲。

日本元文三年(1738)

四月下旬至五月上旬，石田梅岩在眾門人弟子伴隨下，到但馬城崎校訂《都鄙問答》。

日本元文四年(1739)

《都鄙問答》刊行。

日本元文五年(1740)

從十二月二十八日起，石田梅岩同門人在京都市內開設施粥棚，救濟貧窮人。

日本寬保二年(1742)

正月，在大阪開設講席。二月下旬，石田梅岩同熊本六所明神神主行藤志摩守討論心學問題。

日本寬保三年(1743)

七月，《先生問答並門人物語》完成。石田梅岩將《都鄙問答》奉送北野神社。

日本延享元年(1744)

五月，《儉約‧齊家論》刊行。九月十七日，石田梅岩召開最後一次月會。九月二十四日，謝世，享年六十歲。九月二十七日，被埋葬於日落東鳥道山延年寺。

參考書目

㈠日文資料

1. 石田梅岩：《都鄙問答》、《儉約‧齊家論》。
2. 手島堵庵：《坐談隨筆》、《知心辨疑》、《朝倉新話》、《兒童修身要語》、《前訓》。
3. 中澤道二：《道二翁道話》、《道二翁道話續篇》。
4. 鐮田柳泓：《朱學辨》、《理學秘訣》、《究理緒言》。
5. 上河淇水：《心學承傳圖‧聖賢證語國字解》。
6. 柴田鳩翁：《鳩翁道話》。
7. 柴田實：《石門心學》、《石田梅岩》、《石門心學解說》、《梅岩及其門流》。
8. 石川謙：《石門心學史的研究》、《心學——江戶的庶民哲學》。
9. 竹中靖一：《石門心學的經濟思想》。
10. 古田紹欽、今井淳：《石田梅岩的思想》。
11. 今井淳：《近世日本庶民社會的倫理思想》。
12. 奧田賴仗：《心學道話》。
13. 佐藤通次：《神道哲理》。
14. 山本七平：《日本資本主義的精神》。
15. 井上哲次郎：《日本陽明學派之哲學》。

16.坂本太郎：《日本史概說》。

17.家永三郎：《日本文化史》。

18.雨森芳洲：《芳洲口授》、《橘窗茶話》。

19.伊藤仁齋：《語孟字義》、《童子問》。

20.貝原益軒：《貝原益軒全集》。

21.荻生徂徠：《徂徠先生問答書》。

㈡中文資料

1.《國語》

2.《周易》

3.《孟子》

4.《河南程氏遺書》

5.《周子全書》

6.《朱子語類》

7.《陸九淵集》

8.《王文成公全書》

9.《北溪字義》

10.馮友蘭：《中國哲學史新編》。

11.金岳霖：《知識論》。

12.侯外盧：《宋明理學史》。

13.韋政通：《董仲舒》。

14.蔡仁厚：《王陽明哲學》。

15.張立文：《心》，《朱熹思想研究》，《走向心學之路——陸象山思想的足跡》，《和合學概論——21世紀文化戰略構想》。

16.陳來：《朱熹哲學研究》，《有無之境——王陽明哲學的精神》。

17.劉及辰：《京都學派哲學》。

18.王家驊：《儒家思想與日本文化》。
19.王守華、卞崇道：《日本哲學史教程》。

索　引

世界哲學家叢書 (一)

書　　　　　名	作　　　者	出　版　狀　況
孔　　　　　子	韋　政　通	已　　出　　版
孟　　　　　子	黃　俊　傑	已　　出　　版
老　　　　　子	劉　笑　敢	已　　出　　版
莊　　　　　子	吳　光　明	已　　出　　版
墨　　　　　子	王　讚　源	已　　出　　版
淮　　南　　子	李　　　增	已　　出　　版
董　　仲　　舒	韋　政　通	已　　出　　版
揚　　　　　雄	陳　福　濱	已　　出　　版
王　　　　　充	林　麗　雪	已　　出　　版
王　　　　　弼	林　麗　真	已　　出　　版
阮　　　　　籍	辛　　　旗	已　　出　　版
劉　　　　　勰	劉　綱　紀	已　　出　　版
周　　敦　　頤	陳　郁　夫	已　　出　　版
張　　　　　載	黃　秀　璣	已　　出　　版
李　　　　　覯	謝　善　元	已　　出　　版
楊　　　　　簡	鄭　曉　江 李　承　貴	已　　出　　版
王　　安　　石	王　明　蓀	已　　出　　版
程顥、程頤	李　日　章	已　　出　　版
胡　　　　　宏	王　立　新	已　　出　　版
朱　　　　　熹	陳　榮　捷	已　　出　　版
陸　　象　　山	曾　春　海	已　　出　　版
王　　廷　　相	葛　榮　晉	已　　出　　版
王　　陽　　明	秦　家　懿	已　　出　　版
方　　以　　智	劉　君　燦	已　　出　　版
朱　　舜　　水	李　甦　平	已　　出　　版

世界哲學家叢書 (二)

書　　　　　名	作　　　者	出　版　狀　況
戴　　　　　震	張　立　文	已　　出　　版
竺　　道　　生	陳　沛　然	已　　出　　版
慧　　　　　遠	區　結　成	已　　出　　版
僧　　　　　肇	李　潤　生	已　　出　　版
吉　　　　　藏	楊　惠　南	已　　出　　版
法　　　　　藏	方　立　天	已　　出　　版
惠　　　　　能	楊　惠　南	已　　出　　版
宗　　　　　密	冉　雲　華	已　　出　　版
湛　　　　　然	賴　永　海	已　　出　　版
知　　　　　禮	釋　慧　岳	已　　出　　版
嚴　　　　　復	王　中　江	已　　出　　版
章　　太　　炎	姜　義　華	已　　出　　版
熊　　十　　力	景　海　峰	已　　出　　版
梁　　漱　　溟	王　宗　昱	已　　出　　版
殷　　海　　光	章　　　清	已　　出　　版
金　　岳　　霖	胡　　　軍	已　　出　　版
馮　　友　　蘭	殷　　　鼎	已　　出　　版
湯　　用　　彤	孫　尚　揚	已　　出　　版
賀　　　　　麟	張　學　智	已　　出　　版
商　　羯　　羅	江　亦　麗	已　　出　　版
辨　　　　　喜	馬　小　鶴	排　　印　　中
泰　　戈　　爾	宮　　　靜	已　　出　　版
奧羅賓多‧高士	朱　明　忠	已　　出　　版
甘　　　　　地	馬　小　鶴	已　　出　　版
拉達克里希南	宮　　　靜	已　　出　　版

世界哲學家叢書（三）

書　　　　名	作　　者	出　版　狀　況
李　　栗　　谷	宋　錫　球	已　　出　　版
道　　　　元	傅　偉　勳	已　　出　　版
山　鹿　素　行	劉　梅　琴	已　　出　　版
山　崎　闇　齋	岡　田　武　彥	已　　出　　版
三　宅　尚　齋	海老田輝巳	已　　出　　版
貝　原　益　軒	岡　田　武　彥	已　　出　　版
石　田　梅　岩	李　甦　平	已　　出　　版
楠　本　端　山	岡　田　武　彥	已　　出　　版
吉　田　松　陰	山　口　宗　之	已　　出　　版
亞　里　斯　多　德	曾　仰　如	已　　出　　版
伊　壁　鳩　魯	楊　　適	已　　出　　版
柏　　羅　　丁	趙　敦　華	排　　印　　中
伊　本・赫　勒　敦	馬　小　鶴	已　　出　　版
尼　古　拉・庫　薩	李　秋　零	已　　出　　版
笛　　卡　　兒	孫　振　青	已　　出　　版
斯　賓　諾　莎	洪　漢　鼎	已　　出　　版
萊　布　尼　茨	陳　修　齋	已　　出　　版
托　馬　斯・霍　布　斯	余　麗　嫦	已　　出　　版
洛　　　　克	謝　啓　武	已　　出　　版
巴　　克　　萊	蔡　信　安	已　　出　　版
休　　　　謨	李　瑞　全	已　　出　　版
托　馬　斯・銳　德	倪　培　民	已　　出　　版
伏　　爾　　泰	李　鳳　鳴	已　　出　　版
孟　德　斯　鳩	侯　鴻　勳	已　　出　　版
費　　希　　特	洪　漢　鼎	已　　出　　版

世界哲學家叢書（四）

書　　　　　名	作　　者	出　版　狀　況
謝　　　　林	鄧　安　慶	已　　出　　版
叔　本　華	鄧　安　慶	已　　出　　版
祁　克　果	陳　俊　輝	已　　出　　版
彭　加　勒	李　醒　民	已　　出　　版
馬　　赫	李　醒　民	已　　出　　版
迪　　昂	李　醒　民	已　　出　　版
恩　格　斯	李　步　樓	已　　出　　版
馬　克　思	洪　鐮　德	已　　出　　版
約　翰　彌　爾	張　明　貴	已　　出　　版
狄　爾　泰	張　旺　山	已　　出　　版
弗　洛　伊　德	陳　小　文	已　　出　　版
史　賓　格　勒	商　戈　令	已　　出　　版
雅　斯　培	黃　　藿	已　　出　　版
胡　塞　爾	蔡　美　麗	已　　出　　版
馬克斯・謝勒	江　日　新	已　　出　　版
海　德　格	項　退　結	已　　出　　版
高　達　美	嚴　　平	已　　出　　版
哈　伯　馬　斯	李　英　明	已　　出　　版
榮　　格	劉　耀　中	已　　出　　版
皮　亞　傑	杜　麗　燕	已　　出　　版
索　洛　維　約　夫	徐　鳳　林	已　　出　　版
費　奧　多　洛　夫	徐　鳳　林	排　　印　　中
馬　賽　爾	陸　達　誠	已　　出　　版
布　拉　德　雷	張　家　龍	已　　出　　版
懷　特　海	陳　奎　德	已　　出　　版

世界哲學家叢書（五）

書　　　　　名	作　　者	出　版　狀　況
愛　因　斯　坦	李　醒　民	排　　印　　中
玻　　　　　爾	戈　　革	已　　出　　版
弗　雷　格	王　　路	已　　出　　版
石　里　克	韓　林　合	已　　出　　版
維　根　斯　坦	范　光　棣	已　　出　　版
艾　耶　爾	張　家　龍	已　　出　　版
奧　斯　丁	劉　福　增	已　　出　　版
馮　·　賴　特	陳　　波	已　　出　　版
魯　一　士	黃　秀　璣	已　　出　　版
蒯　　　　　因	陳　　波	已　　出　　版
庫　　　　　恩	吳　以　義	已　　出　　版
史　蒂　文　森	孫　偉　平	排　　印　　中
洛　爾　斯	石　元　康	已　　出　　版
喬　姆　斯　基	韓　林　合	已　　出　　版
馬　克　弗　森	許　國　賢	已　　出　　版
尼　布　爾	卓　新　平	已　　出　　版